U0494951

REPORT ON CHINA-AFRICA INDUSTRIAL CAPACITY COOPERATION (2022-2023)

Zhejiang's Practice and Experience in High Quality Development of China-Africa Industrial Capacity Cooperation in the New Era

中非产能合作发展报告（2022—2023）

新时代中非产能合作高质量发展的浙江实践与经验

黄玉沛　孙志娜　张巧文　主编

浙江师范大学经济与管理学院
中非国际商学院

中国财经出版传媒集团

·北　京·

图书在版编目（CIP）数据

中非产能合作发展报告．2022—2023：新时代中非产能合作高质量发展的浙江实践与经验/黄玉沛，孙志娜，张巧文主编．--北京：经济科学出版社，2023.10
ISBN 978-7-5218-5108-3

Ⅰ.①中… Ⅱ.①黄…②孙…③张… Ⅲ.①区域经济合作-国际合作-研究-中国、非洲 Ⅳ.①F125.4 ②F140.54

中国国家版本馆CIP数据核字（2023）第172345号

责任编辑：周国强
责任校对：郑淑艳
责任印制：张佳裕

中非产能合作发展报告（2022—2023）
——新时代中非产能合作高质量发展的浙江实践与经验
黄玉沛　孙志娜　张巧文　主编
经济科学出版社出版、发行　新华书店经销
社址：北京市海淀区阜成路甲28号　邮编：100142
总编部电话：010-88191217　发行部电话：010-88191522
网址：www.esp.com.cn
电子邮箱：esp@esp.com.cn
天猫网店：经济科学出版社旗舰店
网址：http://jjkxcbs.tmall.com
北京季蜂印刷有限公司印装
710×1000　16开　16.5印张　260000字
2023年10月第1版　2023年10月第1次印刷
ISBN 978-7-5218-5108-3　定价：98.00元

本报告系浙江省习近平新时代中国特色社会主义思想研究中心浙江师范大学研究基地课题“新时代中非产能合作高质量发展的浙江实践与经验”（项目编号 YS119X23009）、国家社科基金项目青年项目（项目编号 19CGJ025）的阶段性研究成果。

本书编委会

支持机构

浙江师范大学中非经贸研究中心
中国贸促会金华市委员会
浙江省金华市工商联
金华海关
金华对非经贸商会
浙非服务中心
南部非洲中国企业家协会
中坦工业园有限公司
脉链集团
深圳传音控股股份有限公司
浙江华友钴业股份有限公司
义乌中国小商品城海外投资有限发展公司
义乌购电子商务有限公司
北京盈科（金华）律师事务所

序

2023年是习近平主席提出"一带一路"倡议、真实亲诚对非政策理念和正确义利观十周年。十年来，中非经贸合作取得了丰硕成果，双方合作规模不断扩大。中非贸易总额累计超2万亿美元，中国始终保持非洲第一大贸易伙伴国地位。中国企业在非新签承包工程合同额超7000亿美元，完成营业额超4000亿美元；中国对非直接投资流量累计超300亿美元，已成为非洲第四大投资来源国。中非经贸合作领域由传统的贸易、工程建设向数字、绿色、航空航天、金融等新兴领域不断延伸。中国企业积极参与非洲数字基础设施建设，推动非洲电子商务、移动支付、媒体娱乐等行业迅速发展。

浙江省是中国外贸大省，2022年浙江省进出口总值达到7030亿美元，位居中国第三，同比增长9.8%。其中，对非洲出口397亿美元，比上年增长17.1%；从非洲进口107亿美元，比上年增长39%。依托市场采购2.0、跨境电商、海外仓等贸易模式，对非贸易畅通水平不断提升，浙江省的服装、箱包、机电产品、汽车零配件等远销非洲大陆，非洲的红酒、咖啡、红茶、坚果等也深受浙江人民的喜爱。阿里巴巴、浙江建投、华友钴业等一大批浙江企业成功走进非洲，为当地创造逾万个就业岗位，为非洲经济发展作出了浙江贡献。当前，浙江省正在深入实施"八八战略"，强力推进创新、改革、开放"三个一号工程"，非洲大陆自然资源和人力资源丰富，浙江省民营经济发达，双方优势互补，合作潜力巨大。

民营经济是浙江省的“金字招牌”。2022 年民营经济贡献了全省 67% 的生产总值、71.7% 的税收、78.3% 的进出口值和 92.5% 的企业数量。中国民营企业 500 强中，浙江省有 107 家，连续 24 年居全国第一。浙江省的民营经济主要有以下五个鲜明特质：一是首创经济，敢为天下先、勇于立潮头；二是活力经济，既铺天盖地，又顶天立地；三是韧性经济，有土壤就扎根、给阳光就灿烂；四是开放经济，线上通线下闯、买全球卖全球；五是富民经济，处处是商机、人人能创富。

近年来，浙江省金华市充分发挥自身优势，立足浙非合作计划，高质量服务国家总体外交，在地方政府、高等院校、民间机构、社会力量等全方位参与推动中非友好交流合作方面积极探索、勇于创新，对非交流合作工作走在全省乃至全国前列，形成了“全国对非合作看浙江，浙江对非合作看金华”的典型样本，取得了良好的社会反响。当前，浙江省金华市正以高水平建设内陆开放枢纽中心城市为总牵引，以打造中非经贸文化合作交流示范区为抓手，全面促进对非经贸人文合作高质量发展，更加扎实有力地服务浙江省对外开放大局，努力创建新时代中非地方合作的样板典范。

开展中非产能合作研究、服务浙江经济社会发展，是浙江师范大学经济与管理学院（中非国际商学院）的一项重要任务，也是学科建设的重要方面。浙江师范大学中非经贸研究团队在前期调研的基础上，以“新时代中非产能合作高质量发展的浙江实践与经验”为主题，推出《中非产能合作发展报告（2022—2023）》，这是团队发布的第七份研究报告。报告以浙江省对非洲国家产能合作为样本，探讨了浙非产能合作的理论与趋势、产业与市场、平台与企业、政策与启示。报告首次在国内发布了中非贸易指数，以中非贸易情况为切入点，以浙非贸易为典型案例，通过建立一系列贸易指数，科学监测中非贸易合作的发展水平和风险摩擦，有助于从多个维度寻找和培育贸易新增长点，为企业把握市场动态提供“风向标”，进而促进中非贸易高质量发展。报告还创新研发形式，开展了丰富的人物访谈，总结与归纳了浙江省对非洲经贸文化合作大事记，提供了翔实的数据与高价值的信息。

报告内容丰富多彩，立意清新鲜明，是中非经贸研究领域一份有价值、有新意的专题研究成果，对于进一步深化浙非产能合作研究、推动中非产能合作发展，具有很强的实践意义。在“一带一路”倡议指引下，我们将持续贯彻习近平主席提出的构建新时代中非命运共同体理念，落实好中非务实合作“九项工程”，助力浙江省与非洲国家开展经贸合作。

陈宇峰
浙江师范大学经济与管理学院（中非国际商学院）
院长、杰出教授、博士生导师

前　言

2000 年中非合作论坛成立后，中非合作驶入快车道，成果广泛惠及双方人民。2021 年，习近平主席在中非合作论坛第八届部长级会议上宣布中非双方共同制定《中非合作 2035 年愿景》，提出“九项工程”，确定了未来十五年中非合作的总体框架。近几年，中非贸易屡创新高。2022 年中非贸易额达 2820 亿美元，同比增长 11.1%。其中，对非出口 1645 亿美元，增长 11.2%，自非进口 1175 亿美元，增长 11%。中非贸易便利化水平进一步提升。我国和非洲有关国家建立贸易畅通工作组，及时解决双边贸易中出现的问题。对非洲最不发达国家 98% 的输华商品实施零关税待遇，为非洲农产品输华设立“绿色通道”。

中国对非洲投资有以下四个特点。一是投资领域正在不断拓宽。投资领域覆盖了建筑、采矿、制造、科技、批发零售、农业、房地产、金融、电子商务等行业。二是投资方式更加多样灵活。除绿地投资以外，参股、并购等方式逐渐增多。三是投资主体日益多元。民营企业占中国在非企业数量的七成以上，成为中国对非投资的生力军。四是投资平台逐步升级。中国企业在非经贸合作区的带动作用正在持续增强，产业集聚效应不断显现。

近年来，浙江省金华市在外交部、商务部、全国对外友协、中国贸促会、全国工商联等国家相关部委和浙江省委、省政府的支持指导下，连续举办中非经贸论坛暨中非文化合作交流周活动，规模和层次逐年提升，已成为浙江省乃至全国对非交往的重要载体之一。2021 年 10 月，经国务院批复同意，活动正式升格为省部合作项目。2022 年活动以“民心相通、文化互鉴、合作共赢”为主题，突出共商共建共享，开展了 20 场主题鲜明的特色活动，内容涵盖经贸对接、文化交流、论坛研讨和展览展示，积极探索增进中非人民福祉，务实推动与非洲开展多领域、全方位合作，受到了国内外的广泛关注，成为浙江省乃至全国对非合作交流的重要平台。通过多年不懈坚持，金华市已成为浙江省对非合作交流主阵地，浙非产能合作的“重要窗口”。

《中非产能合作发展报告（2022—2023）》汇总了主编、支持机构及编委会专家数年来的研究和实践成果，报告以“新时代中非产能合作高质量发展的浙江实践与经验”为主题，内容分主报告、专题报告和人物访谈三大部分。主报告分为四篇，包括理论与趋势篇、产业与市场篇、平台与企业篇、政策与启示篇。其中，理论与趋势篇包括全球价值链升级与浙非产能合作、国际产业链重构与浙非产能合作、“地瓜经济”与浙非产能合作。产业与市场篇分别探讨了浙江省基建行业、纺织行业、能源行业、装备制造业与非洲产能合作的现状与趋势。在平台与企业篇中，分别以浙非服务中心、脉链集团、传音控股和华友钴业为案例，探讨平台与企业如何助力中非产能合作转型升级。在政策与启示篇中，报告以浙江省金华市为例，系统总结浙江省金华市高质量推动与非洲国家在经贸等领域开展合作的实践与经验。同时，报告还探讨了现代易货贸易在中非产能合作中的新机遇。

值得关注的是，研究团队在国内首次创新研发了中非贸易指数，发布了中非贸易指数年度报告（2022 年）、中非贸易指数月度报告（2022 年）、中非贸易指数国别报告（2022 年）。中非贸易指数由贸易发展指数 1 个一级指标，贸易规模指数（贸易总额和贸易占比）、贸易增速指数（绝对增速和相对增速）、贸易质量指数（商品结构和模式结构）、贸易均衡指数（来源均衡和市场均衡）4 个二级指标及其 8 个三级指标组成，并区分出口和进口。中非贸易指数依据统计指数理论，选择一系列反映进出口贸易的可量化指标进行综合处理，科学监测双边贸易的发展水平和风险摩擦。不同于国内其他针对特定区域（国别）的贸易指数，中非贸易指数突破了年度、国家和规模层面的限制，实现了维度、指标和价值三个层面的创新。

报告课题组成员还深入实地调研，采访了大量官员、学者和企业家，并专门撰写了人物访谈录，包括对中国贸促会金华市委员会会长金正锋先生、金华海关统计分析科科长王展女士、中坦工业园有限公司董事长黄再胜先生、义乌中国小商品城海外投资发展公司副总经理朱忆秋女士等重量级人物的访谈。报告还附有近年来浙江省对非洲经贸文化合作的大事记，供广大读者参阅。

由于课题组各成员研究视角不同、调查方法不一，难免出现纰漏之处，尚祈学界同仁和广大读者批评指正。我们一定在今后的研究中不断完善、充实提高，力争使该报告成为有标志性的、有价值性的成果。

《中非产能合作发展报告（2022—2023）》课题组

目　录

第一部分

主报告

理论与趋势篇

产业与市场篇

平台与企业篇

政策与启示篇

第二部分

专题报告·中非贸易指数

第三部分

人物访谈

附录

第一部分
主报告

全球价值链升级与浙非产能合作

石奕舒　黄玉沛*

摘　要： 全球价值链是指为实现商品或服务价值而连接研发、设计、生产、营销、消费、售后服务等过程的全球性跨企业价值创造系统，发展中国家的生产者通过融入全球价值链，能够实现产业升级。在全球价值链发展中，中国的地位日趋上升，逐步由全球价值链分工的“参与者”转变为“引领者”。非洲在全球价值链中的地位与作用越来越重要，随着全球化进程加速和技术的不断创新，非洲的发展潜力越来越被世界所看重。全球价值链向高端、数字化等方向发展，对浙非产能合作产生深远的影响。

关键词： 浙江省；非洲；价值链；产能合作

自20世纪80年代以来，经济全球化、贸易一体化、生产专门化快速推

* 作者简介：石奕舒，浙江师范大学《中非产能合作发展报告（2022—2023）》课题调研组科研助理；黄玉沛，浙江师范大学经济与管理学院（中非国际商学院）副教授，校中非经贸研究中心主任。

进。同时，信息技术和物流技术逐渐成熟，极大地降低了商品货物的跨国和跨区域运输成本，扩大了全球商品销售市场的半径，形成了资源配置的国际分工格局，全球价值链网络逐步扩展。

一、全球价值链的相关理论

1985 年，波特（Porter）在《竞争优势》一书中首次提出了“价值链”的概念，他指出“每一个企业都是在设计、生产、销售、发送和辅助其产品的过程中进行种种活动的集合体。所有这些活动可以用一个价值链表示出来”，在此基础上，他进一步提出“企业的价值创造是通过一系列活动构成的，这些互不相同但又相互关联的生产经营活动，构成了一个不断实现价值增值的动态过程，即价值链”。寇伽特（Kogut）在波特的理论基础上，进一步将价值链的概念扩展至区域和国家层面。他认为不同区域与国家在不同价值链的环节上具有不同竞争优势，各个区域和国家在价值链上的位置应决定于在价值链环节的比较优势，而这一竞争优势取决于该区域或国家的竞争能力。寇伽特的理论反映出了价值链所具有的全球化背景，为全球价值链概念的提出奠定基础。

全球价值链（global value chain，GVC）的概念最初由克鲁格曼（Krugman）于 1995 年提出。在此理论下，全球价值链指的是在全球生产网络中，每个国家在特定生产阶段进行特定活动，进而获得增加值的过程。在此基础上，国与国之间的生产分割不仅限于不同行业或产品的研究，还涉及了生产活动的地区分配。

随后，“全球价值链升级”的相关理论应运而生。它涵盖了不同国家、地区及其他利益相关主体提升自身在全球经济地位的重要战略。2005 年，格雷菲（Gereffi）将全球价值链升级定义为“企业、国家或地区通过发展全球价值链上附加值更高的产业活动环节，最终从全球生产中获得更大利益，如安全、利润、增加值等”。

全球价值链升级动态联系着生产与出口相关的一系列经济主体和功能。具体而言，主要分为进口原料加工、原始设备制造、原始设计制造以及原始品牌创造。1999年，格雷菲提出了企业要经历从加工制造向原始设备制造（original equipment manufacture，OEM）并向原始设计制造（original design manufacture，ODM）、原始品牌创造（original brand manufacture，OBM）再发展的价值链升级路径。2002年，汉弗莱（Humphrey）和施迈斯（Schmitz）进一步提出了4种升级方式：工艺升级（即通过重组生产系统或引入更先进的技术提高投入产出效率）、产品升级（即迁移至更复杂的产品）、功能升级（即增加新功能以提升总体技术含量）和链条升级（即整体转移到全新的产业链）。

根据对上述全球价值链理论框架的研究，可以得出以下结论：发展中国家的生产者通过融入全球价值链，能够实现产业升级（见图1）。

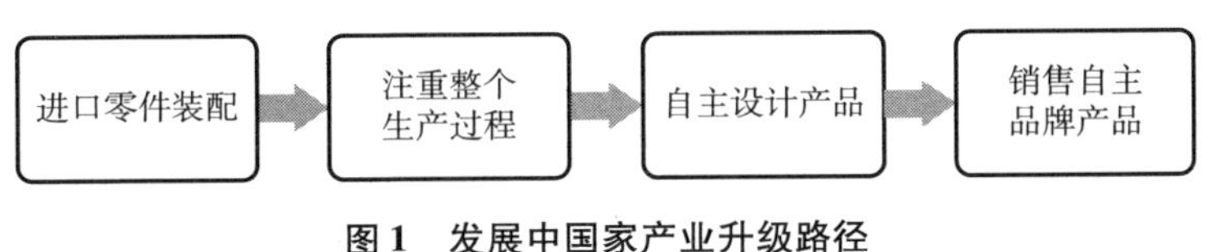

图1　发展中国家产业升级路径

资料来源：笔者自制。

二、全球价值链的发展历程

全球价值链是指为实现商品或服务价值而连接研发、设计、生产、营销、消费、售后服务等过程的全球性跨企业价值创造系统，它的形成和发展有利于发挥各国的比较优势，促进分工协作，优化资源配置，提高经济效率。全球价值链的发展历程可以分为三个阶段。

第一阶段是二战结束后到20世纪80年代。二战结束后，在“马歇尔计划”的推动下，美国对西欧各国提供经济援助以支持其进行战后重建并带动国际货物与资本流动。1948年，关贸总协定（GATT）开始实施，促进了贸易自由化、便利化发展。以美国为代表的跨国公司开始在全球范围内建立生产基地，形成了一些简单的产业链，实现了其公司内部价值在全球的分布。在这一阶段，全球价值链初步形成，全球化分工与全球价值链由理论走向现实。但彼时的全球化在地域上以美国、欧洲和日本等发达经济体为主，新兴市场经济体并未得到发展，所以全球价值链的发展程度依然较为局限。20 世纪 70 年代末至 80 年代初，全球经济陷入“滞胀”，全球化程度有所放缓，全球价值链的发展也受其影响而进展缓慢。

第二阶段是 20 世纪 90 年代到 2008 年金融危机。20 世纪 90 年代，关贸总协定升级为全球性组织——世界贸易组织（WTO），全球化经济因贸易自由化、便利化程度的显著提升而迅速增长。随着信息技术的发展和运输成本的降低，新兴市场经济体成为新的增长力量，全球发达经济体抓住对外投资建厂的机遇，对外直接投资实现“井喷式”发展。在此背景下，全球化大生产不断扩张，全球价值链的深度和广度得到空前发展，全球价值链开始向更广泛的地理范围扩展，同时各国的参与度不断提高，形成了更加复杂的产业链。在此阶段，中国逐渐发展为“世界工厂”，成为全球价值链的中心之一。这一阶段以技术创新、市场化、国际化为动力，各国在产品生产环节中主要关注效率的提升，同时各个环节之间形成了高效联系，可以做到及时供货。到 2018 年，全球价值链逐渐演变成美国、欧盟和中国三足鼎立格局。

第三阶段是 2008 年全球金融危机以后。金融危机后，全球化趋于稳定，全球贸易开放度不再有显著提高，甚至出现轻微下滑，各国的参与程度也开始下降，全球价值链开始面临一定的挑战。一些新兴市场经济体，如中国，开始广泛地使用国内中间品替代国外中间品，以纯国内生产活动代替全球价值链生产；美国、日本等发达经济体通过科技创新和制造业回流政策等深化了国内分工，在一定程度上降低了全球价值链的参与程度。

2018 年以来，全球价值链演进面临着新的考验：一是伴随着全球贸易保护主义抬头，全球各主要经济体间采取相应的贸易制裁，推动了全球贸易成本的上升，这导致了垂直化的分工协作模式开始瓦解；二是新冠疫情反复，严重冲击了全球价值链中的供需关系，甚至导致了部分生产供应环节出现断裂；三是在俄乌冲突的冲击下，全球能源行业和制造业开始进行重塑，原先的能源进出口国在价值链上的地位发生改变。在此背景下，全球价值链面临升级的重大挑战与选择。

三、中国（浙江）、非洲在全球价值链中的地位

全球价值链的兴起是各国在贸易过程中不再以产品作为基本单位，各国会根据自身资源禀赋的比较优势，在价值链生产中给某一环节附加价值，进而以中间品的形式传递到下一个国家，经过多阶段生产工序和多次跨境交易，生产链条不断延伸，最终完成生产并使产品到达最终需求端。因此，要想研究一国及其产业部门在国际生产分工体系中从事何种具体环节，即需要考虑其在全球价值链中处于什么位置。

（一）中国在全球价值链中的地位

全球生产分工发生深刻变革，中国在其中的角色也在转变。

一是逐步由全球价值链分工的“参与者”转变为“引领者”。从经济体量看，中国已跻身大国之列，2022 年我国名义 GDP 高达 18 万亿美元，位列世界第二；① 从贸易总量看，中国的对外贸易取得跨越式增长，进出口贸易额从 1978 年的 206 亿美元增长到 2022 年的 6.31 万亿美元②，并于 2013 年成为全球最大贸易国。③ 从投资总量看，中国稳居全球第二大对外直接投资国和外资流入国。当前，中国越来越成为推动全球经济发展的重要引擎。

二是由依赖世界变为世界依赖。近年来，中国对世界经济的依存度相对

① 中华人民共和国 2022 年国民经济和社会发展统计公报［EB/OL］. 国家统计局网站，http://www.stats.gov.cn/xxgk/sjfb/zxfb2020/202302/t20230228_1919001.html，2023-02-28.

② 数据概览：2022 年外资外贸相关数据［EB/OL］. 国家发展和改革委员会网站，https://www.ndrc.gov.cn/fggz/fgzy/jjsjgl/202301/t20230131_1348080_ext.html，2023-01-31.

③ 国务院新闻办公室.《新时代的中国与世界》白皮书［EB/OL］. 新华网，http://www.xinhuanet.com/politics/2019-09/27/c_1125047331.htm，2019-09-27.

有所下降（中国对世界经济的依存指数在2007年上升到0.9的最高点，到2017年则下降到0.6），而世界对中国经济的依存度不断上升（2000～2017年，世界对中国经济的综合依存度指数从0.4逐步上升至1.2）。

三是由外向型驱动到内向型驱动。近十年来，中国内需的驱动力逐步增强，国内市场效用凸显。2019年中国最终消费支出对经济增长的贡献率接近58%，近几年受到新冠疫情冲击有所下降，但随着我国经济的恢复，国内消费市场会继续扩张。

总之，在全球价值链发展中，中国的地位日趋上升，但同时不断受到冲击。二战前，全球价值链分工以欧美为中心，二战后逐步形成了“以欧美德日为第一梯队、以‘亚洲四小龙’为第二梯队”的全球价值链分工体系。21世纪以来，中国凭借自身要素禀赋和基础设施方面的比较优势，中国制造畅销全球，进而成为“世界工厂”。近年来，在中美贸易摩擦、全球新冠疫情等的冲击下，全球产业链、供应链、价值链受到很大影响，中国的价值链也受到明显的影响，关键核心技术“卡脖子”问题凸显，高端制造业向发达国家回流，低端制造业向东南亚等地转移，但同时科技自立自强取得明显进展，产业转型升级加快。面对当前的复杂形势，中国仍努力保持全球价值链的稳定性并向全球价值链中高端攀升，不断探求新的发展机遇以实现“三链重构”。表1是对“三链重构”的具体解释。

表1　“三链重构”的内容与具体含义

“三链重构”的内容	“三链重构”的具体含义
供应链重构	供应链重构是指对企业供应链的重新梳理和优化。目的是通过对供应链的升级，提高企业的供应效率和降低供应成本，从而提高企业的市场竞争力
产业链重构	产业链重构是指对企业所处的产业链环节进行重新设计和优化。通过对产业链的重构，企业可以更好地协调各个环节的关系，提高产业链的整体效率和降低产业链的整体成本，从而提高企业的市场竞争力
价值链重构	价值链重构是指对企业的价值链进行重新设计和优化。通过对价值链的重构，企业可以更好地把握市场需求，提高产品的附加值和市场竞争力，从而实现企业的可持续发展

资料来源：笔者根据公开材料汇总。

（二）浙江省在全球价值链中的地位

如前文所述，中国企业凭借资源禀赋优势等迅速嵌入了全球价值链，而浙江省作为中国开放型经济的先发省份，是其中的典型代表。浙江省较早参与全球价值链，改革开放以来，浙江省经济增长迅速且质量很高，在过去的几十年内通过嵌入全球价值链获得可观收益。

浙江省在全球价值链中的地位越来越重要，主要体现在以下几个方面：

（1）制造业。浙江省是中国最大的制造业基地之一，拥有众多的制造业企业，涉及电子、机械、纺织、化工等多个领域。其中，电子制造业是浙江省的支柱产业之一，2021 年浙江省规模以上电子信息制造业营业收入达到 15916 亿元，2022 年则在此基础上同比增加了 7.6%，占全省规模以上工业的比重达到了 36.8%。①

（2）高新技术产业。浙江高新技术产业持续引领经济增长，贡献了全省超八成的规模以上工业科技活动研发费用和新产品产值，超六成的规模以上工业利润、出口交货值、增加值和产值，超五成的规模以上工业销售产值和主营业务收入。②

（3）服务业。近年来，浙江省的服务业也在不断发展壮大，2022 年浙江省服务业增加值 42185 亿元，比上年增长 2.8%，拉动全省生产总值增长 1.5 个百分点，对经济增长的贡献率为 50.4%。③ 其中，金融、信息技术、文化创意等服务业领域发展较快。

（4）外贸出口。浙江省是中国重要的外贸出口省份之一，2022 年浙江省实现外贸进出口总额 4.68 万亿元，占全国的 11.1%。其中，机电产品、纺

① 综合实力稳居全国前列！浙江首次编制发布这个白皮书［EB/OL］. 浙江省经济和信息化厅网站，https：//jxt. zj. gov. cn/art/2022/8/5/art_1657976_58929059. html，2022－08－05.

② 2022 年浙江省高新技术产业发展报告出炉，科技成我省经济发展主动能［EB/OL］. 浙江在线网站，https：//zjnews. zjol. com. cn/zjnews/202302/t20230208_25397452. shtml，2023－02－08.

③ 2022 年浙江省国民经济和社会发展统计公报［EB/OL］. 浙江省统计局网站，http：//tjj. zj. gov. cn/art/2023/3/16/art_1229129205_5080307. html，2023－03－16.

织品、化工产品等是浙江省的主要出口商品。浙江省的一般贸易出口规模巨大，2022 年浙江省出口对全国增长的贡献率达 18.5%，居全国首位。①

综上所述，浙江省企业价值链分工地位在国内领先，在全球价值链中的地位也越来越重要，其制造业、高新技术产业、服务业等方面都具有较强的竞争力和影响力。

（三）非洲在全球价值链中的地位

近年来，非洲在全球价值链中的地位与作用越来越重要。随着全球化进程加速和技术的不断创新，非洲的发展潜力越来越被世界所看重。但相较之下，考虑到内部经济发展和基础设施建设薄弱，以及外部的政治环境与社会环境相对较为不稳定，非洲在全球价值链中的地位仍相对较低。主要体现在以下三个方面：

（1）资源开采。非洲拥有大量的自然资源，如石油、天然气、矿产等，这些资源对全球经济的发展起到了重要的支撑作用。全球经济的发展和资源的需求也促进了非洲在全球价值链中的地位。但由于缺乏技术和资金，非洲的资源开采和加工能力相对较弱。

（2）产业发展。非洲的制造业和服务业正在快速发展，越来越多的企业选择在非洲设立工厂，利用当地的廉价劳动力和优惠政策，生产出具有竞争力的产品。非洲的制造业发展也为全球价值链中的制造环节提供了更多选择。但同时，非洲是世界上重要的农产品生产和出口基地，其经济基础薄弱，并且农业生产水平和市场化程度较低；在制造业方面，非洲的制造业发展相对滞后，大部分工业企业是以加工和装配为主，这也导致非洲的产品往往处于全球价值链的较低端，缺乏竞争优势。

（3）市场发展。非洲的人口众多，市场潜力巨大，吸引了越来越多的跨国企业和投资者前来开拓市场。非洲的经济发展和市场需求的不断增加，促

① 2022 年浙江出口贡献率全国第一［EB/OL］. 浙江省人民政府网站，https：//www. zj. gov. cn/art/2023/1/17/art_1554467_60027860. html，2023 -01 -17.

进了全球企业向非洲市场拓展业务，同时也为非洲的企业提供了更多的发展机会。但由于非洲的政治和社会环境相对较为不稳定，这也影响了外部投资和贸易的信心和稳定性。

从现实情况来看，非洲需要努力改善提升在全球价值链中的地位，同时寻求更多更好地参与或构建区域价值链。

四、全球价值链升级与浙非产能合作

（一）全球价值链升级对浙非产能合作的影响

全球价值链升级是指全球价值链向高端、数字化等方向发展的趋势。这种趋势对浙非产能合作有着深远的影响，主要表现在以下三个方面：

（1）技术合作的深入。随着全球价值链的升级，技术创新成为产业升级的关键。浙江省在高新技术领域拥有较强的实力，非洲国家则需要借助浙江省的技术优势来提升自身产业水平。因此，全球价值链升级将促进浙非产能合作的技术合作更加深入。

（2）产业升级的加速。全球价值链升级将推动产业升级的加速，浙江省和非洲国家都将面临产业升级的压力。浙江省可以通过与非洲国家的合作，将自身的产业升级经验和技术优势传递给非洲国家，帮助非洲国家实现产业升级。

（3）市场拓展的机会。全球价值链升级将促进全球市场的变化，新兴市场的崛起将为浙江省和非洲国家提供更多的市场拓展机会。浙江省和非洲国家可以通过合作，共同开拓新兴市场，实现互利共赢。

（二）浙非产能合作对全球价值链升级的意义

把握我国浙江省和非洲双方产业在全球价值链中所处的位置及其演变特征，既有迫切的现实需要，又有重大的研究意义。从全球价值链升级的角度考虑，浙江省与非洲进行产能合作具有以下意义：

（1）浙非产能合作促进全球价值链升级。随着全球制造业的发展，传统生产模式已经难以满足市场需求，全球价值链正在向高端制造和服务业领域转移。浙江省与非洲进行产能合作，可以促进双方在高端制造、高附加值服务等领域的合作，推动全球价值链的升级。

（2）浙非产能合作促进技术创新。全球价值链升级需要技术创新作为支撑，而产能合作可以促进技术、管理和经验的共享，带来更多的技术创新机会，使得浙江省的企业可以将自身的技术和管理经验应用于非洲市场，同时也可以带动非洲的技术进步，提高企业的创新能力和竞争力，进一步推动全球价值链升级。

（3）浙非产能合作能够扩大市场份额。非洲国家具有广阔的市场潜力，浙江省的企业与非洲的产能合作，可以通过共同合作，扩大自身的市场份额和影响力，同时也可以利用非洲的廉价劳动力和自然资源，提高产品的竞争力和降低生产成本。

（4）浙非产能合作促进区域发展。浙江省与非洲的产能合作，可以通过整合两地的资源，实现资源优化配置，从而提升生产效率和企业效益，促进区域合作和经济发展，可以提高非洲地区的工业化水平和经济发展水平，同时促进浙江省的产业升级和经济转型。

国际产业链重构与浙非产能合作

郑敏悦　黄玉沛*

摘　要：国际产业链理论是指将全球经济视为一个由各个国家和地区组成的产业链网络理论。在全球经济增长放缓、中美贸易摩擦和俄乌冲突等多重压力下，全球产业链面临着更加严峻的市场竞争和复杂的风险挑战。随着新一轮科技革命和产业革命的深入发展，新兴技术及其产业化应用推动国际生产和贸易体系加快重构，国际产业链呈现出数字化、绿色化、融合化的新趋势。国际产能合作是一种国家间产业互通有无、调剂余缺、优势互补的合作方式，是国际产业转移与对外直接投资相结合的新模式，中国（浙江）与非洲地区之间的产能合作则是其中一种典型的实践和探索。国际产业链重构对中非（浙非）产能合作带来重要影响。

关键词：浙江省；非洲；国际产业链；产能合作

随着全球化的不断深入和全球经济形势的变化，各国产业链的组织方式和发展模式也在不断演变。同时，在全球经济增长放缓、贸易摩擦和新冠疫

---

* 作者简介：郑敏悦，浙江师范大学《中非产能合作发展报告（2022—2023）》课题调研组科研助理；黄玉沛，浙江师范大学经济与管理学院（中非国际商学院）副教授，校中非经贸研究中心主任。

情危机等多重压力下，制造业企业面临着更加严峻的市场竞争和复杂的风险挑战。此时，国际产业链重构成为必然趋势，而浙江省与非洲地区之间的产能合作则是其中一种典型的实践和探索。

一、国际产业链的相关理论

产业链（industry chain）理论最早来源于西方古典经济学家亚当·斯密（Adam Smith），他把产业链看作是一条产品链，主要指企业内部资源的利用。后来，马歇尔（Marshall）将其延伸至企业间的分工协作。至此，产业链理论正式诞生。1958 年，美国发展经济学家赫希曼（Hirschman）从产业关联的视角考虑，提出产业链两种联系——向前联系和向后联系。在这之后，供应链、产业链等相关理论兴起，进一步丰富了对产业链理论的研究，同时产业链理论的概念更为广泛。在 20 世纪中期，学者们开始系统地研究产业链理论。哈里森（Harrison）将产业链定义为“购买原材料，将其转化为中间产品和成品，并将成品出售给用户的功能网络链”。莱玛（Lema）引入了全球价值链的概念，并运用该概念来研究发展中国家融入全球产业分工的轨迹。

国际产业链理论是指将全球经济视为一个由各个国家和地区组成的产业链网络的理论，每个国家或地区在其中扮演不同的角色，通过分工合作实现国际产业链的高效运转。国际产业链理论的核心思想是分工合作和价值链管理。国际产业链理论的发展可以分为三个阶段。第一阶段是 20 世纪 70 年代至 80 年代初期，美国学者提出“国际分工理论”，这一理论认为发达国家通过向发展中国家转移生产过程中的低附加值环节，可以实现成本的降低和效率的提高。第二阶段是 20 世纪 80 年代中期至 90 年代初期，这一阶段的主要理论是日本学者提出的“全球化生产理论”，他们认为全球化使得生产过程中的各个环节可以在全球范围内进行分工和协作，国际产业链逐步形成。第三阶段是 20 世纪 90 年代至今，“国际产业链理论”提出，这一理论指出国际产业链不仅是生产过程的分工和协作，还包括了产品设计、营销和服务等环节，强调了产业链管理的重要性。

近年来，受中美贸易争端叠加新冠疫情的冲击影响，外部不确定性增多，国际产业链的部分环节中断，因此，推动国际产业链重构至关重要。随着新一轮科技革命和产业革命的深入发展，新兴技术及其产业化应用推动国际生产和贸易体系加快重构，国际产业链呈现出数字化、绿色化、融合化的新趋势。国际产业链理论的应用范围非常广泛，包括了制造业、服务业、农业等各个领域。国际产业链理论的实践经验表明，通过分工合作和价值链管理，可以实现国际产业链的高效运转，促进全球经济的发展和繁荣。

二、中非产能合作的理论与实践

（一）国际产能合作的理论

国际产能合作（international industrial capacity cooperation，IICC）是中国在“一带一路”建设实践中提出的新概念。国际产能合作是一种国家间产业互通有无、调剂余缺、优势互补的合作方式，是国际产业转移与对外直接投资相结合的新模式。[①] 国家之间可以根据自身资源要素禀赋、优势产业、工业化发展水平等，把富余产能转移到具有潜在产业优势的国家，承接国以更低的成本吸收移出国的富余产能。

1. 国际产能合作的理论支撑

（1）赤松要——雁行产业模式、小岛清——边际产业转移理论。

国际产能合作被认为是国家间优势产业的转移，目前普遍承认的主流合作模式有两种，即“优势产业转移”和“边际产业转移”。“优势产业转移”模式的主要代表国家是美国，这一模式表现为跨国公司向外进行产业转移；“边际产业转移”模式的代表国家为日本，这一模式下，各国会把在本国处

① 夏先良．构筑“一带一路”国际产能合作体制机制与政策体系［J］．国际贸易，2015（11）：26－33.

于比较劣势，而在其他国家处于比较优势的产业转移出去。“边际产业转移”理论由日本经济学家小岛清（Kojima）在1978年提出，其主张国际产业转移应从“边际产业”开始，对于转出国是比较劣势的最低层级的产业，转移到转入国则是比较优势最高层级的产业。此理论由“雁行产业模式”引申而来。“雁行产业模式”起初是形容二战后日本经济腾飞，带动其周边国家的经济发展，正如雁群起飞之势，雁首在前、两翼随后，呈现V形。这一过程可以类比处于工业化后期的国家进行产业转移的过程。处于工业化后期的国家经济发展水平较高，会将富余产业向落后的发展中国家依次转移。“雁行产业模式”理论和“边际产业转移”理论指出“以产业转移的方式进行国际产能合作，既节省了转出国的生产成本，同时也有利于转入国通过溢出效应进行本国产业结构调整与升级”。

（2）弗农——产品生命周期理论。

1966年哈佛经济学教授弗农（Vernon）提出“产品生命周期”理论，他指出产品会经历四个时期——引进期、成长期、成熟期、衰退期，这可以类比为人的生命周期。不同国家的经济基础、劳动力素质、技术发展水平等不同，这就导致在产业发展的过程中会在不同阶段形成差距，因而会形成产品和服务要素等的跨国流动，这是国际产能合作的基础和前提。对于发展阶段较成熟的发达国家而言，一些产业越过成熟期后将进入衰退期，这些产业开始走下坡路甚至可能亏损，若将它们转移至有消费需求的发展中国家，将会重新具备优势，从而获利。“产品生命周期”理论通过说明产品的不同发展阶段，为各国企业在不同时期的发展提供了理论依据，能够更好地帮助企业培养竞争优势。例如，当企业发展进入了成长期，企业可以通过技术创新等手段适当延长这一阶段，利用好这一时期以积累足够的资本；而当企业进入了衰退期，产品便不再能够满足本国消费者的偏好，并且该产业的发展将失去劳动力等生产成本红利，这时应及时转移或退出这一行业。

2. 国际产能合作的特征与模式

区别于传统的产品输出与能力输出，国际产能合作不再局限于简单的进出口，而是以国家间的合作为核心，充分发挥各国在不同产业的比较优势。这一合作伴随着将某些产业整体转移到工业化初期国家的过程，从而实现帮助移出国优化发展其工业化体系，增强东道国制造能力与水平的目标。

国际产能合作是基于产品生命周期理论的产业链区域迁移，通过国际贸易、国际投资、国际开发合作等形式，将产业发展布局从一个国家或地区转移扩展至另一个国家和地区，其主要形式为资本、技术、管理及知识等生产要素的跨境流动。具体而言，开展国际产能合作的主要模式包括以下三种：

（1）投资办厂模式。经济发展水平相对较高的国家，会在发展水平相对较低的国家投资设立工厂，主要经营较发达国家中进入衰退期的产业。这一模式能够帮助承接国节省生产成本，同时也有利于移出国通过溢出效应进行产业调整与升级。

（2）跨国并购模式。跨国并购是对外直接投资的重要方式，一国可以借此获得技术、品牌、销售市场等重要资源，打通境内外供应链。对内可以促进国内产业的联动升级，提升国内产业链发展水平；对外能够有效规避贸易壁垒，迅速进入目标市场，显著缩短预期项目的周期。

（3）境外合作园区模式。境外合作园区是在各国谋求海外发展的长期实践中发展起来的合作方式。园区具有产业集聚、规模效益、辐射周边等功能，利用境外合作园区不仅可以将具备竞争力的优势产能转移到国外，以降低综合成本，而且能够更加贴近目标市场，切合当地市场需求。更为关键的是，企业能够充分享受到打造跨境产业链、参与全球化分工的发展红利。基于此，境外合作园区已经成为国际产能合作的重要载体。

3. 国际产能合作的意义

国际产能合作基于国际产业分工与产业发展的全球化内在需求，符合国际产业转移的一般规律与理论，它超越了传统的、单一的国际分工模式。不仅能够帮助后发展中国家推进工业化进程，促进先发展中国家产业结构优化升级，实现合作共赢，再造全球经济增长新引擎，还有助于实现全球产业链、价值链与资本链的重构与升级，实现生产要素在全球范围内的重新配置组合。

（二）中非产能合作的实践

1. 中非产能合作的历程

中非产能合作是国际产能合作的重要组成部分。“中非产能合作”一词最早出现在2015年中非合作论坛约翰内斯堡峰会上，是当时中非与会领导人的热议话题之一。随后，在“中非十大合作计划”的“中非工业化合作计划”中对中非产能合作理念进行了进一步阐述，提出我国将“积极推进中非产业对接和产能合作，鼓励支持中国企业赴非洲投资兴业，合作新建或升级一批工业园区，向非洲国家派遣政府高级专家顾问”，明确了对非直接投资在中非产能合作中的重要作用。

2. 中非产能合作的可行性与必要性

（1）可行性。

在过去的几十年里，中国与非洲的交往发展迅速，在贸易方面尤为如此。如图1所示，中非双边贸易额总体呈现上升的趋势。截至2022年，中国已连续14年保持非洲最大的贸易伙伴地位。非洲也是我国海外投资最具潜力的市场和“一带一路”产能合作的重要区域，目前中国与非洲国家的经贸合作还在日益深化。

从投资环境看，非洲的经济活力不断增强，对外开放程度进程明显加快，社会文明程度显著提升，对我国的认同感较强。从产业结构来看，非洲正处于工业化和信息化发展的初期，对于基础设施建设和产业发展的需求较为旺盛，这与我国产能合作的内容高度契合，尤其是非洲对于制造业领域的发展需求为我国产能转移提供了广阔的空间。同时，非洲国家的资源禀赋和成本优势明显，为我国在能源、农业、服务业等领域的投资合作提供了广阔的市场空间。因此，中非开展产能合作可行性强，具备较多优势。

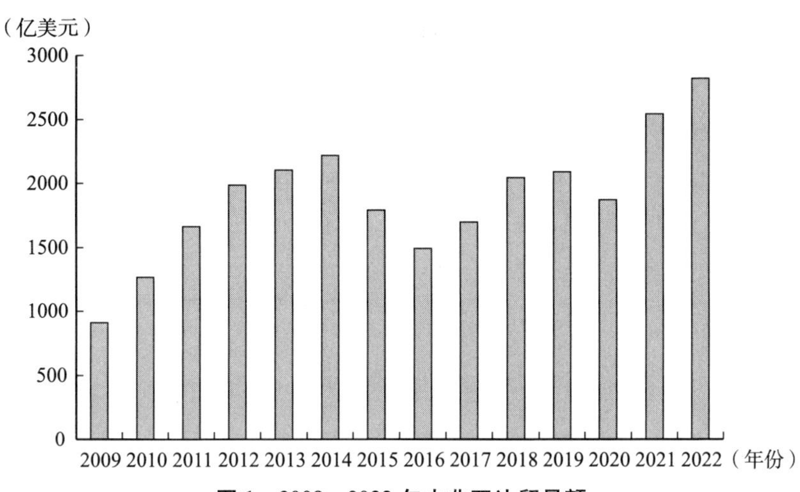

图1　2009～2022年中非双边贸易额

注：根据公开资料汇总。

（2）必要性。

从国际经济格局的变化来看，新冠疫情肆虐、全球贸易保护主义抬头、中美经贸争端、俄乌冲突等因素都冲击着各国经济，影响国际贸易往来和全球价值链、产业链、供应链的升级。在复杂多变的国际投资环境下，中国仍需积极维护好与非洲国家的经贸关系。而上述变化势必会对本就薄弱的非洲经济带来沉重打击，例如，疫情带来的全球供应链中断对非洲制造业企业形成了直接冲击，大量服装厂订单减少，面临转产甚至倒闭。[①] 因此，开展中非产能合作是中非共同应对全球性危机与挑战的必然选择。

从产业发展的阶段性特征来看，第三产业已经超越第二产业成为中国经济发展最为重要的产业部门，中国工业增加值规模已超过美国成为世界第一，但落后产能占工业总产能的15%～30%，部分行业产能严重过剩。根据国家统计局数据，2022年第四季度全国工业产能利用率为75.7%，2023年第一

① 张宏明．非洲发展报告（2020—2021）［M］．北京：社会科学文献出版社，2021.

季度全国工业产能利用率为 74. 3%。[①] 与此同时，中国在国际价值链分工中仍处于中低端，距离成为工业化强国尚有距离，去产能、去库存、去杠杆、降成本和补短板是当前中国经济面临的最为紧迫的问题。大多数非洲国家处在工业化起步阶段，对钢铁、水泥等产品的需求旺盛，基本全部依赖进口，因此渴望引进这些产能以加快工业化步伐。基于此，开展中非产能合作符合中非双方产业发展的阶段性要求。

三、浙非产能合作与国际产业链重构

（一）中国（浙江）、非洲在国际产业链中的地位

中国在国际产业链中扮演着十分重要的角色，是许多跨国公司的重要生产基地和供应链中心。中国是世界上最大的制造业国家之一，拥有庞大的劳动力和先进的生产技术，制造业产能覆盖了从低端到高端的各个领域，包括纺织、电子、汽车、航空航天等。此外，中国还是全球最大的出口国之一，出口产品涵盖了各个领域，包括电子产品、机械设备、纺织品等。

浙江省是中国最富裕的省份之一，其经济总量位居全国第四。2022 年，浙江省的 GDP 为 7. 77 万亿元人民币，占全国 GDP 的 6. 4%，位居全国第四。具体而言：浙江省是中国最大的出口省份之一，2022 年浙江省的出口总额为 3. 4 万亿美元，占全国出口总额的 14. 3%，这使得浙江省成为全球贸易中的重要角色。[②] 同时，浙江省在全球电子商务发展中占据重要地位，全球最大的电子商务公司之一——阿里巴巴集团，位于浙江省杭州市，浙江省也因此成为全球电子商务的中心之一。在全球纺织和服装产业方面，浙江省是中国

① 2022 年四季度全国工业产能利用率为 75. 7% ［EB/OL］. 国家统计局网站，http：//www. stats. gov. cn/xxgk/sjfb/zxfb2020/202301/t20230117_1892130. html，2023 - 01 - 17.

② 2022 年浙江省国民经济和社会发展统计公报［EB/OL］. 浙江省统计局网站，http：//tjj. zj. gov. cn/art/2023/3/16/art_1229129205_5080307. html，2023 - 03 - 16.

较大的纺织和服装生产基地之一，拥有大量的纺织和服装企业，2022 年，浙江省规模以上纺织行业实现工业增加值 2115 亿元，规模以上纺织行业实现利润总额 303.2 亿元。[①] 浙江省在全球制造业中的地位也非常重要，其拥有大量的制造业企业，包括汽车、机械、电子、化工等行业，2022 年浙江省规模以上工业增加值 21900 亿元，比上年增长 4.2%。[②]

综上所述，浙江省在国际产业链中的地位非常重要，其在贸易、电子商务、纺织和服装、制造业等领域都有着重要的地位。而非洲在国际产业链中的地位相对较低。尽管非洲拥有丰富的自然资源和廉价的劳动力，但由于缺乏先进的生产技术和基础设施，非洲的制造业产能相对较弱。非洲经济主要依赖于原材料出口，如石油、金属、农产品等，其制造业主要集中在一些低端领域，如纺织、皮革、食品加工等。非洲在国际产业链中的地位主要是作为原材料供应国和低端制造业生产基地，缺乏高端制造业和技术创新能力。

（二）国际产业链重构对浙非产能合作的影响

国际产业链重构是指国际产业链在地理位置、产业结构等方面的重构。这种趋势对浙非产能合作的影响主要表现在以下两个方面：

第一，更加突出地理位置的重要性。国际产业链重构将加强地理位置的重要性，跨国企业将更加注重地理位置的选择。浙江省和非洲国家可以通过合作，共同利用各自的地理位置优势，实现产能合作。

第二，引起产业结构的变化。国际产业链重构将导致产业结构的变化，浙江省会将一些富余的产业向非洲这一新兴市场转移，既有利于浙江省产业结构升级，也有利于非洲国家工业化的迅速发展。浙江省和非洲国家可以通过合作，开拓、发展新兴市场，实现双方产业结构的升级。

---

① 2022 年全省纺织行业经济运行分析［EB/OL］. 浙江省经济与信息化厅网站，https：//jxt.zj.gov.cn/art/2023/4/24/art_1659225_58930419.html，2023－04－24.

② 2022 年浙江省国民经济和社会发展统计公报［EB/OL］. 浙江省统计局网站，http：//tjj.zj.gov.cn/art/2023/3/16/art_1229129205_5080307.html，2023－03－16.

（三）浙非产能合作对国际产业链升级的影响

浙非产能合作可以促进国际产业链的重构，加强全球经济的联系和合作，促进全球经济的稳定和发展。

首先，推动中非贸易和投资的发展。浙非产能合作可以促进中非之间的贸易和投资的发展，加强双方之间的经济联系，促进中非技术和人才的交流，为双方的技术和人才培养提供更多的机会，也为双方经济发展注入新的动力。

其次，促进非洲工业化和现代化。非洲大陆目前的工业化程度较低，发展不平衡。通过浙非产能合作，可以引进中国先进的生产技术和经验，促进非洲工业化和现代化，提高非洲的生产能力和竞争力。

再次，推动浙江省及中国产业结构升级。根据产品生命周期理论，浙江省向非洲国家转移进入衰退期的产业，有利于化解产能过剩的难题，同时促进产业结构升级，带动长三角地区甚至全国产业结构优化。

最后，推进“一带一路”建设。浙非产能合作也是“一带一路”建设的重要组成部分。通过浙非产能合作，可以加强中国和非洲之间的交流和合作，推动“一带一路”合作伙伴之间的经济合作和发展。

总而言之，浙非产能合作是中非之间经济合作的新模式，有其重要的意义。通过浙非产能合作，可以促进中非之间的贸易和投资的发展，推进非洲工业化和现代化，加强中非之间的技术和人才交流，推动浙江省及中国产业结构升级，推进“一带一路”建设，推动国际产业链的重构，实现共同发展。

“地瓜经济”与浙非产能合作

石奕舒　郑敏悦　黄玉沛*

摘　要：“地瓜经济”是浙江省创新形成的市场和资源“两头在外”的新型经济发展模式，它既是一种“开放经济”，也是一种反哺经济。“地瓜经济”的相关概念可以映射出“三个浙江”——省域浙江、中国的浙江、全球的浙江。浙江省实施“地瓜经济”，归根结底是顺应我国产业升级、结构调整的大势，实现产业结构的全球化和现代化。中非双方在机电产品、能源、装备制造等领域有良好的产业合作基础。浙商企业积极参与对外开放，与非洲国家的经济合作是重要突破方向，包括能源、基础设施、农业等领域。未来，“地瓜经济”发展与浙非产能合作相结合，中非双方经济合作前景广阔。

关键词：浙江省；非洲；地瓜经济；产能合作

一、“地瓜经济”的含义

“地瓜经济”是浙江省创新形成的市场和资源“两头在外”的新型经济

---

* 作者简介：石奕舒，浙江师范大学《中非产能合作发展报告（2022—2023）》课题调研组科研助理；郑敏悦，浙江师范大学《中非产能合作发展报告（2022—2023）》课题调研组科研助理；黄玉沛，浙江师范大学经济与管理学院（中非国际商学院）副教授，校中非经贸研究中心主任。

发展模式。2023年1月，浙江省提出实施“地瓜经济”提能升级“一号开放工程”，打造更具韧性、活力、竞争力的“地瓜经济”。它通常是指浙江省企业把根扎在本地，市场和资源“两头在外”，这种发展模式鼓励企业“走出去”，犹如地瓜的藤蔓向四面八方延伸；同时要求企业把根留在浙江省，让“地瓜”的块茎长得更加粗壮硕大。在“地瓜经济”中，藤蔓汲取更多阳光、雨露和养分，支撑根基部的块茎长得更加壮硕，块茎为藤蔓的向外发展提供更坚实的基础，因而形成良性循环。①

一方面，“地瓜经济”是一种“开放经济”。开放是浙江省经济的金名片。改革开放以来，浙江省抓住了经济全球化和国际分工机遇，不断革新，打开全球新市场。近年来，浙江省企业在开放中前进，在开放中壮大，一个个外资企业不断对对外经济合作开发区投下“信任票”，越来越多的浙江企业到海外进行产业布局，投资的区域也在不断拓展。这其中，非洲、东南亚以及共建“一带一路”国家逐渐成为投资热土。

另一方面，“地瓜经济”更是一种“反哺经济”。浙江省秉持着“树高千尺，根在故土”的发展理念，从产品“走出去”，到企业“走出去”、产业园区“走出去”，再到资本“走出去”，技术人才“引进来”，推动区域经济发展水平不断提升，都体现了浙江省的开放发展离不开高水平“走出去”，也离不开高质量“引进来”。

二、“地瓜经济”的产生背景、发展阶段与特色

（一）“地瓜经济”的产生背景

浙江省地域面积狭小，很多发展的空间都受到了一定的限制。在改革开放之初，浙江省就是靠吸引外地的资源并“为我所用”，实现了自身的发展。

① 刘亭．为什么把它列为“一号开放工程”？［J］．浙江经济，2023（6）：18.

浙江省依靠吸引原材料、劳动力、供销关系等，同时将浙江省生产的产品卖到四面八方，从而使自身由资源小省变为经济大省。

加入 WTO 后，浙江省经济社会快速发展，综合实力明显增强，但在产业升级动力、企业发展张力、要素承载能力的瓶颈制约问题凸显，发展空间受限。2004 年，时任浙江省委书记的习近平同志在《浙江日报》的《之江新语》专栏发表的《在更大的空间内实现更大发展》一文中谈到了“地瓜理论”：“地瓜”的藤蔓向四面八方延伸，为的是汲取更多阳光、雨露和养分，支撑其根基部的块茎长得更加粗壮硕大，这种跳出一时一地的开放式发展形态，被称作“地瓜经济”。[①]“地瓜”的藤蔓向四面八方延伸，生动形象地比喻了敢为人先、敢闯敢干的浙商和浙企。这一阶段，浙商开始将产能转移至省外、国外，浙江省开始以更开阔的视野谋划整体发展。“地瓜经济”为浙江省开放寻找新出路、拓展新空间奠定了理论基础。[②]

在新冠疫情和中西方地缘政治动荡的背景下，通货膨胀、债务、能源、供应链等危机相互交织，世界经济复苏进程呈现明显的不确定性和不平衡性，世界之变、时代之变、历史之变正以前所未有的方式展开。供应链安全在天平上的占比越来越重，甚至已经成为国家经济安全的重要组成部分。

在全球经济秩序、供应链重构的当下，作为“世界工厂”的中国，正面临西方国家脱钩等外部冲击。同时，浙商普遍面临产业升级、规模扩张、效益提升、要素制约与环境资源等多方面压力。浙江省在全球供应链中“走出去”，用好“地瓜经济”这一浙江省发展的制胜法宝和金字招牌，具有时代性的意义，能打造更具韧性、更具活力、更具竞争力的地方经济。

实施“地瓜经济”，归根结底是顺应我国产业升级、结构调整的大势，实现产业结构的全球化和现代化。2023 年 1 月，浙江省委提出实施“地瓜经济”提能升级“一号开放工程”，打造更具韧性、活力、竞争力的“地瓜经

① 习近平．在更大的空间内实现更大发展［EB/OL］．浙江日报，http：//zjrb.zjol.com.cn/html/2004-08/10/node_18.htm，2004－08－10.

② 陈芳芳．践行地瓜经济提能升级“一号开放工程”［J］．浙江经济，2023（2）：36－37.

济”。浙江省着力提升企业“走出去”的能力和水平，在更大范围内汲取更多的阳光、雨露和养分，坚持高水平“走出去”闯天下与高质量“引进来”强浙江有机统一，推动主导产业的产业链供应链体系、内外贸综合实力、重要开放平台、企业主体提能升级。

（二）“地瓜经济”的发展阶段

“地瓜经济”是浙江省创新形成的一种扎根本地、内外开放、“光合作用”的开放型经济发展模式，“跳出浙江发展浙江”是浙江经济社会发展的必然要求。近50年来，“地瓜经济”发展历经了四个重要阶段：

（1）20世纪70～80年代，以乡镇企业为主体。这一时期，部分浙江人在愈来愈激烈的竞争中去外地发展；各行业龙头企业也开始选择向外扩张，到全国各地投资。在这个阶段，“地瓜”开始伸出藤蔓，向外试探。时值社会主义市场经济初创时期，浙江省乡镇企业派出成千上万的“采购员”，到省外寻找原材料、国有企业淘汰的旧机器以及产品市场，可谓“走遍千山万水，想尽千方百计，说尽千言万语，吃尽千辛万苦”。经过十几年的发展，以乡镇企业为“小地瓜”、链接全国市场的初级“地瓜经济”在浙江省形成规模。那时的“地瓜经济”带有依托大城市经济的特征，即为大城市制造业做零配件，或者承接国有制造业更新升级后所转移出来的产业，如绍兴的轻纺工业、永康的小五金产业等。

（2）20世纪90年代至21世纪前10年，到省外、国外开办企业，在藤蔓延伸处又结新瓜。随着国门的开放，大量浙江人在海外落地生根，建立浙江商会。浙江省的“番薯地”面积越来越广，浙江省的“地瓜”根茎也越来越壮大。截至2013年，浙商企业的对外非金融类直接投资存量已经达到109.8亿美元，位列全国省级排名第六。浙江省也逐渐增加“外省投资者”来浙投资的占比，省外投资占浙江省投资总额的比重从改革开放初期的1.6%上升到近年的27%左右。

（3）2012年之后的10年，受中美贸易摩擦和新冠疫情影响，在曲折中升级。对外非金融类直接投资存量方面，浙商企业在 2017 年达到历史最高值 983.9 亿美元，2018 ~ 2020 年，该投资存量有所下降，但是在 2021 年回升至 823 亿美元。总的来看，在 2012 ~ 2021 年，浙商对外投资的存量增长了 7 倍。① 这一阶段的“地瓜经济”具有一些重要特点：第一，“地瓜”做大了。与 2010 年前相比，浙商对外直接投资存量从不到 60 亿美元增长到近千亿美元。② 第二，布局更自觉。过去，浙商企业走出浙江时，往往是遵从“bottom-up”（自下而上）的模式，即企业到省外、国外发展，遇到什么机会就抓住什么机会。而现在，企业向外发展开始有“top-down”（自上而下）模式了，即企业选择什么产业、在什么地区投资，也要同时考虑公司的发展使命和战略定位。第三，产业结构转型。世界技术与产业价值链正在不断重构升级，浙江省企业重视在发展中国家的布局，尤其是在非洲国家。

（4）2022 年以来，“地瓜经济”进入新的发展时期。浙江省正成长出一批在全球细分行业具有影响力的隐形冠军企业，它们在全球供应链重构中“走出去”时，并不是简单的“搬家”，而是分工调整，是升级。③ 浙江省也由此越来越向高附加值、高端方向升级，更加主动地接近发达国家市场，大力开辟和建设海外工业园区。同时，强调藤蔓“反哺”根茎，强调在“走出去”的同时，做好“头部项目”和“总部经济”。值得关注的是，随着高水平对外开放成为加快构建新发展格局的重要内容，可能出现多个省份和地区同时发展“地瓜经济”的场景。

目前，大多数浙商能够“走得出，进得去，站得住”。他们逐步实现了从产品（OEM）出去，到品牌（OBM）出去，再到生产基地出去的升级（即由“贸行天下”向“产行天下”跃升）。为抵御海外风险，许多浙商抱团取

---

① 浙江省：外商直接投资金额［EB/OL］. 前瞻数据库，https：//d. qianzhan. com/xdata/details/64366e0847652ac7. html，2023 – 05 – 01.

② 平新乔．“地瓜经济”的进化和实践启示［EB/OL］. 浙江日报，http：//zjrb. zjol. com. cn/html/2023-05/08/content_3646534. htm？div = –1，2023 – 05 – 08.

③ 浙江省委书记频提的“地瓜经济”浙商怎么看？［EB/OL］. 中共浙江省委统一战线工作部网站，http：//www. qxzh. zj. cn/art/2023/2/1/art_1228998548_58919585. html，2023 – 02 – 01.

暖，从单个企业“走出去”，到产业群“走出去”，再到产业链群“走出去”。华立集团开发的“泰中罗勇工业园”，是浙江开拓海外市场的典型案例。世界正在见证从“当地的浙江（浙商）”，到“全国的浙江（浙商）”，再到“全球的浙江（浙商）”的跨越式发展。①

（三）“地瓜经济”的特色

“地瓜经济”高度概括了浙江省经济发展特色和发展战略，不仅体现了“立足浙江发展浙江”“跳出浙江发展浙江”的立意，而且蕴含着浙江省经济发展的成功经验和实践智慧。“地瓜经济”涉及经济发展的“根”和“藤蔓”、企业与网络、本地经济基础与对外发展、“走出去”与“请进来”、资本输出与反哺本国本地经济发展升级乃至经济的内循环与外循环之间的链接等一系列关系，具有以下特色：

（1）以企业为本。“地瓜”的“瓜”，就是企业，也指企业的产品、技术、人才和企业所拥有的一切资产的价值。“地瓜”的“藤蔓”，是指企业向外部伸展出的联系和链接。企业要生存和发展，必须向外部采购各种生产要素，企业在做大做强的过程中也会发生生产过程的分离，衍生出许多分企业。因此，“地瓜经济”的实质就是讲以企业发展为本、以企业为核心发展健全企业的一切内外关系。这些企业内外关系不可能只限于本地空间范围，会呈现出类似于地瓜藤蔓向邻家园子延伸的状态。

（2）以网络为基。“地瓜经济”是一种网络经济。网络的基点是“瓜”，也就是企业；网络的线是“藤蔓”，也就是企业的内外联系。瓜与藤蔓之间，存在“瓜连藤”“藤结新瓜”“新瓜又连新藤”“新藤又结新瓜”的发展趋势。例如，企业在外地“站住脚”后，相当于结成一个“新地瓜”。在此基础上发展工业园区，就是把“新地瓜”做大，这又必定会蔓延出新的经济关系，蔓延出新的藤蔓。这样，就会形成一个以浙江为根并整合全球资源的大网络。

① 姚鸟儿，曹无瑕．深耕“一带一路”壮大“地瓜经济”[J]．宁波经济，2023（5）：32－35.

（3）从市场中来。“地瓜”藤蔓的延伸不是政府主导的，而是市场自然而然发展的结果。“地瓜”藤蔓所形成的空间范围，取决于企业所拥有的社会资本和人力资本的总量。“地瓜”藤蔓能否在省外、国外落地，取决于当地政府的管辖和调节，也离不开浙商自身的打拼。因此，浙商在外发展，要遵从投资地的文化、法律，也要为当地经济发展作贡献，为提升当地居民的生活水平作贡献。

三、“地瓜经济”视域下的浙非产能合作

随着“一带一路”倡议、“地瓜经济”发展战略等的提出，浙商积极参与对外开放并将重点放在与非洲国家的经济合作上，包括能源、基础设施、农业等领域。浙商将先进的技术与管理经验带给非洲，同时也借助非洲丰富的自然和人力资源，促进了产能合作。近年来，浙非产能合作与“地瓜经济”的结合主要体现在以下四个方面：

（1）产业合作。浙江省与非洲国家在工业领域开展合作，包括建设和运营工业园区、推动企业的投资与合作等。这有助于非洲国家发展制造业，提升产业水平，同时也为浙江省企业开拓非洲市场提供机会。浙商将一部分产能转移到国外，能利用到更廉价的生产要素，也缩短了与终端市场的距离，这就可能降低生产成本和销售成本，提高资源配置的效率，而提高效率就是高质量发展的核心内涵。

（2）基础设施建设合作。浙江省在基础设施领域具有较强的专业和技术优势，包括电力、交通、通信等方面。浙非产能合作可以通过合作建设或提供技术支持，帮助非洲国家改善基础设施，提升生产力和人民生活水平。

（3）农业现代化合作。浙江并非农业大省，但浙江农村生活的富庶表明浙江是农业强省，具有丰富的农业经验和先进的农业技术。浙非产能合作可以通过农业合作项目，为非洲国家提供农业专业培训、农业科技支持和农产品加工等方面的合作，促进非洲国家的农业发展和农产品出口。

（4）人力资源合作。浙江省拥有丰富的人力资源，并在人力资源培训方面具有一定优势。浙非产能合作可以通过开展技术培训、职业教育等项目，帮助非洲国家提升人力资源水平，改善就业和社会发展。

浙江省企业走进非洲，谋求自身发展的同时，也给当地发展带去重大机遇。浙江省与非洲的进出口商品结构更趋多元化，对非出口商品构成逐步从纺织、服装、箱包等轻工产品为主，向机电产品、汽车零配件等工业制成品和成套设备并重转变。这在很大程度上说明了，在与浙江省的贸易过程中，非洲各国正逐渐构筑起自己的工业产业基础。此外，浙江省从非洲进口的货物既有资源类产品，同时也有越来越多的非洲特色优势商品，例如，南非的红酒、埃塞俄比亚的咖啡等。

“地瓜经济”的相关概念可以映射出“三个浙江”——省域浙江、中国的浙江、全球的浙江。从家门口创业，到投资全国各地，再到国际市场一争高低、参与全球供应链分工、长出一批“隐形冠军”企业，浙江省发展的“番薯地”面积越来越广，吸收养分越来越丰富，“地瓜”根茎也越来越壮实。①

浙江省要加快打造高能级开放之省，实施“地瓜经济”提能升级“一号开放工程”，关键在于打好“信心”和“乡情”两张牌，既鼓励市场主体积极向外开拓创新，又引导它们扎根浙江、回馈浙江，真正做到跳出浙江发展浙江。②

一是提升开放站位。浙非产能合作过去往往采取直接投资或并购的方式“走出去”，现在还要“走进去”，融入当地、服务当地，给当地带来更多就业机会和社会效益，做到“民心相通”；更要“走上去”，除了矿产、廉价劳动力等要素之外，要更多地为目的地的市场和技术埋单，以实现更可持续的发展。

二是打造独特标识。在市场竞争日趋激烈的背景下，浙江省的产品要在

---

① 赵波．地瓜经济之思［J］．杭州，2023（7）：48－49.

② 余淼杰．发展“地瓜经济”要打好“信心”和“乡情”两张牌［J］．政策瞭望，2023（3）：14－15.

独特性上下功夫，以高质量供给创造有效的需求。一方面，瞄准“高精尖缺”领域，在数字经济等优势赛道上实现并跑甚至领跑；另一方面，技术容易被替代，要挖掘更多浙江的独有资源，在相关产品中体现区域特色、文化特色。

三是发挥区位优势。浙江正推动双循环战略枢纽地位再提升，且通过产业集聚，在一些领域已经形成正向的外溢作用。要以抢占发展主动权、话语权为目标、对内加快推进长三角一体化、融入全国统一大市场，对外深化与非洲的合作交流；在开放内容上，则要推进从要素型开放向制度型开放转变，积极参与全球产业布局，目前浙江省到非洲等地的投资较为分散，难以形成聚合作用。对此，政府应该加大对境外产业合作园区建设的支持力度，防止浙江省企业在国外进行同质化竞争，推进浙江自贸试验区建设与浙非产业合作园区建设。①

四、结语

中非双方在机电产品、能源、装备制造等领域有良好的产业合作基础。依托国内完善的产业配套体系和超大规模市场优势，浙江省的企业应聚焦非洲相关产业的需求和期待，以深化产业链协同为核心，充分发挥企业自身的产业配套和基础优势，精准对接非洲企业的全球产业调整布局动态和趋势，增强内外产业合作的铆合度，为深化合作架设更多的渠道和桥梁。同时，通过产业链合作深化，加快内外产业在生产资源要素上的交互对流，以更有效地促进本土产业转型升级和竞争力提升。

浙江省企业“走出去”，在某种意义上代表的是浙江省乃至中国制造业的水平。因此，浙江省民营企业“走出去”应该是具有示范效应的制造业项目。唯有如此，这些企业才能在自身发展的同时，提高中国制造的影响力、美誉度和竞争力。浙江省加紧在海外布局先进制造业，也将为“一带一路”

① 张延．宁波推动“地瓜经济”提能升级　加快打造国际开放枢纽之都［J］．宁波通讯，2023（5）：36－38.

沿线发展中国家尤其是非洲国家奠定产业基础。

未来，浙江省将建设"一带一路"非洲站，形成合作纽带；建立一系列园区，助力企业在非洲发展；创设阿里巴巴"世界电子贸易平台"，帮助当地人创业；支持"中非民间商会"做大做强，增加民间交流，打造"中非研究院"智囊团，为浙江省民营企业提供智力支撑等五个方面深入推进浙非经贸合作，让浙江省在非洲市场上寻找空间，进一步在"一带一路"建设和对非合作中争当"排头兵"。①

① 翁浩浩，余勤，拜喆喆．易炼红在全省"地瓜经济"提能升级"一号开放工程"大会上强调：永葆锐气、永争一流、奋力打造高能级开放大省［J］．浙江人大，2023（6）：8－9.

·产业与市场篇·

浙江基建行业与非洲产能合作

林雅静　黄玉沛*

摘　要：在“一带一路”倡议推动下，新时代中非产能合作向着高质量发展迈进。在基建行业，浙江省一方面稳步发展传统基建，另一方面大力推进新基建的发展，二者都取得较好的成绩。非洲的基建行业发展较为缓慢，但是近年来非洲国家重视基建发展，并且本身拥有庞大市场和丰富的资源，亟待投资开发。浙江省积极落实“一带一路”倡议，以自身优良的基建技术与非洲国家进行产能合作，以浙江城建建设集团在肯尼亚首都内罗毕的环球贸易中心GTC项目为例，浙江城建建设集团成功帮助肯尼亚建设规模最大、高度第一的综合体建筑群，展示了浙江省企业有能力、有信心、有资本与非洲国家进行深度合作。新时代浙江省与非洲基建合作必将进入新阶段，但是仍然需要双方积极配合，加强国际合作，应对可能发

* 作者简介：林雅静，浙江师范大学《中非产能合作发展报告（2022—2023）》课题调研组科研助理；黄玉沛，浙江师范大学经济与管理学院（中非国际商学院）副教授，校中非经贸研究中心主任。

生的问题。

关键词：浙江省；非洲国家；基础设施建设；产能合作

一、浙江省基建行业发展现状

基础设施是国民经济和社会发展的基石。传统基建主要指铁路、公路、机场、港口、管道、通信、电网、水利、市政、物流等基础建设，在我国经济发展过程中具有重要的基础作用。新基建是面对经济社会的新供给新需求，以创新驱动为引领，以信息网络为基础，发展数字经济、实现智能升级、融合创新。新基建主要包括数字基础设施、智能化基础设施、创新基础设施三大重点建设方向。浙江省为实现通过发展基建行业从而带动经济社会的发展，一方面要补齐短板，另一方面要将新旧结合，将新基建与传统基建协同发展，统筹建设。

（一）浙江省传统基建行业发展取得的成就

1. 在交通运输领域

表1显示，浙江省高铁已实现陆域“事事通”，目前浙江省的铁路可以辐射到全国各个重要的城市，杭州至长三角地区和省内主要城市1~2小时高铁交通圈基本形成。浙江以仅占全国2%的铁路网规模支撑起全国6.5%的客运量①，铁路运营里程达到3800公里。截至2023年6月，金台铁路、杭台高铁绍台段等线路陆续建成通车，站城融合新样本——杭州西站正式启用，进一步完善浙江铁路网；沪苏湖高铁、杭温高铁、杭衢高铁、通甬高铁等线路建设稳步推进，填补路网空白；甬台温高铁等线路规划基本稳定，即将迎来开工；文泰高速公路开通使浙江从此进入陆域“县县通高速”时代。截至2022

① 江翊骐．浙江基建十年［EB/OL］．中国蓝新闻，https：//mp. weixin. qq. com/s/2BJlCmCzI8AoUEBvbfIvEQ，2022－10－19.

年 9 月，浙江省全省轨道交通规模也得到了极大的扩张，杭州市地铁线网不断完善，总里程达到 516 公里，快速地延伸拓展至绍兴市、海宁市等城市，形成一张与杭州市城市国际化发展水平相匹配的轨道交通规划线网。除此之外，浙江拥有世界十大跨海大桥之一的杭州湾跨海大桥、链接舟山本岛和岱山岛的丹岱大桥、在世界三大强涌潮河口之一的钱塘江入海口建设的世界级桥梁嘉绍大桥。

表 1　　浙江省交通运输建设部分成果（截至 2023 年 6 月）

进度	高铁	桥梁	公路
建成（部分）	金台铁路	杭州湾跨海大桥	文泰高速公路
	杭台高铁绍台段	温州瓯江北口大桥	杭绍台高速公路
在建（部分）	通甬高铁	六横公路大桥一期工程	临金高速公路
	沪苏湖高铁	宁波舟山港六横公路大桥	瑞苍高速公路
规划（部分）	甬台温高铁	鳌江二桥	合温高速

资料来源：笔者根据公开资料汇总。

2. 在建筑安装项目领域

浙江省企业完成了一批批高质量建筑工程。其中亚运会主体育场“莲花碗”被称为“国内领先、世界一流”，在建造过程中，面对一系列工程领域的高精尖难题，该项目实施的外部和内部协调难度很大。浙江省负责承建此工程的中天建设集团有限企业创新技术攻克一个个难题，体现了浙江省建筑基建领域的高超技术。在住房与城乡建设方面，截至 2020 年末，浙江省提前完成国务院新三年棚改攻坚计划，将改造与建设并重，促使住房保障水平稳步提升，城镇住房保障覆盖率达 23.9%，保证全省城镇化水平，城市基础设施和公共服务设施供给。住房城乡建设部总结推广浙江省“千万工程”经验，交流各地的经验做法，不断提高城镇建设工作水平，引领城市的重塑与变革。

3. 在水电建设领域

一方面，水利工程是基础设施投资的重要领域，2022 年，浙江省水利建设完成投资 703. 1 亿元，同比增长 13. 1%，再创历史新高；重大项目完成投资 340 亿元，同比增长 25. 3%。[①] 2021 年末，浙江省城市排水管道总长度 6. 07 万公里，同比增长 15. 46%，城市排水系统增强排水能力，排水管网和泵站建设工程、排涝通道工程、雨水源头减排工程、城市积水点专项整治工程等帮助防洪防涝。另一方面，浙江电网是我国第四大省级电网，在“十三五”期间，浙江省全省基本建成以“两交两直”特高压为核心，以东西互供、南北贯通 500 千伏环网为骨干，以西部外来电和东部沿海电源群为支撑的主网架。[②] 浙江省电力建设稳步发展，构建起强简有序、标准统一的电网架构。

（二）浙江省新基建发展取得的成就

新基建主要是指与信息技术、智慧城市、科技创新等相关的基础设施建设，是信息数字化的基础设施建设，技术含量较高。数字基建让未来充满活力，要抓住产业数字化、数字产业化赋予的机遇，加快 5G 网络、数据中心等新型基础设施建设。

第一，在建设数字基础设施方面。浙江省新型互联网基础设施建设能力持续增强，截至 2020 年末，全省光缆线路总长度为 349. 8 万公里，位居全国第三，建成全国领先的光纤和移动宽带网络，优化骨干网络结构。浙江省 5G 基站建设速度全国领跑，截至 2022 年 4 月底，浙江省已建成 5G 基站 12. 16 万个，每万人拥有 5G 基站数达到 18. 8 个，率先实现乡镇全覆盖和行政村基本覆盖，实现 5G 网络规模商用。[③] 浙江省加快发展云数据中心，深化推进

① 浙江省水利厅．浙江省水利厅简报（2022 年 1 ~ 12 月水利投资统计简报）[EB/OL]．浙江省水利厅，http：//slt. zj. gov. cn/art/2023/1/8/art_1622452_59033721. html，2023 - 01 - 08.

② 浙江省发展和改革委员会，浙江省能源局．浙江省电力发展“十四五”规划（征求意见稿）[EB/OL]．浙江省人民政府，2021.

③ 浙江省委网信办，省工信研究院．浙江省互联网发展报告（2021）[EB/OL]．浙江省人民政府，https：//www. zj. gov. cn/art/2022/5/30/art_1229630150_3983. html，2022 - 05 - 30.

大数据产业发展，充分建设成熟的大数据存储、管理、挖掘分析技术；加快物联网设施建设，浙江省率先迈入万物智联时代，浙江省移动物联网连接数已突破1亿，突破一批制约物联网发展的关键共性技术，统筹5G、4G和窄带物联网（NB-IoT）协同发展；加快人工智能平台建设，浙江省是全国数字经济先行省份，人工智能发展水平处于全国前列，浙江省人工智能企业规模效益保持较快增长，拥有人工智能核心技术研发、智能终端制造到行业智能化应用的完整产业链；稳步发展区块链基础设施建设，浙江省上线了全国首个知识产权区块链公共存证平台，区块链应用落地成果处于全国领先。

第二，在融合基础设施方面。浙江省"1+N"工业互联网平台体系初步形成，"1"是指培育一个跨行业、跨领域、具有国际水准的国家级工业互联网平台——supET工业互联网平台。在"1"的基础上，"N"是指培育一批行业级、区域级、企业级等多级工业互联网平台，当前已覆盖石油、化工等17个重点行业。同时，在电网领域，浙江省应用技术手段赋能电网发展，促进电网向能源互联网转型升级，促进电网发展提质增效，实现高质量发展。加快区块链和物联网、工业互联网、云计算、5G等信息技术的深度融合，增强融合创新应用能力，将各项技术与经济社会各领域深度融合，促进行业转型升级达到新水平，不断催生新行业、新业态、新模式。

第三，在创新基础设施方面。浙江省着力以科技创新推动新型基础设施建设，一方面，加快重大科研项目设施建设，在大力推进科学装置建设的同时积极推动国家和省实验室建设以及工程研究中心和重点实验室建设。另一方面，加快创新平台建设行动，重点发展5G技术应用、数据中心等领域。浙江省加快发展新基建技术，大力推进核心技术攻关，争取国家重大科技基础设施和科学装置布局，争取国家相关科研项目落地浙江，提高信息技术能力，依靠数字化转型、信息通信业赋能推动行业高质量发展，充分挖掘市场潜能，积极拓展新型基础设施应用场景，推动实现应用场景创新。

（三）浙江省基建行业发展的新机遇

第一，基建行业是经济可持续增长的重要保障。长久以来，基建行业在经济发展中都占据着重要的地位，传统的基建包括交通运输、建筑建设、水电供给、园林绿化等。完善的基础设施是经济社会发展的重要保障，具有战略性、基础性和先导性作用。交通运输基础设施建设缩短了时空距离，加速物资和人员流动；水利设施建设帮助农业发展和城市建设，是人们生活必不可少的部分，极大提高人们的幸福感和生活质量。当前，面对数字经济时代，更多生产要素将依赖于互联网建设，要更多利用数字基建的优势来解决传统基建中存在的不足，建设新型基础设施，将“数字化”“智能化”融入生产、管理、营销、产业协作等方面，是支撑新业态、新产业、新服务发展的战略性基石。

第二，浙江省具备发展基建产业较好的基础。一方面，浙江省重视基建，充分发挥新型基础设施建设的战略性、基础性、先导性和投资带动作用。2020 年浙江省就发布《浙江省新型基础设施建设三年行动计划》，实施基础设施建设三年万亿计划，发展基建行业。另一方面，浙江省科研基础雄厚，拥有较为优越的发展基建产业的综合配套条件。浙江省数字基础设施产业技术联盟由浙江省信息化发展中心牵头，联合相关企事业单位共同发起成立，其中包括来自全国高等院校、科研院所、社会组织、行业企业等 120 多家成员单位，助力数字基础设施领域技术突破，建设水平全国领先。

第三，非洲国家基建市场亟待企业投资。近年来，伴随着“一带一路”和“走出去”建设的步伐加快，浙江对外承包工程企业走出国门，广泛参与共建“一带一路”国家基础设施和民生项目建设，已成为“一带一路”建设的主力军和排头兵。目前，非洲基础设施匮乏，清洁水供应不足，供电、远程通信、公路、港口和铁路设施不完善，阻碍了具备比较优势的行业释放发展潜力。浙江省基建行业发展位于全国前列，走出了自己的模式，希望利用自身基建的发展优势与非洲国家进行合作，实现优势互补，合作互利共赢。例如，浙江城建建设集团有限公司是在肯尼亚基建项目的典型代表，其在肯尼亚首都内罗毕的环球贸易中心 GTC 项目圆满完成，一方面能够助力肯尼亚利用自身地理优势发展经济贸易，另一方面也助力企业“走出去”，拓展肯尼亚等“一带一路”沿线国家市场，助推企业国际化转型升级。

二、非洲基建发展现状

（一）非洲基建发展概况

非洲资源丰富，市场庞大，但同时非洲经济落后，发展缓慢。基础设施不足制约非洲经济发展和结构转型，现代化和高质量的基础设施是发挥资源优势提高经济竞争力等的必要条件。非洲联盟称，基础设施建设是非洲发展的基石，基础设施不足严重到拖累非洲 GDP 每年少增长 2%。有研究表明，公路、铁路、港口设施的残破状况导致非洲国家间物流成本额外增加 30%～40%，抑制产能实现高达 40%。[①]

首先，非洲能源基础设施建设较为薄弱。非洲能源资源极其丰富但由于发电装机容量不高、电网薄弱，导致生产成本高昂，人们生活用电短缺。其次，非洲交通运输基础建设发展滞后。据世界银行数据，2021 年撒哈拉以南非洲地区每千平方公里的公路密度仅为 204 公里，其中只有 25% 为铺面道路，远低于世界平均的 944 公里。整个非洲，大多数国家城市内主干道拥有大量高规格的公路，但是在省界、国界之间无明确的区域道路规划建设；非洲国家铁路建设并不完善，非洲大部分国家有铁路，但真正形成铁路运输网络的国家却并不多，并且现在大部分非洲国家的铁路都存在设备老化

① 汪段泳．“一带一路”倡议在沿线主要区域的进展（非洲篇）［J］．世界知识，2021（12）：21－23．

的问题。最后，部分非洲国家建筑建造大多依靠外包。埃及新行政首都中央商务区、非洲联盟会议中心等非洲重要项目都是外资承建的。非洲大陆自身建材业技术落后、劳动力素质不高、资金不足，许多大型建筑群的建造依靠外资承建。

（二）非洲基建行业发展新机遇

第一，非洲国家自身重视基建行业发展。基础设施建设是非洲发展的“神经”、非洲一体化的“导线”。[①] 非盟委员会（AUC）、非盟发展署——非洲发展新伙伴关系（AUDA-NEPAD）以及非洲开发银行（ADB）联合提出非洲基础设施发展计划（PIDA），该计划涵盖交通、能源、水资源开发和信息通信等多个行业。PIDA 提供了平台，帮助非洲各国以相互联系的、综合的方式进行基础设施建设，以解决非洲大陆人员、商品和服务流动问题。非洲多国积极推动基础建设，出台措施发展基础建设，鼓励国际资本进入，国际发展合作伙伴成为非洲有效改善基础设施严重落后局面的重要组成部分。

第二，非洲国家基建市场吸引外资。非洲经济发展较为落后，大部分非洲国家缓慢发展的经济难以支撑大规模基础设施建设，国内公共资金短缺、私人投资不足，基建领域仍然存在严重的资金缺口，亟待海外融资（参见图 1），非洲国家多次表示希望获得基建投资。中国自改革开放以来基建行业发展快速，现如今中国在各基建领域拥有强大有实力的团队，有能力走出国门扩大市场。在非洲大规模基建发展计划铺开的过程中，“一带一路”倡议在非洲的实施为这片大陆冲破基建瓶颈提供了新希望。浙江省企业坚定“一带一路”倡议，在自身基建稳步发展的基础上，有余力投资非洲市场，一方面帮助非洲国家建设经济，另一方面有利于浙江省企业利用非洲市场，推动自身发展。

---

① 宋斌．非洲加速实现基建蓝图［N］．经济日报，2023－02－13．

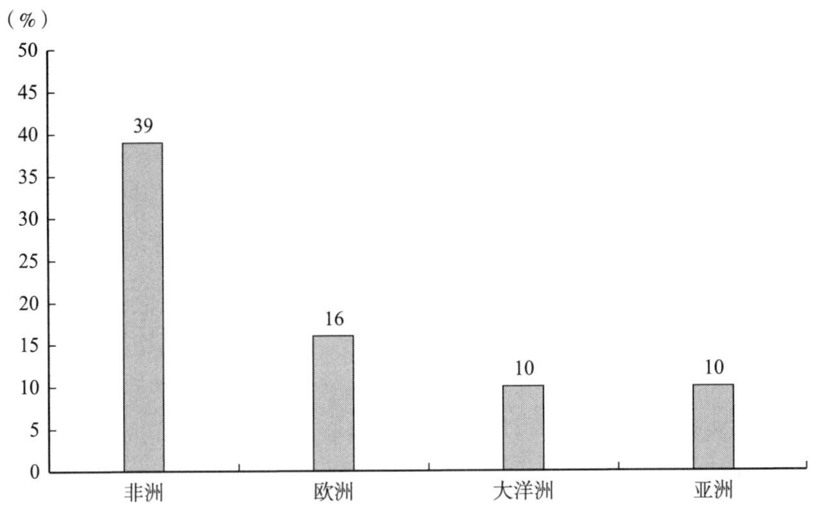

图 1　2016～2040 年部分地区基础设施投资需求高于预期投资的比例

资料来源：［澳］全球基础设施中心．全球基础设施展望［M］．上海：对外经济贸易大学出版社，2021。

三、浙江基建行业与非洲产能合作

（一）浙非基建合作的背景

中非基建合作处于优势互补、共同成长的黄金机遇期。中国是非洲重要的基础设施投资国，经过改革开放四十多年的发展，中国基建行业建设取得举世瞩目的成就。综合交通运输体系、世界级的能源基础设施项目、民生基础设施工程、抢占未来制高点的数字通信等建设成绩斐然。其中，浙江省在全国基建发展位于前列，浙江省企业建设速度快、质量高，经验丰富，很多方面的技术位于世界前列，拥有强大竞争力。随着“一带一路”建设的推进，中非合作稳步推进积极建设，基建行业合作是企业“走出去”的重要方向，是获得更大市场的途径之一。非洲未来发展潜力巨大，基础设施合作不断深化，能够为非洲经济社会发展补足短板。

（二）浙非基建合作案例——以浙江城建建设集团在肯尼亚 GTC 案例项目为例

1. 双方合作的背景

肯尼亚地理位置重要，其地处东非高原，四季如春，是发展旅游业的胜地。首都内罗毕是中东非的交通枢纽，也是联合国的粮食署、人居署、环境署等组织的非洲办公室所在地。肯尼亚也是“一带一路”沿线的重要国家，积极响应“一带一路”倡议。近年来，肯尼亚经济建设发展较快，是撒哈拉以南非洲地区经济基础较好、国际化程度最深的国家之一，成为东非地区投资、贸易的重要窗口，但是落后的基础设施难以满足其需求，急需发展基建，其优越的战略地位和发展前景吸引了不少国外投资者的目光。

浙江省的基建企业具有一定的优势，可以弥合非洲国家技术发展的瓶颈。在建筑行业方面，浙江省建筑业总产值位列全国前二，连续几年实现翻番增长，与非洲合作分享新技术、创造新就业，浙江省的建筑企业完全有能力用其先进的技术、完备的管理经验帮助非洲建筑业发展，实现中非合作高质量发展。

浙江城建建设集团有限公司始建于 1981 年，2005 年组建为集团公司，该公司先后荣获“鲁班奖”“浙江省先进建筑业企业”“浙江省建筑业‘走出去’发展‘十佳’单位”“杭州市建筑业 30 年领军企业”等荣誉近百项。它是国家住建部批准的建筑工程施工总承包特级资质与建筑工程设计行业甲级资质企业。同时具有市政工程施工总承包，装饰装修、地基基础、机电安装专项承包等资质，并经商务部批准具有国际工程承包经营资格。集团总资产超 50 亿元，年承接业务额近 200 亿元，年产值 100 亿元，其中海外年产值逾 30 亿元。[①] 在风险与机遇并存的国际市场环境中，浙江城建跟随国家“一带一路”倡议，坚定不移实施“走出去”发展战略，积极拓

① 浙江城建建设集团［EB/OL］. http：//www. zjcjjt. com/index. php/about. html，2023－07－02.

展国际市场，并以完整的产业链、优质的管理、诚信的品牌经营获得市场的认可。2016 年公司开始实施肯尼亚中航国际内罗毕环球贸易中心（GTC）项目，该项目建筑群是肯尼亚迄今为止规模最大、高度第一的超高端城市综合体建筑群，并于 2021 年 9 月成功入选《“十三五”浙非合作经典案例集》。通过该项目，浙江城建进一步在国际上树立了品牌，证明公司的能力。

2. 双方合作实施概况

肯尼亚 GTC 项目开发建设周期较长，共经历了前期准备、工程建设、投入运营三个阶段（见表 2）。

表 2　　浙江城建建设集团有限公司 GTC 项目开发建设过程

阶段	项目开发建设内容
前期准备阶段	2014 年，内罗毕环球贸易中心（GTC）项目正式启动
	2015 年，浙江城建建设有限公司成功中标 GTC 项目
工程建设阶段	2016 年，浙江城建建设集团非洲有限公司通过一系列调研分析后，开始实施 GTC 项目主体建设
	2019 年 4 月，项目完成所有建筑主体的封顶，开始进行机电装修相关工作
投入运营阶段	2021 年 12 月 22 日，浙江城建建设集团总承包的肯尼亚 GTC 项目进行亮灯及揭牌仪式

资料来源：笔者根据相关资料整理。

双方进行了项目合作的可行性调研。2015 年，浙江城建建设有限公司成功中标 GTC 项目。肯尼亚 GTC 项目是浙江城建国际施工总承包、总投资额达 5.2 亿美元的综合体开发项目，是浙江省和非洲在基建合作方面的重要案例。2016 年，浙江城建建设集团有限公司在通过一系列的调研分析后，根据肯尼亚气候环境情况、管理模式、基建水平等进行调整创新，开始实施 GTC 主体建设。浙江城建国际凭借专业高效的运作、先进科学的管理、丰富的国际工程经验，为项目顺利进行奠定了良好的基础，为保证施工质量，项目引进和投入了很多当地还未使用过的技术，向肯尼亚输出了中国高端基建技术和先进经验。新技术的投入取得了很大的成效，例如，主体结构均以 10 天甚至 10 天以内每层的中国肯尼亚速度稳步进行。[①] 2019 年 4 月，项目完成所有建筑主体的封顶，开始进行机电装修相关工作。2021 年 12 月 22 日，浙江城建建设集团总承包的肯尼亚 GTC 项目进行亮灯及揭牌仪式。

3. 双方项目合作的成效

首先，肯尼亚 GTC 项目极大地助推肯尼亚经济可持续发展。肯尼亚地理位置优越，经济基础相对较好，金融、航空、物流等配套设施相比非洲其他国家也较为发达，适合发展旅游业、国际化程度较深。肯尼亚 GTC 项目充分挖掘和整合当地优势资源，充分发挥肯尼亚地区战略优势，为肯尼亚现代化建设搭建了可塑性平台，也将代表肯尼亚吸引世界的目光，成为商业贸易发展、经济交流合作的典型示范区。

其次，肯尼亚 GTC 项目有利于技术交流，助力肯尼亚基建水平稳步提升。肯尼亚 GTC 项目更多引进全新的技术，采用先进的施工工艺及新材料，例如，自爬式脚手架、钢框木模板、定型化安全防护产品等，突破了一系列技术难题。项目实施中加强管理，按技术规范对施工缝、伸缩缝的施工区域严把质量关，消除施工隐患。

再次，肯尼亚 GTC 项目创新管理模式，为肯尼亚解决就业问题和培训需求。GTC 项目采用属地化管理方式，大量聘用当地属地化工人，用中国技术做指导，非洲工人做施工。肯尼亚 GTC 项目开发及运营将为肯尼亚增加 4000 多个就业岗位，带来了巨大的经济效益。与此同时，上岗前举行为期一个月的属地化技能培训，加大对人才的培养和职工技能培训。

最后，推动项目合作可持续发展。肯尼亚 GTC 项目是浙非基建合作的重要案例，该项目向非洲输入了中国先进基建技术、开发资金和经验，

---

① 第一届中国 - 非洲经贸博览会组委会秘书处．中非经贸合作案例方案集［M］. 长沙：湖南人民出版社，2019.

浙江城建建设集团有限公司也通过这个项目扩大市场，树立国际品牌形象，陆续承接了肯尼亚国家保障房项目等多个优质工程。通过国际合作开拓市场和结构调整，在合作中进一步扩大双方合作的优势，实现了互利共赢。

四、新时代浙非基建合作的战略思考和提升途径

当前，非洲地区的地缘政治、传统安全和民粹主义风险突出，浙非基建合作面临着较以往更加复杂的形势，更需要双方坚定合作意向。非洲由于基础条件较差，大多基础设施都满足不了人们的需求，有很大的发展空间和建设空间，未来的投资空间和增长空间也很大。浙非基建合作需要政府与企业共同参与，从全球层面、国家层面和企业层面的实际情况，推动双方合作高质量发展。

（一）全球层面：基础设施一直是经济发展的重要方向

基础设施投资对发达经济体和发展中的经济体都至关重要。在发展中国家，道路、电力和水利等基础设施建设是企业发展、人民生活质量的重要保障，在更成熟的经济体中，建设和更新基础设施能够推动经济的进一步发展。基础设施建设是维持经济增长不可或缺的组成部分。在未来二十年内将出现大量的基础设施需求，其中亚洲将主导全球基建市场，根据统计预测，在过去、当前、未来时间段亚洲对基础设施的投资都远远超过其他地区，到2040年，亚洲的基础设施投资约占全球的54%，而美国的这一比例为22%①，位列第二（见图2）。基础设施建设能带动相关领域内整个产业链的发展，可以有效拉动投资，保障资本市场平稳健康运行。

① ［澳］全球基础设施中心．全球基础设施展望［M］．上海：对外经济贸易大学出版社，2021.

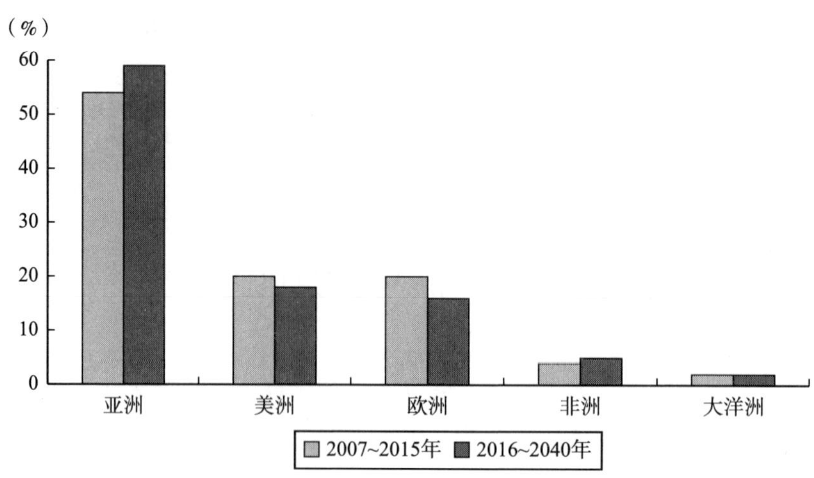

图 2　2007～2040 年各地区全球基础设施投资比例

资料来源：［澳］全球基础设施中心．全球基础设施展望［M］．上海：对外经济贸易大学出版社，2021。

（二）国家层面：中非双方加强顶层设计，对接基建合作需求

非洲基础设施发展需求强烈，制定了明确目标和支持政策，希望通过基础设施来拉动经济发展和提高人民生活水平。非洲各国积极欢迎外资进入，参与和其他各国的基建合作。中国“一带一路”倡议提出十年来，非洲国家踊跃参与其中。浙江省以“一带一路”倡议为指引，以企业为主体，以互利共赢为发展导向，全方位推进与共建“一带一路”国家的开放合作。不仅如此，浙江省有与非洲在政治、经济、文化等方面积累的丰富合作经验。所以，在上述背景下，浙江省与非洲国家开展基建合作具有巨大的优势和潜力，面临难得的发展机遇。

（三）企业层面：浙江省企业走进非洲市场，拓展基建合作

目前，浙非基建合作发展良好，为了更深入合作，浙江省企业不能套用一套模板，应该更深入走进非洲市场，加强市场调研，有针对性地对非洲文化、信仰、政策、法律等研究，制定有针对性的管理制度。与此同时，浙江

省企业要加强风险估计能力，全面做好风险判断，发展自身核心技术，提高自身竞争力。大型基建企业应当承担推进合作重任，中小型企业也应抓住机遇主动参与国际合作，以实际行动助力国家“一带一路”倡议，在国际竞争中进一步扩大领先优势。

五、结语

本文探讨了浙江省基建行业与非洲国家的合作的可能性以及具体案例。一方面，展示了浙江省在传统基建和新基建中取得的成就，同时分析了浙江省在基建行业的发展机遇；另一方面，分析了非洲国家基础设施建设的不足以及对基础设施的强烈需求，从而肯定浙江省和非洲合作的潜力。在本文中，重点探讨了浙江城建建设集团有限公司在非洲肯尼亚首都内罗毕承建的环球贸易中心（GTC）项目，通过此案例进一步分析了浙江省和非洲在基建行业合作的优势，肯定浙非基建合作。最后，本文对新时代浙非合作提出了思考和提升路径，通过全球、国家、企业三个层面的分析，提出在新时代背景下基础设施在经济发展中的作用，以及坚定中国对非洲投资合作，助力浙江省企业能更深入参与非洲基建。

浙江纺织行业与非洲产能合作

王樟燕　黄玉沛*

摘　要：纺织产业是浙江省传统优势产业和重要民生产业，也是打造世界级先进制造业集群和标志性产业链的重要组成部分。浙江省的化纤、印染、服装等领域在国内处于领先地位，其中浙江省传统优势产业持续提质增效，战略性新兴产业实现突破引领。与中国纺织服装产业发展水平相比，非洲本土的纺织服装产业整体发展相对滞后，非洲纺织业发展方兴未艾。浙江省纺织企业的技术优势、管理经验等可以为非洲国家纺织产业现代化发展提供助益；非洲广阔的市场为浙江纺织企业转型升级提供更多的机遇。为把浙江省打造成全球纺织产业高端要素的资源集聚地，引领国内纺织产业深度参与国际竞争的创新策源地，浙江省纺织业将大力拓展非洲市场，把握"一带一路"的新机遇，加快浙江省纺织业与非洲国家的产能合作。

关键词：产能合作；纺织业；浙江省；非洲

纺织行业作为中国消费品三大支柱行业之一，在国民经济中占据着重要

---

* 作者简介：王樟燕，浙江师范大学《中非产能合作发展报告（2022—2023）》课题调研组科研助理；黄玉沛，浙江师范大学经济与管理学院（中非国际商学院）副教授，校中非经贸研究中心主任。

地位。2022 年，在原料驱动成品价格上涨因素的推动下，纺织行业出口增势良好，中国纺织品服装出口总额再创新高，连续第三年保持在 3000 亿美元以上。根据中国海关数据，2022 年中国纺织品服装出口总额达 3409.5 亿美元，同比增长 2.5%。在主要出口产品中，纺织品出口金额达 1568.4 亿美元，同比增长 1.4%，纺织面料、化纤等产业链配套产品出口是重要增长点；服装出口金额达 1841.1 亿美元，同比增长 3.4%。在主要出口市场中，中国对美国、欧盟、日本纺织品服装出口额同比分别减少 5.4%、1.1%、0.2%，对"一带一路"沿线市场和区域全面经济伙伴关系协定（RCEP）国家中纺织品服装出口额增速则分别达到 11.3% 和 9.7%。①

一、浙江纺织业发展现状

（一）浙江省纺织业发展取得的成就

纺织业是浙江省优势产业。新冠疫情暴发以来，浙江纺织业面临的外部环境异常严峻，市场需求疲弱、欧美市场进口下降、疫情冲击等多种风险因素对纺织业形成了较大影响。尽管受到多方面因素的压力，浙江省纺织业仍然保持相对稳定的发展，行业产业链较为完整、产业韧性足、民营企业活力强，纺织行业规模继续保持全国第一。2022 年，浙江省规模以上纺织行业实现营业收入 1.1 万亿元，同比增长 1.0%。其中规模以上纺织业、服装服饰业、化纤业分别实现营业收入 4615 亿元、2238 亿元、4143.1 亿元，同比增长 −2.8%、0.1%、6%，增速均较上年有所回落。②

浙江省纺织业出口增势仍然保持良好发展态势。2018 年以来，浙江省纺织品出口总额稳步增长（参见图 1）。到 2022 年，浙江省规模以上纺织行业

① 根据中国海关相关资料统一汇总而成。

② 浙江省经济和信息化厅 . 2022 年全省纺织行业经济运行分析［EB/OL］. 浙江省经济和信息化厅，https：//zj87. jxt. zj. gov. cn/zlzq/web/views/article/news/detail. html？ id = 232152，2023 - 02 - 10.

实现出口交货值1761.8亿元，同比增长4.2%。其中，化纤业出口交货值保持较大增幅（增长30.5%），服装服饰业增长5.1%，纺织业同比降幅为2.9%。浙江省纺织品服装出口5957.6亿元，同比大幅增长12.2%，比全国增速（5.8%）高出6.4个百分点，总量占全国纺织服装出口份额超过27%，位列全国第一。①

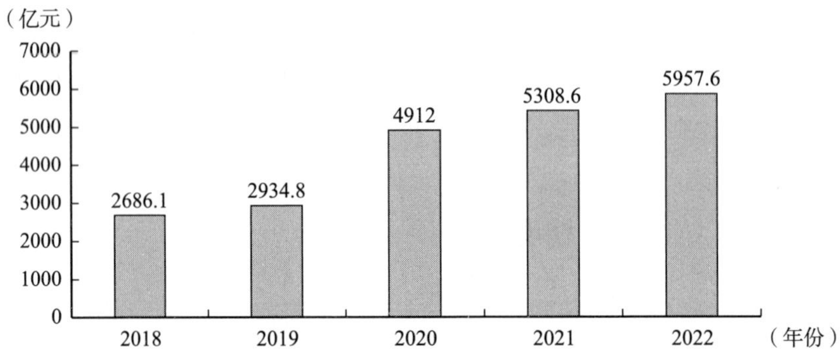

图1　2018～2022年浙江省纺织品服装出口情况

资料来源：浙江省经济与信息化厅．2022年全省纺织行业经济运行分析［EB/OL］．浙江省经济与信息化厅，https：//jxt. zj. gov. cn/art/2023/4/24/art_1659225_58930419. html，2023－04－24；浙江省经济与信息化厅．行业承压上行 规模首破万亿——2021年浙江省纺织和服装行业运行情况［EB/OL］．浙江省经济与信息化厅，https：//jxt. zj. gov. cn/art/2022/3/23/art_1659225_58928385. html，2022－03－23。

（二）浙江省纺织业发展趋势

第一，强化创新创意联动，促进产业链创新链深度融合。浙江省不断提高创新和研发能力，构建定位清晰、层次分明、有机衔接的现代纺织产业创新平台体系，加强关键核心技术攻关。同时提升创意设计能力，不断地融合中华优秀传统文化、“宋韵国潮”等浙江特色的创意设计，促进浙江省纺织和优秀传统文化深度融合，助力浙江省纺织业产业链创新链深度融合。

① 浙江省经济和信息化厅．2022年全省纺织行业经济运行分析［EB/OL］．浙江省经济和信息化厅，https：//zj87. jxt. zj. gov. cn/zlzq/web/views/article/news/detail. html? id＝232152，2023－02－10.

第二，加强品牌培育推广，树立纺织品质标杆地位。随着时代发展潮流，浙江省结合区域特色，促进品牌建设与传统文化、现代科技、时尚潮流相结合，着力打造“杭州女装”“宁波男装”“温州休闲装”等具有国际竞争力的区域品牌。随着“杭州国际时尚周”“宁波时尚节”“温州国际时尚消费博览会”等时尚展会知名度越来越广，地方将打响属于自己的时尚知名度；一批纺织领域“品字标浙江制造”品牌企业、标准领跑者、“浙江制造精品”，将为浙江打响“浙江制造”的名声。

第三，持续深化数智赋能，推动产业链供应链重塑。浙江省将加快构建新智造体系，着力建设数字化基础设施，深入推进纺织中小企业数字化改造，重点推广易入门、低成本、短周期、可复制的轻量级数字化改造项目，打造可供企业自主选择的服务商及服务模块“双菜单”。未来，浙江省将实现百亿元以上纺织产业集群工业互联网平台、规模以上纺织工业企业数字化改造两个“全覆盖”，全面赋能纺织业数字化。

第四，精准助力市场开拓，推进更高层次合作与竞争。线上、线下双线出击，提升市场拓展能力，优化国际贸易渠道。浙江省将进一步拓展海外市场，开展纺织类海外仓建设，创新“前展后仓”运营模式，实现线上撮合、线下展销、直播推介一体化发展。浙江省支持纺织企业将研发设计、高端制造、营销管理总部等环节留在省内，推动海外企业本地化，高水平建设境外经贸合作区，把浙江省打造成全球纺织产业高端要素的资源集聚地，引领国内纺织产业深度参与国际竞争的创新策源地。

第五，系统推进绿色转型，打通产业可持续发展路径。浙江省建设绿色制造体系，推进行业低碳发展。落实能源消费总量和强度“双控”制度，对标先进推动纺织领域“碳达峰”工作。鼓励化纤、印染、棉纺等行业实施能效领跑者引领行动，加快推广节能降碳技术和装备，支持企业建设智能化能源管理系统。鼓励开展纺织行业碳核算方法、减排路线图、减排成本分析等标准及规范体系研究，开展“碳足迹标识”认证。支持纺织领域优势企业及重点园区列入国家级绿色制造名单，构建绿色设计产品、绿色工厂、绿色园区、绿色供应链协同推进的绿色制造体系。

二、非洲国家纺织业发展现状

（一）非洲棉花生产基本概况

棉花是非洲重要的经济作物之一。非洲棉花基本上是由小农种植而非大型园，导致棉花产量不到世界总产量的10%，棉花出口占世界棉花出口的9%以上。贝宁、马里、布基纳法索和科特迪瓦是非洲棉花产量最高的国家，约占该地区产量的50%。[①] 非洲棉花的主要进口国是孟加拉国、越南、中国和马来西亚。棉花在温暖潮湿的气候中生长良好，夏季漫长，土壤中有盐度，这使得撒哈拉以南非洲成为全球最大的棉花生产地区之一。以棉花四国贝宁、马里、乍得、布基纳法索为代表的西非地区的棉花产量超过非洲总产量的一半以上，也是非洲优质棉花原料重要产区。

在非洲各国中，埃及在非洲地区棉花单产能力强，品质优良。埃及长绒棉出口常年保持在10万吨以上，是世界上优质长绒棉生产和出口大国。近几年，由于棉农重复使用棉籽导致棉花质量下降，埃及棉花声誉受到很大影响。为提高埃及棉花品牌形象，埃及政府控制棉籽供应。图2显示，2022～2023年产季，贝宁棉花产量58.7万吨，位列非洲第一；布基纳法索产量约41.2万吨，位列第二；马里产量仅约40万吨，较上一产季（76万吨）下降近一半，排名则由上一产季的第一跌至第三；而乍得因受到旱涝灾害、柴油短缺、新冠疫情等多重不利因素叠加影响，棉花产量下降；喀麦隆由于棉花价格上涨和农民种植信心增加，棉花产量再创新高，达37万吨。[②]

---

① 中非贸易研究中心．非洲棉花行业现状及未来［EB/OL］．非洲咨询网，http：//www. africainfo. cn/info/detail-30809. aspx，2020－07－23.

② 驻马里共和国大使馆经济商务处．2022—2023产季马里棉花产量排名跌到非洲第三［EB/OL］．中华人民共和国商务部，http：//ml. mofcom. gov. cn/article/ztdy/202304/20230403405743. shtml，2023－04－21.

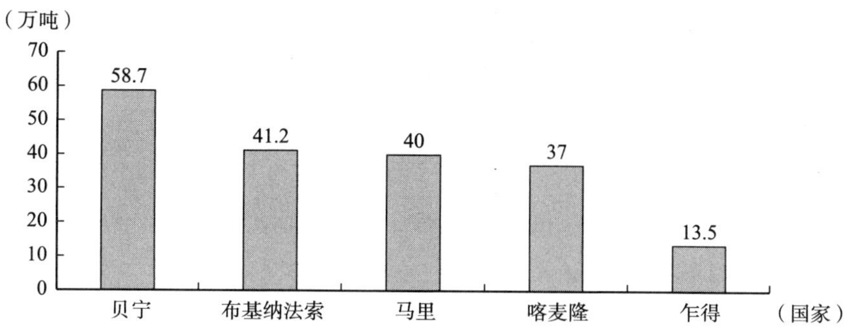

图 2　2022～2023 年部分非洲国家棉花产量

资料来源：驻马里共和国大使馆经济商务处．2022—2023 产季马里棉花产量排名跌至非洲第三［EB/OL］．中华人民共和国商务部，http：//ml. mofcom. gov. cn/article/ztdy/202304/20230403405743，shtml，2023－04－21；驻乍得共和国大使馆经济商务处．2022 年乍得棉花产量下滑［EB/OL］．中华人民共和国商务部，http：//tchad. mofcom. gov. cn/article/sqfb/202212/20221203375064. shtml，2022－11－25；驻喀麦隆共和国大使馆经济商务处．喀麦隆 2022 年棉花产量预计再创新高［EB/OL］．中华人民共和国商务部，http：//cm. mofcom. gov. cn/article/sqfb/202202/20220203278145. shtml，2022－02－05。

总的来看，非洲拥有丰富的棉花资源、廉价的制造业成本、年轻的人口结构，以及旺盛的新兴市场需求。但非洲国家在棉花的深加工方面能力偏弱，因此棉花产出后大多直接出口以换取外汇，供本地直接进行纺纱织造比例较低。与棉花产量相比，非洲棉花出口量全球占比相对较高。

（二）非洲纺织业市场概况

非洲纺织产业价值链较为分散，需要大量进口纺织面料及辅料进行服装等成品的生产加工，产品制造周期较长，产品附加值偏低，产业技术能力也十分薄弱。终端产品与来自亚洲的进口产品相比，品质和价格均处于劣势地位。近年来，跨国二手服装在非洲多国的畅销进一步对非洲本土纺织产业发展造成了巨大压力。

目前，非洲的纺织产业发展主要依靠外国投资驱动。美国“非洲增长与机遇法案”（AGOA）对撒哈拉以南非洲大多数国家实施免关税出口纺织服装产品的单向贸易优惠政策，以及欧盟与非洲之间的“除武器外全部免税协议”（EBA）相关优惠条件等对外国企业赴非纺织业投资起到了一定积极作用。

非洲大部分国家目前尚未形成完整的纺织产业链，但是非洲纺织业在不断发展，近几年非洲服装出口额稳步增加（参见图3）。据预测，在2017～2027年，非洲棉花市场的复合年增长率预计将达到3.1%，未来非洲棉花市场将会继续扩大，非洲纺织服装产业仍是非洲工业化道路上的优选行业。非洲2018年出口服装价值64.42亿美元、2019年65.61亿美元、2020年54.09亿美元、2021年72.91亿美元、2022年88.28亿美元，年度出口整体呈增长趋势。由于亚洲的生产成本逐渐饱和，纺织品制造现在正从亚洲转移到非洲。2022年第一季度，非洲服装出口首次突破20亿美元，出货量达到20.83亿美元，在2022年第二季度小幅下滑至19.53亿美元。①

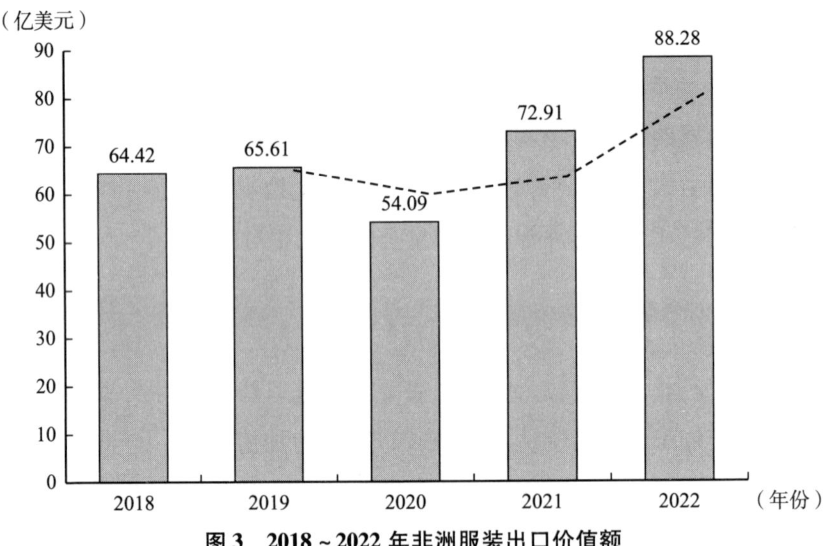

图3　2018～2022年非洲服装出口价值额

资料来源：纺织网．非洲成为主要服装供应商 第一季度出口超过20亿美元［EB/OL］．全球纺织信息，http：//info. texnet. com. cn/detail-914990. html，2022－11－02。

① 新华社．突破20亿美元！非洲正在成为主要服装供应商［EB/OL］．全球纺织网，https：//www. tnc. com. cn/info/c-034001-d-3726318. html，2022－11－07.

非洲正在成为世界主要的服装生产和供应中心。随着以埃塞俄比亚、埃及为代表的非洲国家政府在纺织服装领域吸引投资的持续发力，越来越多的非洲国家开始重视纺织服装业发展，并希望通过国际合作的方式加快本国产业升级，树立具有非洲特色的时尚产业。更高的生产成本正在推动纺织制造业走向新兴市场，非洲正在成为一个新的纺织业中心。

三、浙江省与非洲纺织业产能合作发展现状

（一）浙江省与非洲纺织业产能合作取得的成就

浙江省是全国纺织出口大省，所占出口份额逐年增长。从外部看，在国际政治局势复杂演变、高通胀等经济复苏制约因素增多的形势下，国际市场前景存在较高不确定性，市场竞争加剧、外贸环境风险上升，均将对浙江省纺织行业抗风险能力形成新一轮考验。从自身看，纺织业是浙江省传统优势产业链，完整纺织产业链供应链的高效、稳定运转优势仍然突出，浙江省纺织业产能总体上处于全国先进水平，部分领域在国际上也有较强竞争力，目前产能已略大于需求。

在“一带一路”与经济全球化的浪潮下，近年来，浙江省的纺织企业将目光投向广阔的非洲市场，与非洲国家进行纺织业产能合作。非洲很多国家已将纺织业列为重点发展行业，在发展纺织业方面表现出自己的优势。双方在纺织服装领域具备较明显的互补优势，未来加强、加深双赢合作具有极大空间。

1. 浙江省绍兴市柯桥区与非洲国家产能合作

浙江省绍兴市柯桥区被称为“托在布上的城市”，依托“产业 + 市场”的独特优势以及产业链综合优势，已成为全国纺织产业链最完整、纺织产能最大、专业市场最大的纺织产业集群。近年来，绍兴市柯桥区积极融入“一带一路”，深入实施“丝路柯桥 · 布满全球”行动。柯桥区政府在帮助企业“出海”的政策设计上开动脑筋，打造了“外贸共享客厅”，吸引外贸相关服

务主体入驻；举办国际贸易展览会，对接非洲市场和柯桥企业。根据柯桥区商务局提供的数据，可以直观地印证柯桥区在“一带一路”贸易中的成就：2022 年前三季度，柯桥外贸出口额为 966.7 亿元，同比增长 25.9%；其中对共建“一带一路”国家和地区出口额 562.23 亿元，同比增长 28.2%。①

例如，浙江宝纺印染有限公司，多年来深耕非洲市场，始终坚持差异化竞争、国际化发展，积累了丰富的市场经验和客户信任。凭借蜡染工艺的创新钻研和对非洲市场的深耕开拓，公司生产的仿蜡染印花布风靡非洲市场。不断创新的蜡染印花布，颠覆了传统非洲蜡布市场，高品质、高性价比的产品成为市场的主动选择，公司成为非洲最大的蜡染布供应商之一。

柯桥区企业抓住机遇，积极开拓非洲市场。例如，柯桥区的雷楚针纺公司于 2018 年 2 月 12 日，入驻中埃纺织业投资合作的重要平台之一——中埃·泰达苏伊士经贸合作区。作为第一家入驻泰达合作区的项目——雷楚公司埃及纺织项目总投资 3000 万美元，该项目主营业务为原料涤丝加弹、整经、坯布织造、印花和染色一体，其生产能力将达到年产 3 万吨。其后在 2020 年正式签署泰达合作区保税仓（TEDA-Royal）租赁协议。从首次建设生产基地到再次选定保税仓，从主攻原料生产加工到产品生产加工销售一体化全面铺开，雷楚公司在埃及的项目迅速发展。新冠疫情期间，由于苏伊士合作区迅速有效的防疫措施，雷楚埃及项目并没有因为疫情原因而停工，随着全球疫情渐缓，公司外贸订单正逐渐恢复，雷楚公司将通过保税仓国际物流综合服务体系，进一步积极拓展其在埃及的纺织业务。

柯桥区纺织行业正逐步拓展非洲市场，部分纺织企业有充足的实力，扩大柯桥纺织产业对非洲的贸易体量，助力推动中非产能合作发展。柯桥区坚持“互惠共享、互利共赢”原则，深化“创新引领、创意驱动”，更广范围、更深层次、更大力度推动柯桥融入世界纺织发展格局和国际纺织经贸体系。

① 浙江省绍兴市柯桥区商务局 . 2022 年 1—12 月柯桥区商务运行概况［EB/OL］. 柯桥区人民政府网，http：//www. kq. gov. cn/art/2023/2/13/art_1678425_59164310. html，2023 -02 -13.

浙江省绍兴市柯桥区政府也希望通过开拓非洲新兴市场，持续提升柯桥区纺织产业的聚合力、影响力，把柯桥区纺织打造为世界级现代纺织产业集群（见表1）。

表1　部分柯桥区纺织企业与非洲产能合作情况

公司	合作情况
浙江米娜纺织有限公司	公司于2011年在埃塞俄比亚奥罗米亚州收购当地某国有纺织企业开办印染厂，后三次投资，现有纺纱织造厂和印染厂各一个，5条气流纺、25台环锭纺及263台剑杆机，印染厂日产布匹20万米
浙江省绍兴市柯桥区雷楚针纺有限公司	公司于2018年2月签约入驻中埃·泰达苏伊士经贸合作区扩展区。项目总投资3000万美元，主营涤纶丝加弹、整经、坯布织造、印花和染色一体
浙江宝纺印染有限公司	公司多年来深耕非洲市场，产品已出口至非洲30多个国家和地区，以差异化的蜡染印花布闻名当地，现已是非洲最大的蜡染布供应商之一

资料来源：笔者根据多方资料来源汇总。

2. 浙江米娜纺织有限公司在埃塞俄比亚的产能合作

浙江省绍兴市柯桥区有大量纺织企业在非洲投资兴业，其中在非洲国家综合布局、快速发展的典型代表就是浙江米娜纺织有限公司。

浙江米娜纺织有限公司是一家以从事纺织业为主的企业。作为纺织品出口企业的米娜纺织是绍兴市柯桥轻纺城最早一批从事纺织品对外贸易，并且一直专注于纺织行业的企业。2011年，为应对浙江劳动力成本不断上升、汇率波动频繁的压力，在比较、考察了40多个国家的投资贸易环境之后，公司选定埃塞俄比亚作为投资合作基地。公司于2011年收购埃塞俄比亚原国有最大纺织企业阿拉巴门齐纺纱织造厂，后三次投资，现有纺纱织造厂和印染厂各一个。纺纱织造厂占地18万平方米，厂房建筑面积近3.2万平方米，目前有5条气流纺、25台环锭纺及263台剑杆机，印染厂日产布匹20万米，其投资的行业主要在纺纱和印染行业，打破了埃塞俄比亚长期无印染企业的状态。①

浙江省米娜纺织公司利用跨境电商平台，持续在埃塞俄比亚深耕发展纺织业产能合作。公司境外工厂坚持合法经营、合法管理，在投建印染厂的时候，按照欧标配置建造污水处理厂，有效地保护了当地的环境。同时，公司扎根埃塞俄比亚当地，招聘了中国、埃塞俄比亚两国管理人员和近 700 名当地员工，并为员工提供一系列的培训，加强员工技术培训，不断改善工作及薪酬条件，不仅为埃塞俄比亚创造了就业岗位，还培养了人才。

浙江省米娜纺织有限公司“立足非洲，授人以渔”。中国技师队伍常年驻厂，手把手教技术，“一对一”传帮带，强化社会责任，热心当地公益，积极参与当地文化及建设活动，为社区居民提供清洁饮用水，为社区学校捐建校舍及课桌椅，参与当地社区传统文化保护，踊跃参加当地各项慈善活动，企业文化逐渐成形。

在中国和埃塞俄比亚两国团队和员工的共同努力下，企业成为当地市场的领跑者，产品市场占有份额不断扩大。目前，公司在埃塞俄比亚印染厂第二期项目筹备工作已经开始，将进一步增加织造设备，完善配套设备设施，为客户提供成本更低，交期更快的优质产品。

浙江省米娜纺织有限公司在埃塞俄比亚的发展路径值得浙江省纺织企业学习，公司在新投产的印染项目上，加强人力资源建设，在人才队伍组建及管理上下功夫，通过系统培训、技能竞赛、趣味运动会等形式加强员工融合，公司上下团结一心。此外公司在埃塞俄比亚投资前对各个国家进行深入考察，投资后公司扎根埃塞俄比亚，充分了解埃塞俄比亚的相关法律法规，依法循规，利用中国在资金、技术等领域的优势，谋求与当地企业和政府真诚合适的合作模式，在数年的发展下，获得了丰硕的成果。

---

① 笔者根据浙江宝纺印染有限公司．宝纺印染：“一带一路”上的“蜡染明珠”［EB/OL］．浙江宝纺印染有限公司，http：//www. baofanggroup. com/news/0-15. html，2020－08－25；纺织网．米娜纺织：授人以渔 示范引领重责任［EB/OL］．中华工商时报全联通，http：//info. texnet. com. cn/detail-835190. html，2020－12－11 整理。

（二）浙江省纺织行业在非洲发展面临的困难与对策

中国大力推动“一带一路”建设，许多浙江省企业纷纷赴埃塞俄比亚等共建“一带一路”国家和地区投资。非洲各国政府也已认识到加工制造业在国民经济发展过程中的战略重要性，纷纷改善投资环境，积极争取外来投资。纺织业也是浙江省企业投资非洲的热门行业之一，但是，浙江省企业想要在非洲更好地发展纺织业，还存在着不少困难。

第一，非洲国家在政治体制、社会发展环境等方面与中国有较大的差异。一些非洲国家的社会治安不稳定，国内冲突不断，投资风险安全性不高。中非在自贸协定、双边投资协定及避免双重征税协定等领域的制度保障不完善，中国企业在非洲投资不能得到有效的法律保护，不利于浙江省纺织企业扩大对非投资。近年来，随着中国在非洲的经济和外交能力不断增强，西方国家用“新殖民主义”“中国威胁论”等言语诋毁攻击中国，给在非洲发展的浙江省乃至中国企业带来了巨大的舆论压力。

第二，双方在产业链与工业链对接方面存在部分错位。在纺织业领域，非洲国家的纺织产业基础较为薄弱，下游服装加工能力相对较强，上游纺织及印染环节较弱，拥有相关技术的工人也相对缺乏。一些非洲国家的基础设施建设有待完善，水电供应十分不稳定，港口、公路运力相对不足，物流成本较高。浙江省纺织企业如果在非洲建厂，就不得不面临水、电、交通等基础设施不完备等一系列问题，增加投资成本和建设难度。

第三，新冠疫情给浙非纺织业投资合作带来负面冲击。疫情发展初期，因国内停工停产导致生产原料供应不畅是浙江省在非投资纺织企业面临的主要问题。在中国迅速恢复纺织供应链运转后，纺织服装产品消费需求断崖式下跌引发的订单锐减是在非投资企业面临的第二轮冲击。目前，国内原料供应端和主要国际消费市场虽已基本恢复正常，但已投资企业大多面临供应链中断、生产节奏放缓、国际物流价格飙涨等多重压力，而原本有计划在非开展投资合作的企业目前大多处于谨慎观望状态。

当下，新冠疫情基本结束，全球供应链与产业链深度调整，在新形势下，浙非双方需进一步深化产业对接与产能合作，加强顶层设计，助力双方纺织业合作可持续发展。具体而言，可以在以下方面有所突破：

首先，在政府层面，加强双方在纺织业领域的顶层设计。发挥中非合作论坛机制、非洲国家经贸联委会工作机制职能，就中非合作论坛第八届部长级会议上发布的“九项工程”和《中非合作 2035 年愿景》与非洲大陆自贸区建设及各国发展规划进行对接，加强双方的政策及制度交流，熟悉非洲国家的对外贸易政策、投资优惠政策等。政府要加大对纺织企业出海投资的财税金融支持力度，优化对非洲的国际贸易渠道，建立和完善出口贸易摩擦预警机制，帮助浙江省纺织企业妥善面对贸易摩擦，助力企业更好地“走出去”。

其次，在行业层面，注重发展创新和研发能力。浙江省纺织业的发展必须从“以量取胜”转变为“以质取胜”。政府成立专项创新激励资金，鼓励、支持企业加大科技方面的研发投入，引进国内外先进机器设备，对于重大创新给予现金奖励。浙江省纺织企业要想拓展非洲纺织市场，就要结合非洲当地的民族特色，研发更适合非洲人民的产品。除此之外，企业也应了解当今国际市场的各项标准、制度，与国际接轨，淘汰高耗能、高污染的生产线，研发高质量、低能耗、环保型的产品，从而提高国际竞争力。

最后，在企业层面，可以形成地方企业联盟，共同应对市场风险。浙江省纺织行业八成以上的企业都是中小企业，生产规模偏小，市场竞争力和抗风险能力相对较弱，在对非投资时面对国际贸易风险，很容易出现群体性风险。浙江省纺织企业在对非洲国家投资时，可以以某个非洲国家为基础区域，以在当地发展势头较好的某几家企业为领导，与其他纺织企业形成联盟。领头的企业作为技术和信息的主要来源，帮助其他企业提升竞争能力和市场地位；其他企业可以通过代工或其他方式为龙头企业提供低成本的产品，形成合力，满足市场需求，提升市场竞争地位，共同对抗市场风险。

四、结语

中国纺织业经过多年发展，目前产业水平和规模均处于世界领先地位，是全球纺织品服装最大的生产国、出口国和消费国。近十年来，随着“一带一路”建设的不断深入，中国纺织业全球布局的步伐在加快，机遇与挑战并存的非洲新兴市场开始步入中国纺织业的视线，非洲大陆在未来则有望成为中国纺织产业国际投资的新兴目的地。

中国浙江省与非洲国家在纺织业方面具有良好的合作潜力，浙江省纺织业的优质富余产能可以转移至非洲市场，非洲相关国家也可以借助浙江省纺织企业的优势提升本国纺织业的制造能力，双方合作各取所需、互利双赢。总之，浙江省与非洲在纺织业领域的产能合作应把握平等互利的原则，既能满足非洲国家发展制造业的需求，又能推动浙江省纺织企业拓展海外市场，双方在纺织业方面的产能合作必将迎来新的发展机遇。

浙江能源行业与非洲产能合作

林雅静　黄玉沛*

摘　要：在“一带一路”倡议推动下，新时代中非产能合作向着高质量发展迈进。浙江省大力推进“一带一路”建设，加强与非洲国家的产能合作。在能源行业，浙江省坚定发展清洁能源，大力支持能源行业向低碳、清洁化转型。浙江省与非洲国家能源合作有良好的前提，一方面，非洲拥有丰富的可再生资源，具有清洁能源发展的基础条件；另一方面，浙江省能源行业在全国领先，有能力、有条件与非洲国家在能源领域开展产能合作。正泰新能源集团是浙非能源合作的典型代表，该集团是中国新能源与电力设备制造领军企业，在埃及的光伏投资项目是浙非产能合作的重点项目。展望未来，浙非能源合作发展势头良好，但依旧面临一系列问题，需要加强国际合作，从国家层面和企业层面深入拓展产能合作。

关键词：浙江；非洲；产能合作；光伏；能源转型

---

* 作者简介：林雅静，浙江师范大学《中非产能合作发展报告（2022—2023）》课题调研组科研助理；黄玉沛，浙江师范大学经济与管理学院（中非国际商学院）副教授，校中非经贸研究中心主任。

一、浙江省能源行业发展现状

（一）浙江省能源行业发展取得的成就

能源资源是经济发展的动力源。近年来，浙江省能源消费总量规模不断攀升，经济发展的现实需求促使浙江省积极关注能源发展转型，加速新能源新技术的开发利用。在“十三五”期间，浙江能源行业发展取得了重要成就（见表1）。

表1　“十三五”时期浙江省能源发展成就

指标	2015年	2020年	增降
光伏装机（万千瓦）	219.8	1517	6.9倍
电力装机容量（亿千瓦）	0.8215	1.014	23.5%
累计建成天然气管道（公里）	1053	3528	98.6%
单位GDP能耗（吨标准煤/万元）	0.59	0.41	0.18
能源消费总量（等价）（万吨标准煤）	19610	24660	25%
煤品燃料占能源消费总量的比重（%）	52.4	40.1	12.3
油品占能源消费总量的比重（%）	22.4	23.0	0.6
天然气占能源消费总量的比重（%）	4.9	7.4	2.5
水、核电占能源消费总量的比重（%）	10.9	12.5	1.6
其他燃料占能源消费总量的比重（%）	9.4	17.0	7.6

资料来源：浙江省发展和改革委员会，浙江省能源局．浙江省节能降耗和能源资源优化配置“十四五”规划［EB/OL］．浙江省发展和改革委员会，https://www.zj.gov.cn/art/2021/7/7/art_1229505857_2310529.html，2021-05-29。

一是浙江省能源保障能力持续增强。近年来，浙江省能源行业健康发展，能源供给和储备体系不断完善，全省内东西互供、南北互通的电网主网架基本形成，电力装机容量增长98.6%。天然气管道建设有效推进，石油储备规模持续增长，石油管道项目进展顺利。经济社会发展和民生用能需求得到有效保障。

二是浙江省清洁能源发展稳步推进。全省内化石能源消费占比下降，非化石能源消费占比提高 2.3%，清洁能源发电装机提高 11.8 个百分点，[①]对清洁能源的利用和开发程度大幅提高，清洁能源行业的发展位于全国前列，并且浙江省能源利用效率稳步提高，多样耗能产品的单位耗能水平在国内领先。

三是浙江省重大项目建设有序推进。浙江仙居抽水蓄能电站、舟山新奥 LNG 接收站一期、浙江 LNG 接收站二期等工程项目建成。浙江三澳核电一期，长龙山、宁海、缙云、衢江、磐安抽水蓄能电站和乐清电厂三期等多个新项目开工，累计完成了重大能源项目投资 3660 亿元。

四是浙江省技术和装备产业较快发展，能源改革创新走在前列。浙江省跨海输变电联网技术取得重大突破，舟山 500 伏联网输变电工程海底电缆设计、研发达到世界领先水平。在光伏领域，浙江省已经形成完整的光伏装备制造产业链，技术和产量均全国领先。太阳能中高温利用技术取得重要突破，大大拓展了太阳能产业应用领域，在产量上，浙江省已是全国第二大光伏组件制造省份。在能源改革方面，浙江省电力体制改革、天然气体制改革、能源资源市场化改革等稳步推进并逐渐达到全国领先。

（二）浙江省能源发展面临的新形势

浙江省总体能源储量偏低，是能源资源储备的小省。在“十三五”时期，浙江省能源消费增速达 2.5%，这种资源与需求的不对等引发一系列能源发展难题，浙江省能源发展面临诸多新的情况：

一是浙江省能源资源配置尚待进一步优化。浙江省努力贯彻实施国家提出的“碳达峰、碳中和”目标，进一步建设清洁能源示范省，但是省内部分

---

① 浙江省人民政府办公厅．浙江省能源发展“十四五”规划［EB/OL］．浙江省人民政府，https：//www.zj.gov.cn/art/2022/5/19/art_1229505857_2404396.html，2022－05－07.

地区依旧存在耗能高、排放高为主的“双高”产业结构，高耗能企业社会责任不够，未能统筹处理好产业结构调整与绿色低碳高效转型的关系，过度依赖能源资源消费。在浙江省各地区，煤炭消费依旧处于较高水平，石油紧随其后，之后为其他燃料消费量，随着经济高速发展，人民生活水平及环保意识不断提高，更需要进一步优化能源资源配置。

二是浙江省能源保障面临新的问题。浙江省在能源保障方面做了大量工作，付出了很大的努力，但浙江省的能源保障仍然面临着新问题。随着浙江省经济发展、人民生活水平提升和电气化水平的提高，浙江省能源消费在一定时期内呈现快速增长发展态势，但是能源设施水平和供应能力不能充分满足需求，新型电力系统建设面临整体性、系统性和协调性不够，能源资源安全保障面临新挑战。

三是浙江省企业用能成本逐步增加。受国家补贴政策调整影响，浙江省用能成本上升。在原材料方面，大部分企业表示2022年以来原料成本剧增，原材料价格几乎迎来了全面上涨。煤炭价格持续上涨，煤炭价格持续上涨影响蒸汽价格不断上调。加之在限电政策影响下，浙江省大力推动新能源电力的发展，需要建设更加智能的电力配套设施来支撑新能源电力发展，用工成本增加且难度变大。①

（三）浙江省能源转型的新机遇

浙江省数字化改革和新技术创新为能源发展带来的新机遇。在全球低碳经济发展的形势下，浙江省顺应趋势助推能源行业转型升级，利用已经颇具规模的能源行业以及数字化改革、技术创新带来的机遇推动能源领域向更深层次发展，提高能源产业协同发展水平。

第一，能源低碳转型发展成为经济可持续增长的重要趋势。浙江省煤炭

① 浙江省发展和改革委员会，浙江省能源局．浙江省可再生能源发展“十四五”规划［EB/OL］．浙江省发展和改革委员会，浙江省能源局，https：//www. zj. gov. cn/art/2021/6/23/art_1229203592_2305636. html，2021 －05 －07.

石油资源储量小，从长远考虑，浙江省发展核电和可再生能源是重要趋势。“十四五”时期是浙江省践行“八八战略”、奋力打造“重要窗口”，争创社会主义现代化先行省的重要时期，而节能降耗和能效提升是浙江省公认的“第一能源”，是加强能源安全、实现经济脱碳和促进高质量发展的重要路径。从世界趋势来看，在绿色低碳国际大环境下，从传统能源向清洁能源可再生能源转型是全球能源发展的新趋势，相对于2015～2020年，估计2025～2030年全球对煤炭、油、天然气的投资将逐渐降低，而对低碳燃料的投资需求将逐渐增长（见图1）。在此背景下，浙江省积极响应“碳达峰”“碳中和”国家重大战略决策，积极发展清洁能源，顺应世界能源发展趋势，助推能源行业转型升级。

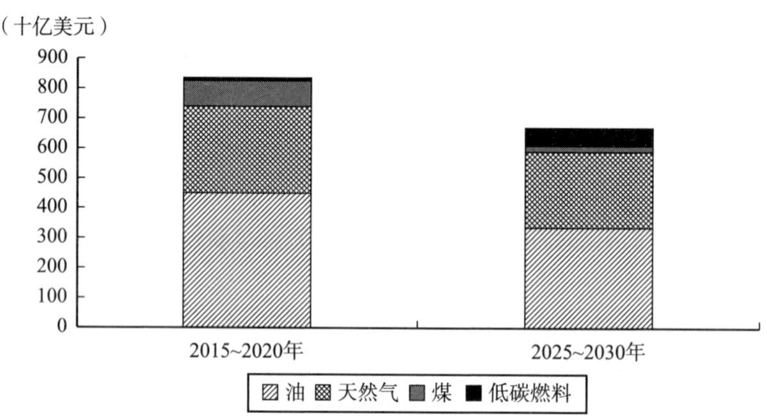

图1　2015～2030年全球可持续发展情景中燃料的年平均能源投资

资料来源：International Energy Agency. Data and Statistics［EB/OL］. International Energy Agency, https：//www. iea. org/data-and-statistics/charts? region% 5B0% 5D = africa&topic% 5B0% 5D = world-energy-outlook&page =7，2019。

第二，浙江省颇具规模的新能源产业正在推动能源转型。近年来，浙江省积极谋划布局新能源电力等相关产业的发展，重点关注风光发电、储能电源等清洁能源产业的发展。浙江省光伏产业在全国领先，光伏产业实现了跨越式发展，光伏项目开发热情高涨，规模增长迅速，技术进步迅猛，产业链不断完善，孕育出多家行业龙头光伏企业，逐步迈入高质量发展阶段。截至2023年2月底，浙江省光伏装机容量达到2643万千瓦，位居全国第三，光伏发电持续保持高速增长，集中式光伏和分布式光伏发展迅猛；浙江省在风能研究和关键设备制造水平上处于全国领先地位，风电装机容量达到448万千瓦，风光装机容量突破3000万千瓦①，大力应用风能资源；潮流能装备研发也取得重大突破，技术总体接近国际先进水平。

第三，浙江省具备发展新能源产业较好的科研基础。浙江省新能源产业发展与全球经济技术合作密切，拥有较为优越的发展新能源产业的综合配套条件。截至2023年2月底，浙江省已经是全国第二大光伏组件制造省份，在硅材料、硅片、太阳能电池、光伏组件和系统应用中均有涉及。② 电化学储能、氢能、第四代核电技术等技术不断突破，数字化与能源转型更深入融合，更多将数字化管理应用到能源管理、节能技术、产业效能技术等。这些技术条件是浙江省进一步推动能源“双控”进展，做好能源转型体系建设坚实的基础。

第四，非洲国家丰富的能源资源亟待浙江省企业开发。非洲太阳能、地热能、水能等资源丰富且可用度高，关键矿产和绿色氢气等新兴领域有强大的增长潜力。水能、太阳能、风能的理论蕴藏量分别占全球的12.3%、51.9%和39.8%③，但目前开发率很低，绝大多数资源都可以进行大规模开发。近年来，浙江省加速能源转型，希望利用自身新能源的发展优势与非洲国家进行能源合作，实现优势互补，合作互利共赢。例如，浙江省正泰新能源公司是在埃及投资光伏项目的典型代表，一方面能够助力埃及实现光伏发电，解决用电问题，另一方面也助力企业“走出去”，拓展埃及等“一带一路”合作伙伴市场，助推企业国际化转型升级。

---

① 国网浙江省电力有限公司融媒体中心．浙江风光装机突破3000万千瓦，占比超四分之一［EB/OL］．浙电e家，https：//mp. weixin. qq. com/s/s-qIOom1R_dnsm95bN-X-Q，2023-03-22.

② 方丽，许斌，王博颖．浙江应抓住机遇大力发展新能源产业［J］．经济师，2022（8）：105-106.

③ 全球能源互联网发展合作组织．非洲清洁能源开发与投资研究［M］．北京：中国电力出版社，2020.

二、非洲能源发展现状

（一）非洲能源发展概况

非洲人口占世界人口约17%，而一次能源消费仅占世界3.4%左右。① 无论从能源消费总量或是人均能源消费数量，非洲所占的相关比重都与其面积和人口在世界的位置极不相称。当前，非洲能源发展面临诸多困境，油气、煤炭等能源资源开发程度较低，且地区发展不平衡。非洲电力发展水平较低，大部分国家电力短缺。图2展示了非洲地区用电紧张问题，非洲用不上电的人数占据了相当大的比重，世界缺电人数逐年下降而非洲地区仍然居高不下。

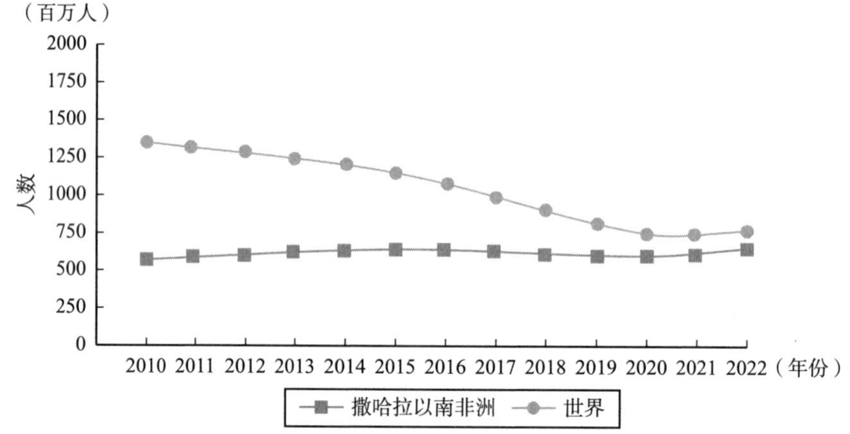

图2　撒哈拉以南非洲和全世界用不上电的人数

资料来源：International Energy Agency. Data and Statistics ［EB/OL］. International Energy Agency, https://www.iea.org/data-and-statistics/charts? region%5B0%5D = africa&topic%5B0%5D = world-energy-outlook&page =7，2022。

① 2022世界能源统计［EB/OL］. BP（英国石油公司），https://www.bp.com.cn/content/dam/bp/country-sites/zh_cn/china/home/reports/statistical-review-of-world-energy/2022/bp-stats-review-2022-full-report_zh_resized.pdf，2022-06-28.

据统计，非洲地区发电装机容量不高，2021 年非洲发电装机容量只在全世界占据 3% 左右（参见图 3），发电主要依赖化石能源，传统化石能源占据非洲电力供给来源的近八成。但是，非洲地区的可再生资源丰富，拥有发展可再生资源的基础条件。非洲有 2.6 万千米的海岸线，西临大西洋，东临印度洋，海上风能资源极为丰富，具备良好的海上风力发电条件。低纬度是非洲大陆发展太阳能的重要优势，阳光强度和烈度非常高，光照资源充足。为努力摆脱对化石燃料的依赖，非洲多国政府高度重视可再生能源产业发展，制定出台相关产业政策，大力吸引投资，利用自身优势促进能源转型。

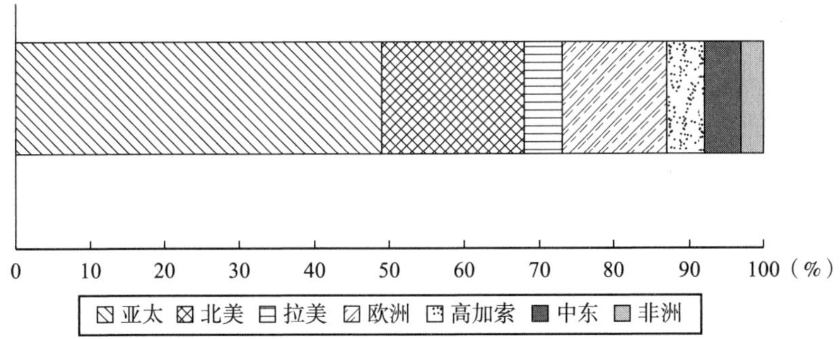

图 3　2021 年全球发电装机容量占比

资料来源：2022 世界能源统计［EB/OL］. BP（英国石油公司），https：//www. bp. com. cn/content/dam/bp/country-sites/zh _ cn/china/home/reports/statistical-review-of-world-energy/2022/bp-stats-review-2022-full-report_zh_resized. pdf，2022 - 06 - 28。

（二）非洲能源发展面临的形势

第一，新冠疫情和俄乌冲突对非洲能源发展产生不利影响。作为全球经济发展水平较低、疫情防控能力较弱的地区，大部分非洲国家经济社会发展与人民的正常生活都受到新冠疫情的重大影响，疫情下非洲能源开发项目进展缓慢。另外，2022 年初以来，俄乌冲突导致全球供应链重组和贸易成本上升，全球粮食和燃料价格上涨，间接导致非洲一些地区的政治不稳定和社会动荡。粮食、能源和金融等多重危机深刻影响着非洲地区能源发展的进程，需要加速非洲能源体系转型。

第二，非洲能源基础设施建设较为薄弱，能源开发投入成本大。非洲的能源基础设施发展较为落后，发电装机容量不高、电网薄弱是制约非洲能源发展的主要瓶颈。部分地区经济发展较为缓慢，许多国家不具备独立建造大型设备、开发能源资源的能力，非洲要实现能源现代化、低碳化发展，必然需要庞大的资金支持。

第三，太阳能光伏产业在非洲有巨大发展潜力。非洲大部分地区多晴天、日照时间长、阳光强度烈度高。在非洲的许多地方，太阳能光伏已是最便宜的电力来源。价格不断降低的太阳能板和高强度的光照有利于非洲发展光伏产业。《2022 年非洲能源展望》指出，就装机总量而言，太阳能光伏将超过水电，成为非洲可再生能源的第一大来源，并在 2030 年几乎填补与天然气的差距，太阳能光伏将成为引领非洲的新增产能。①

（三）非洲能源转型新机遇

第一，非洲国家关注能源转型发展。非洲能源转型注重光伏系统、风能、太阳能等清洁能源和绿色氢气等新兴领域，可以归纳为“一个核心目标、三个行动重点”，即以建构现代低碳、经济适用的能源体系为核心目标，在清洁能源开发上兼顾“分布式利用”与“集中式开发”两种方式，在能源输送上加快电网建设，在转型动能上促进能源产业与各种现代产业的联动发展。②非洲许多国家积极推动能源转型，多国出台措施发展低碳经济，清洁能源作为国家能源的重要组成部分，实现可持续发展。

第二，非洲大陆拥有发展可再生能源的巨大潜力。非洲拥有丰富的水能、太阳能、生物质能和风能等可再生资源，其中太阳能和风能是最具发展潜力的，截至 2016 年末分别为 1128.6 吉瓦和 382.4 吉瓦左右（参见表 2），但

---

① International Energy Agency. Africa Energy Outlook. 2022 [EB/OL]. International Energy Agency, https://www.iea.org/reports/africa-energy-outlook-2022, 2022-6.

② 张锐．非洲能源转型的内涵、进展与挑战［J］．西亚非洲，2022（1）：51-72.

目前开发比例都很低。例如，非洲拥有全球60%的最佳太阳能资源，但目前仅占太阳能光伏容量的1%；已经开发的水电仅占其水电资源的11%。[①] 近年来，非洲可再生能源电站装机容量有所增长，而煤炭等传统能源的使用则显著下降，在此背景下非洲如果能够有效利用拥有的丰富可再生能源，加速能源转型升级，不仅有助于缓解非洲国家电力紧张，也为非洲经济社会发展提供了新的动力。

表2　非洲可再生能源资源发电潜力　单位：吉瓦

地区	太阳能	风能	水力	生物质能	地热能
中非	91.5	12.0	105.7	157.2	—
东非	395.3	144.3	57.8	64.2	8.8
北非	202.5	101.4	7.8	25.7	—
南非	312.8	85.2	2.6	9.6	—
西非	126.5	39.5	10.5	6.4	—
合计	1128.6	382.4	184.4	263.1	8.8

资料来源：Ljeoma Onyeji-Nwogu. Renewable Energy Integration：Chapter 3—Harnessing and Integrating Africa's Renewable Energy Resources [M]. New York：Academy Press，2017。

第三，全球绿色低碳发展趋势为非洲可再生能源发展创造新的机遇。新能源的成本较传统能源更低，但是需要在前期投入大量资金来做技术研发，而大部分非洲国家缓慢发展的经济难以支撑其进行开发。在全球推动应对气候变化等因素共同作用下，世界能源清洁低碳发展大势已成，世界各国纷纷制定能源转型战略，推动清洁能源发展，在绿色低碳的国际大环境下，各国投资者重点关注光伏、风能、水电等具体产业在非洲的投资可行性，全球清洁能源转型为非洲的经济和社会发展带来了新的希望，非洲国家有望从中受益，吸引越来越多的资金流动来开发新能源，借助全球新能源技术突破和加

① International Energy Agency. Data and Statistics [EB/OL]. International Energy Agency，https：//www.iea.org/news/global-energy-crisis-shows-urgency-of-accelerating-investment-in-cheaper-and-cleaner-energy-in-africa，2022.

快发展的有利时机，积极引进资金和技术，大力开发风能和太阳能。

三、浙江能源行业与非洲产能合作

（一）浙非能源合作的背景

中非能源合作处于优势互补、共同成长的黄金机遇期。经过改革开放四十多年的发展，中国经济总量已跃居世界第二，拥有充足的资金、人力与物力开发能源。中国工业体系完备、技术发展迅速，这些条件和资源都使中国有能力、有条件成为非洲产能发展进程上的重要伙伴。浙江省注重清洁能源的开发与利用，能源产业发展带来相对的产能过剩，随着“一带一路”建设的推进，国际产能合作成为企业实施“走出去”的主要方向，浙江省高质量发展清洁能源为企业“走出去”提供了良好的前提，浙江省与非洲国家在资金、技术、资源和市场方面高度互补，未来有巨大合作潜力。

（二）浙非能源合作案例——以正泰新能源集团在埃及光伏项目为例

（1）双方合作实施概况。近年来，埃及积极推动新能源发展。埃及人口数量庞大，用电量需求高，传统能源为主发电面临较大的电力供应压力。但是，埃及太阳能资源丰富，平均日照时长可达 9 ~ 11 个小时，年均太阳直接辐射强度高达每平方米 2000 ~ 3200 千瓦时，十分适合发展光伏产业。通过发展以太阳能和风能发电为主的新能源，可以将丰富的太阳能资源转变为清洁电力，减轻传统能源供应压力，促进电力结构多样化，填补能源缺口，解决电力不足的问题。目前，埃及发展光伏产业仍存在技术和资金上的难题。为此，埃及政府确定《2035 年综合可持续能源战略》，鼓励有实力的国际企业创新商业模式，参与埃及的可再生能源电力市场，进而推动埃及光伏产业加快发展。

浙江的光伏企业均具有一定的优势，可以弥合非洲国家技术发展的瓶颈。

2013 年以来，浙江省光伏发展明显加快，连续几年实现翻番增长，发展速度高于风电、生物质能等其他可再生能源。浙江省的光伏企业完全有能力用其先进的技术、完备的管理经验助推非洲新能源发展，实现中非产能合作高质量发展。

浙江正泰新能源开发有限公司成立于 2009 年，是正泰集团旗下集开发、建设、运营与服务于一体的清洁能源解决方案提供商，致力于光伏电站、储能、售电、微电网、多能互补等综合能源领域的投资建设。正泰新能源集团拥有光伏行业全产业链产品，是具备系统集成和技术集成优势的服务商，已发展成为中国新能源与电力能源设备制造领军企业。目前，该集团已在国内外建成500 多座光伏地面电站，总装机容量超过6 吉瓦，高效晶硅组件产能5 吉瓦，智能运维总量超过 6 吉瓦，实现光伏组件生产国际化。[①] 该集团因地制宜开创“沙光”“农光”“林光”“渔光”互补发电模式，是国内民营企业规模最大的光伏电站投资运营商。正泰新能源拥有丰富的光伏电站投资建设经验，体现业内最高制造水平，在风险与机遇并存的国际光伏市场环境中，正泰新能源积极响应“一带一路”倡议，坚定不移实施“走出去”发展战略，加大力度拓展国际市场。

（2）埃及光伏项目开发建设周期较长，共经历了前期准备、工程建设、投入运营三个阶段（见表 3）。

表 3　　正泰新能源公司 Benban 项目开发建设过程

阶段	具体内容
前期准备阶段	2016 年，埃及新能源和可再生能源局启动第二轮国家 FIT 光伏电站招标 2017 年，埃及政府确定由正泰新能源与 ACWA Power 公司合资建设 3 个光伏电站
工程建设阶段	2018 年 8 月，项目进入建设期
投入运营阶段	2019 年 8 月 20 日，TK（28 兆瓦）项目投入商业运营 2019 年 8 月 27 日，ALCOM（70 兆瓦）项目投入商业运营 2019 年 9 月 8 日，ACWA Benban（67.5 兆瓦）项目投入商业运营 2020 年 1 月，Benban 光伏项目顺利移交埃及方运营维护

资料来源：笔者根据相关资料整理。

① 正泰新能源［EB/OL］. https：//energy. chint. com/index. php/about/index. html，2023 – 05 – 18.

双方进行了项目合作的可行性调研。埃及 Benban165.5 兆瓦光伏项目是正泰新能源海外工程总承包（EPC）模式的重要项目，是浙江省和非洲在能源产能合作方面的重要案例。正泰新能源公司根据埃及气候、物流管理、劳工技术等实际情况，组成专门的国际项目团队，完成项目融资关闭，提供技术支持及方案，正泰凭借在埃及项目团队专业高效的运作、先进科学的管理、丰富的国际工程经验，为项目后期发展奠定了良好的基础。光伏合作项目有序推进。2017 年，埃及政府确定由浙江省正泰新能源与沙特国际电力与水务公司（ACWA Power）合作投资建设 3 个光伏电站，分别为 Benban 园区 TK（28 兆瓦）、ALCOM（70 兆瓦）和 ACWA Benban（67.5 兆瓦）三个子项目组成，分别于 2019 年 8 月 20 日、8 月 27 日和 9 月 8 日正式并网投入商业运营。2020 年 1 月，浙江正泰集团承建的 Benban 光伏项目（165.5 兆瓦）顺利移交埃及方运营维护，向埃及输出了中国高端光伏产品和先进经验。

（3）双方项目合作的成效。首先，正泰集团光伏项目极大地助推了埃及清洁能源的发展，改善了生态环境。该项目有效利用了埃及的环境优势，用光伏发电减轻传统能源供应压力，每年可以节煤减碳几万吨，环境效益显著。埃及有许多沙漠与半沙漠地区，土地荒漠化问题严重，该项目通过推行沙光互补技术，不仅实现了重大的经济效益、生态效益和社会效益，还实现了对沙漠的有效治理，一定程度上改变了该区域的微生态和局部温度环境，促进生态逐步改善。[①] 其次，缓解了埃及用电紧张的状况。埃及部分地区用电紧张，光伏项目为民众提供了更为廉价的电力资源。Benban 项目建成后，年均发电量约为 35504.2 万千瓦时，缓解了以传统能源为主的电力供应压力。不仅如此，还提升了埃及配电公司的运营管理效益，并推进了埃及整体的电力智能化建设进程，增强了埃及在电力领域的国际竞争力，更为埃及经济发展提供了基础，带动埃及经济社会的持续健康发展。再次，为埃及解决就业问题和培训需求。Benban 光伏项目涉及多个领域，创造一批技术要求高和服务

---

① 第一届中国－非洲经贸博览会组委会秘书处．中非经贸合作案例方案集［M］．长沙：湖南人民出版社，2019.

水平高的岗位，带来了巨大的经济效益。其在建设过程中大量使用埃及当地管理人员和劳动力，为埃及人民提供了大量就业岗位，助力解决当地就业问题。与此同时，加大对人才的培养和职工技能培训，极大地提升了劳动力素质。最后，推动项目合作可持续发展。Benban 项目是浙非产能合作的重要案例，该项目向非洲输入了中国先进光伏技术以及开发资金和经验，正泰新能源也更多以在非洲当地投资发展来扩大市场，通过国际产能合作进行产业升级、有序转移、开拓市场和结构调整，在国际竞争中进一步扩大双方合作的优势，实现了互利共赢。

四、新时代浙非能源合作的战略思考和提升途径

当前，非洲地区的地缘政治、传统安全和民粹主义风险突出，浙非能源合作面临着较以往更加复杂的形势，更需要双方坚定合作意向。在全球气候变化加剧和能源转型的大背景下，浙非能源合作要有新的思路和新的举措，双方合作更偏向于清洁能源的开发利用，向清洁、低碳转型，共同打造绿色发展新模式。在非洲能源供应不足的现状下，非洲国家要利用资源优势，在有条件的地区大力发展可再生能源。与此同时，非洲油气资源国仍需暂时把油气发展放到重要的位置，在能源可以得到充分供应的前提下加速能源转型升级。[①] 浙非能源合作需要政府与企业共同参与，从全球层面、国家层面和企业层面的实际情况，推动双方合作高质量发展。

（一）全球层面：能源转型是未来可持续发展的方向

全球能源正朝着低碳清洁化发展，能源转型成为国际能源发展的共识。目前，世界各国纷纷加强对太阳能、风能、水能、生物质能等清洁能源的研究利用，加强新能源相关技术研究，产品研发，推动构建完善产业链。能源

① 张燕云，王俊仁，罗继雨，等．新形势下深化中非能源合作的战略思考和建议［J］．国际石油经济，2022（11）：32－39.

转型不仅能解决传统能源安全供给问题，也能提高未来低碳经济竞争力，实现经济可持续发展。对于日益受到关注的气候问题，能源转型推动能源生产和供给体系安全、清洁、低碳发展，有效推动“碳中和”实现以应对世界气候变化问题，实现可持续发展。

（二）国家层面：中非双方加强顶层设计，对接能源合作需求

非洲多国均有实现能源转型的强烈意愿、明确目标和支持政策，在国内发布了各种促进新能源发展的报告，鼓励全体民众参与。非洲各国积极参与和其他各国的产能合作，中国“一带一路”倡议提出十年来，非洲国家踊跃参与其中。而浙江省也以“一带一路”倡议为指引，以企业为主体，以互利共赢为发展导向，全方位推进与“一带一路”合作伙伴的开放合作和优势产能全球布局。不仅如此，浙江省有与非洲在政治、经济、文化方面丰富的合作经验。所以，在这样的背景下，浙江与非洲国家开展产能合作升级具有巨大的优势和潜力，面临着难得的发展机遇。

（三）企业层面：浙江省企业走进非洲市场，拓展能源合作

目前，浙非能源合作发展良好，为了更深入合作，浙江企业不能套用一套模板，应该更深入走进非洲市场，加强市场调研，有针对性地对非洲太阳能、风能、水能进行研究开发，充分掌握相关数据。与此同时，加强风险评估能力，全面做好风险预判。大型能源企业应当承担推进合作重任，中小型企业也应抓住机遇主动参与国际能源加工生产、能源装备制造、能源服务，提高在太阳能、风能等领域的技术能力，抓住契机，通过为非洲各国提供适宜的技术、标准和解决方案，在国际竞争中进一步扩大领先优势。

五、结语

本文通过探讨浙江省能源行业与非洲国家的产能合作，展示了浙江省在

能源行业特别是新能源行业发展中取得的成就，分析了浙江省能源发展面临的形势以及能源转型的新机遇。非洲国家拥有的巨大发展可再生资源的潜力，在全球绿色低碳转型的背景下需要大力发展新能源，释放潜力，实现能源可持续发展。本文重点探讨了浙江正泰新能源在非洲埃及的光伏项目，通过此案例进一步分析了浙江省和非洲在能源行业合作的优势。本文对新时代浙非合作提出了思考，在新时代背景下助力浙江企业更深入地参与对非洲新能源开发投资。

浙江装备制造业与非洲产能合作

王樟燕　黄玉沛*

摘　要： 装备制造业是衡量一个国家经济、社会发展的重要产业支柱，其发展程度也是国家综合国力和竞争力的重要表现。浙江省装备制造业近几年快速发展，步入增长的快车道，高端装备制造行业也实现突破引领，有力支撑了浙江制造业高质量发展和制造强省建设。与中国装备制造业发展水平相比，非洲本土的装备制造业整体发展相对滞后，非洲装备制造业发展方兴未艾。浙江省装备制造企业的技术优势、管理经验等可以为非洲国家装备制造产业现代化发展提供助益；非洲广阔的市场为浙江企业转型升级提供更多的机遇。浙江省装备制造业是浙江实现工业创新与建设先进制造业基地的战略要点。浙江省装备制造业将大力拓展非洲市场，把握“一带一路”的新机遇，加快浙江装备制造业与非洲国家的产能合作。

关键词： 产能合作；装备制造业；浙江；非洲

* 作者简介：王樟燕，浙江师范大学《中非产能合作发展报告（2022—2023）》课题调研组科研助理；黄玉沛，浙江师范大学经济与管理学院（中非国际商学院）副教授，校中非经贸研究中心主任。

装备制造业是为满足国民经济各部门发展需要而制造各种技术装备的产业。经过多年发展，中国装备制造业已经形成门类齐全、规模较大、具有一定技术水平的产业体系，是中国国民经济的重要支柱产业之一。2022年，中国宏观经济运行延续稳定恢复的态势，经济循环日益畅通，市场预期不断改善，国内外需求持续恢复，中国装备制造业增长势头整体稳健。根据国家统计局数据，2022年中国装备制造业实现利润2.88万亿元，同比增长1.7%，占规模以上工业利润的比重为34.3%，比上年提高2.0个百分点。分行业看，“铁路、船舶、航空航天和其他运输设备制造业”行业利润比上年增长44.5%，实现快速增长；“电气机械和器材制造业”行业受新能源产业等带动，利润增长31.2%，增速连续8个月实现较大幅度增长，是拉动工业利润增长最多的制造业行业。①

一、浙江省装备制造业发展现状

（一）浙江省装备制造业发展取得的成就

装备制造业是为国民经济和国防建设生产技术装备的制造业，是制造业的核心组成部分，是现代产业体系的脊梁，是推动制造业高质量发展的引擎。近年来，国际国内产业链逐步修复，全球对装备的需求大幅增长，具体到浙江省，随着工业投资大幅提升、新能源汽车爆发式增长，一大批重大新兴产业项目和传统产业改造项目加速投产达产，有力拉动装备制造业高速增长。2022年浙江省装备制造业总体经济运行情况良好，规模以上装备制造业实现总产值45458亿元，同比增长7.6%；实现增加值9744亿元，同比增长6.2%；装备制造业对规模以上工业增长贡献率达63.8%。

① 国家发展和改革委员会．2022年装备制造业利润增长［EB/OL］．中华人民共和国国家发展和改革委员会，https：//www.ndrc.gov.cn/fgsj/tjsj/cyfz/zzyfz/202303/t20230306_1350676.html，2023-03-06.

2019～2022年，浙江省装备制造业的发展整体呈现稳健上升的势头，如图1所示，继2020年浙江省规模上装备制造业总产值突破3万亿元后，2021年一举突破4万亿元，2022年又再创下新高，步入增长快车道的装备制造业，有力支撑了浙江制造业高质量发展和制造强省建设，日益成为工业经济高质量发展的主引擎。①

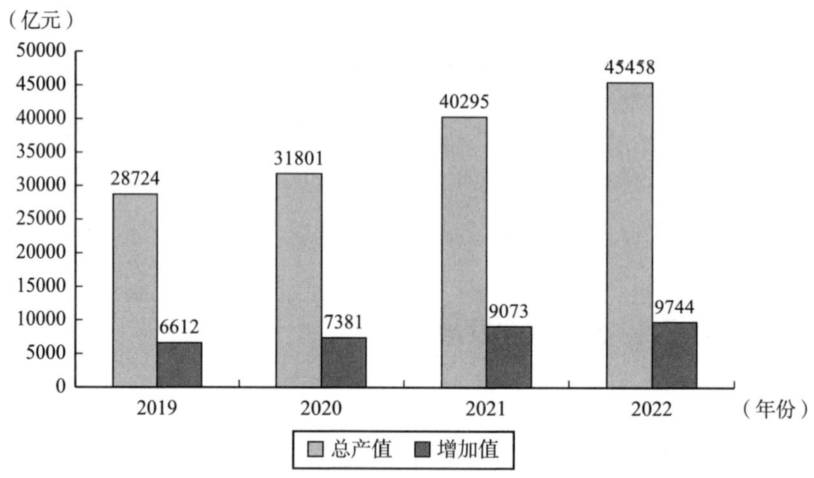

图1　2019～2022年浙江装备制造业总产值及增加值情况

资料来源：浙江省经济和信息化厅．浙江省经济和信息化厅关于印发2023年全省装备制造业发展工作要点的通知［EB/OL］．浙江省经济和信息化厅，https：//jxt. zj. gov. cn/art/2023/3/16/art_1582899_24553. html，2023－03－15；浙江省经济和信息化厅．浙江省经济和信息化厅关于印发2022年浙江省装备制造业发展工作要点的通知［EB/OL］．浙江省经济和信息化厅，https：//jxt. zj. gov. cn/art/2022/1/30/art_1582899_23340. html，2022－01－30；浙江省民营经济研究中心．2020年浙江省高端装备制造业发展报告——产业发展篇［EB/OL］．浙江省民营经济研究中心，http：//www. myjjzx. cn/cj/view. php？ aid＝406，2021－04－20。

其中，浙江省汽车产业经受住了新冠疫情反复延宕、供应链受阻、芯片短缺、原材料价格飙升等诸多不利因素冲击，展现了良好的产业韧性和强劲

① 浙江省经济和信息化厅．浙江省经济和信息化厅关于印发2023年全省装备制造业发展工作要点的通知［EB/OL］．浙江省经济和信息化厅，https：//jxt. zj. gov. cn/art/2023/3/16/art_1582899_24553. html，2023－03－15.

的增长势头。2022 年浙江省汽车产业实现总产量 159.37 万辆，比上年增长 16.9%。同时，全省汽车产业规模以上工业总产值首次突破 7000 亿元，达到 7155.1 亿元，排名晋升一位，位列电气机械和器材制造业，计算机、通信和其他电子设备制造业，化学原料和化学制品制造业，通用设备制造业之后，成为全省第五大工业产业。

浙江省相对完善的汽车产业链，成为浙江汽车产业逆势攀升的最大底气。经过多年发展积淀，浙江省积极嵌入全球汽车产业链，2600 余家规模以上汽车制造业企业基本实现零部件全领域覆盖，实现了从汽车核心零部件到整车生产的合理布局。①

（二）浙江省装备制造业发展趋势

第一，深入实施制造业首台提升工程。突出综合集成和数字赋能，加大整体推进力度，组织实施首台“三个百项”工程，构建以创新为导向的首台产品遴选激励和推广应用“全流程”服务保障机制，着力打造全国首台产品最优生态系统。通过加强统筹协调和组织实施百项工程化攻关项目，在浙江省制造业高质量发展领导小组统筹协调下抓好首台（套）政策落地，完善首台（套）提升工程工作指南，聚焦重点领域和关键“卡脖子”技术，结合标志性产业链培育和重大工程急需，强化攻关项目过程管理和结果运用，协同各地加强对项目指导服务和鉴定验收，优先支持攻关成果转化为首台（套）装备，实现浙江省制造业提升工程。

第二，着力打造装备产业高质量发展新引擎。打造标志性产业链，加强节能与新能源汽车、数控机床和机器人等重点产业集群建设，构建“核心区 + 协同区”发展机制。力争浙江省全省汽车产业实现规模上工业总产值 7800 亿元，新能源汽车产量力争达到 85 万辆；培育 15 项左右机器人典型应

① 浙江省经济和信息化厅. 2022 年产业规模总产值首破 7000 亿元汽车产业成浙江第五大工业产业［EB/OL］. 浙江省经济和信息化厅，https：//jxt.zj.gov.cn/art/2023/2/10/art_1229600052_58929945.html，2023 - 02 - 10.

用场景和一批“机器人+”应用标杆企业。通过加强重点产业集群培育和推进关键核心技术突破，加快建设以杭州、宁波等地为核心的整车制造基地，温州、湖州、台州等地为零部件转型升级集聚地，大力推进重大技术装备攻关，持续开展数控机床、机器人、新能源汽车产业链核心技术产品摸排，迭代更新产业链关键共性技术清单。

第三，持续增强装备产业整体发展动力。立足浙江省装备制造业特色优势和发展潜力，坚持规范管理与强化保障并重，推动装备制造业高端化、智能化、绿色化、国际化发展，不断培育壮大产业发展动能，夯实装备产业发展基础。持续推进关键核心技术攻关，推进轴承、密封件、紧固件、齿轮、液压件、模具等装备制造基础件创新发展。按照国家政策做好铸造行业优化提升和产能置换，支持各地通过市场手段引导铸造产能向环境承载能力强的区域转移，鼓励地方将相关要素向头部铸造企业倾斜，加快行业集聚集约发展。同时，强化医疗装备供应和发展，重点突破高端医疗装备、仪器仪表及核心关键零部件，推动相关创新产品推广应用。

第四，不断提升装备产业服务水平。提升行业管理和助企服务能力，深入开展“专项调研、专题分析、专业平台、专场对接、专家服务”等行动，着力构建助推产业发展的服务保障体系。加强运行监测和产业分析，深入开展调研工作，深化装备产业研究，编制装备产业及汽车产业发展报告，发布机器人白皮书，加强对装备制造业及各行业运行情况的分析预测，落实行业逆周期调节的政策举措。加强产业服务平台建设，指导电机大脑迭代升级，支持动力电池大脑等装备领域产业大脑做精做深，充分发挥“产业大脑”平台作用，赋能装备制造业高质量发展。

二、非洲国家装备制造业发展现状

（一）非洲制造业基本概况

非洲制造业的发展相对落后，如表 1 所示，在殖民时代，非洲制造业不仅规模小，且多为手工制造。当时普遍观点是开发非洲工业无益于油矿产业发展，因此矿主和大型农场主均不愿投资本地制造业。殖民者们也认为，比起投资非洲制造业，出口非洲原材料更加有利可图。殖民者在近乎所有的非洲国家颁布了一项政策，禁止开展除粮食相关产品出口以外的制造业活动。此外，殖民者在非洲精挑细选了一批原材料，开采后用于满足西欧的工业发展需求。铁路、全天候公路等基础设施的设计和修建使矿产品和农业产品能从腹地运往海港再运往海外。银行业、通信业也是便利殖民者活动的辅助产业。

表 1　　非洲国际制造业发展历程

时期	主要发展情况
殖民时代	禁止除粮食相关产品以外的制造业活动，制造业规模小，且多为手工制造
20 世纪 80 年代	由政府主导的贸易保护主义政策影响，致使制造业产值下滑，多个制造产业崩溃
20 世纪 90 年代	国际社会重振制造业，先后进行多次调整和改革，导致非洲货币贬值，外国货在非洲市场更具竞争力
2000 年至今	全球许多制造业公司探索进入非洲市场的门路，引入数字互联互通等高端技术，非洲制造业发展

资料来源：笔者根据网络数据整理。

独立后，非洲的制造业开始兴起。20 世纪 80 年代中叶，受政府主导的贸易保护主义政策影响，制造业产值有所下滑。导致非洲数个制造业产业崩溃背后的因素包括大宗商品价格下跌、石油等能源价格上涨、利率上浮、区域及国内纷争、腐败、挪用公款、国内市场限制等等。20 世纪 90 年代，国际社会开始号召重振非洲制造业，先是西方国家主导的结构性调整，逐渐引入国有企业私有化和贸易自由化改革，导致非洲货币贬值，外国货在非洲市场更具竞争力。到了 21 世纪，随着生产成本的上升，作为制造业强国的中国需要重新思考企业选址问题，部分企业将厂房转移至非洲。产业离岸外包为制造业发展潜力强的低收入经济体创造了许多就业机会。

2000 年，中国提出成立“中非合作论坛”；2013 年，中国提出“一带一路”倡议，两个重要政策框架的设立旨在扩大中国在非洲的经济影响力。非洲开始成为国际商贸和制造业的重要目的地，全球许多制造业公司大幅调整了公司战略，探索进入非洲市场的路径，再借由数字互联互通等高端技术，力图使非洲成为全球制造业新兴目的地。

非洲相当多的国家经济发展仍依赖原材料的开采以及单一大宗商品出口，而中国的制造业发展需要投入大量大宗商品。秉承着共享原则，中国与非洲国家合作，扩大非洲资源能源类产品的进口，满足工业发展需求，非洲则从中国对非基础设施建设投资中获益。

非洲工业化和制造业发展的前景广阔。非洲市场在不断壮大，2018 年正式成立的非洲大陆自贸区使产品和服务能够以非洲为单一市场实现自由流通，释放了制造业创造就业岗位、推动可持续增长的潜力。通过促进非洲内部贸易，非洲大陆自贸区有望见证更具竞争力的非洲制造业的诞生，并推动非洲经济多元化。

然而，当前多数非洲国家缺少足量资金推进制造业工业化，外加新冠疫情及种种其他因素影响，非洲制造业仍处在落后阶段。此外，根据世界银行营商环境排名，非洲国家在通电方面排名垫底，这也成为中国企业及其他地区企业投资非洲资本密集型制造业的一大障碍。基础设施“赤字”是非洲国家发展制造业的重要瓶颈。世界银行的一项调查显示，非洲交易成本上升主要是由于基础设施服务（特别是交通和能源）的成本上升，后者占据了生产成本中相当大且不合比例的一部分。

（二）非洲装备制造业发展概况

1. 非洲汽车制造业发展概况

就整体而言，目前已开发的非洲汽车市场相对较小，机动化率和新车销售量较低，但长期前景看好，发展潜力巨大。随着非洲经济发展企稳向好，非洲人民的人均收入持续上升，在未来，人们对汽车的需求会继续提升。

非洲的汽车制造业在非洲各个国家的市场发展不均，其汽车产业分别处于不同的水平。南非的汽车市场已经相对比较发达，埃及、阿尔及利亚和摩洛哥也较为先进，肯尼亚、尼日利亚和埃塞俄比亚三个国家有发展汽车制造业的新机遇。2015 年，非洲有 155 万辆新车销售记录，80% 都集中在南非、埃及、阿尔及利亚和摩洛哥，其他的 40 多个国家销售量总和，仅是前 5 个国家销量总和的 1/5。

目前，非洲的汽车产业发展主要依靠外国投资驱动。汽车产业进口比例高，自主生产能力弱。非洲二手车的主要来源是美国、欧洲和日本。从 2003 年开始，非洲的车辆进口量迅速增长，与 GDP 增长和非洲大陆中产阶级的不断增加相吻合。南非在非洲大陆的汽车贸易中占主导地位，尽管南非、埃及、摩洛哥和阿尔及利亚拥有相当规模的汽车装配和制造业，但非洲大陆其他地区的汽车市场主要以零售为主，特别是二手车的销售。

2. 非洲新能源制造发展概况

非洲的新能源制造行业正在迅速发展，2018 年气候变化巴黎大会上，非洲各国提出了“非洲可再生能源计划”，计划到 2030 年建成 3000 亿瓦的可再生能源装机容量，满足非洲大陆一半的能源需求。

南非能源部于 2017 年公布了新的能源发展规划。根据这份规划，南非将进一步向风能、太阳能等可再生能源倾斜。在经过 4 轮可再生能源电力招标之后，南非将进一步推动新能源项目。2017 年 10 月底，西非地区最大的太阳能发电站在塞内加尔北部边境城市达加纳落成，该项目设计装机容量 20 兆瓦，可供 20 万人用电。这展现出塞内加尔雄心勃勃的新能源发展计划，2022 年，塞内加尔已拥有近十个太阳能发电站，新能源发电在总发电量中占比超过 30% 。

处在城市化进程和工业化初始阶段的非洲，新能源制造是关键领域。随着世界新能源行业发展日趋成熟，发达国家新能源领域发展推动的技术进步，有效降低了新能源的电力成本，新能源相比传统能源竞争力在不断增加，这为新能源在非洲市场的发展提供了很好的成本保障。非洲正在加入全球发展可再生能源的行列之中。尼日利亚、科特迪瓦、肯尼亚、摩洛哥和南非等国在发展可再生能源方面拥有较大潜力。

三、浙江省与非洲装备制造业产能合作发展现状

2022 年，中国克服外部环境不利影响，对外投资平稳发展，稳中有进。全行业对外直接投资 9853.7 亿元人民币，同比增长 5.2%。中国对共建“一带一路”国家投资合作稳步推进，2022 年，中国企业在共建“一带一路”国家非金融类直接投资 209.7 亿美元，同比增长 3.3%，占同期总额的 17.9%；在共建“一带一路”国家承包工程完成营业额 849.4 亿美元，占总额的 54.8%，为高质量共建“一带一路”做出积极贡献。[①] 浙江省的装备制造业近年来取得了巨大进步，尤其是在汽车、船舶、高端装备制造等行业都在国际市场具有一定的竞争优势，因此，非洲与浙江省在装备制造业方面的合作是顺应中国对装备制造业的发展要求和产业发展的基本规律。

（一）浙江省与非洲装备制造业产能合作取得的成就

1. 中国与非洲装备制造业产能合作顶层设计

2014 年，李克强总理在访问非洲期间提出“461”中非合作框架，帮助非洲建设铁路、公路、区域航空三大网络，加快推进非洲工业化进程。广大非洲国家也欢迎中国积极参与非洲基础设施建设、互联互通和区域一体化进程。中国将南非作为中国产业海外投资的优先目的地，鼓励和支持国内大型装备制造业等优势产业赴南非参与工业化进程，建设好经济特区和产业园区，以港口，造船、渔业为依托开展海洋经济合作，推进跨境本币结算和互换等

① 中华人民共和国中央人民政府 . 2022 年我国对外投资平稳发展［EB/OL］. 人民日报海外版，https：//www. gov. cn/xinwen/2023 －02/11/content_5741117. htm，2023 －02 －11.

金融合作，加强核电合作，推动成立合资航空公司，采用中国国产飞机开展非洲区域航空合作，扩大中南利益共同体，促进非洲互联互通和区域一体化发展。

2015 年 12 月 4 ~5 日，中国商务部和南非贸易与工业部共同主办的中非装备制造业展在南非约翰内斯堡举行。中国国家主席习近平、南非总统祖马和非盟轮值主席国主席、津巴布韦总统穆加贝，以及 30 多位非洲国家元首、政府及企业代表 300 余人出席了开幕式。来自轨道交通、电力能源、通信广电、农机建材、智能制造、航空航天和金融服务等七大领域的 30 多家中国企业，集中展示了适合非洲经济发展的中国装备和技术。在此次会展中，中非双方进一步加强产能和装备制造合作，22 个非洲国家以国家展台的形式参展，30 多家南非企业参加了展会。①

2022 年，首届南非国际工业展暨中国（南非）国际贸易展览会在约翰内斯堡开幕，为期三天的展会吸引了 70 余家来自中国和南非的企业参展。此次展会加强了“一带一路”倡议与南非经济重建与复苏计划对接。在此次展览会中，中国公司与国际投资者合作，助力南非获得为南部非洲地区及国际市场生产商品所需的技术。

2. 浙江企业与非洲装备制造业产能合作的案例

2014 年，浙江恒石纤维基业有限公司在“一带一路”倡议引导下，在欧洲、东南亚、埃及等多个国家和地区进行选址调研，最终选定落户埃及苏伊士经贸合作区。生产基地于 2014 年启动建设，项目共分四期，一期项目于 2015 年建设完成，并于 2016 ~2018 年进一步扩产。项目总投资约 3500 万美元，主要投资内容包括厂房、机器设备及公辅设施等，共建成包括单轴向织物、多轴向织物、裁剪产品等生产车间、仓库以及 30 余条生产线。历经几年的发展和产能扩充，尤其是伴随着新能源特别是风能市场的快速发展，恒石埃及在埃及一直保持着快速发展态势，建成了各类玻璃纤维织物生产线，产

① 中华人民共和国中央人民政府．中非装备制造业展在南非举行［EB/OL］．商务部新闻办公室，http：//www. mofcom. gov. cn/article/ae/ai/201512/20151201203368. shtml，2015 -12 -15.

能由第一期的年产 1 万吨迅速提升至年产 6 万吨。目前，恒石埃及拥有员工 477 人，2020 年营业收入约 2. 89 亿元。①

恒石埃及以市场为导向，发挥当地资源优势，恒石纤维基业公司落户苏伊士经贸合作区，充分利用合作区提供的土地、厂房、能源、原材料供应等资源，为生产经营提供了便利。恒石埃及在当地的生产运营，充分调动了埃及当地的地理区位资源、人力资源、土地、能源、原材料资源等各方面优势，激发了当地的市场活力，提振了当地经济的发展信心，初步形成了产业集聚效应。

恒石埃及始终坚持属地化管理，充分发挥埃及当地劳动力资源丰富的优势。目前，员工本土化率达到 96% 以上。同时，恒石埃及通过加大对本地员工的培训力度，定期派他们到中国学习，让许多员工走上管理和研发等工作岗位，极大地提升了当地的就业水平和劳动力素质，推动了埃及的工业化进程。

恒石埃及积极融入当地社会，促进中埃文化深度交流。恒石埃及遵守当地的法律法规，尊重当地的风俗习惯，与当地政府、驻地大使馆和当地居民加强沟通和交流，并积极参与当地的公益事业，积极融入当地的经济和社会发展中，收获了良好的口碑，树立了优秀的企业品牌形象，对中埃经济和文化交流作出了贡献。

（二）浙江省装备制造行业在非洲发展面临的困难与对策

多年来，浙江省企业投资非洲装备制造业逐渐成为中非产能合作的重要方式，一些企业通过中国对非洲的援助项目走进非洲。一方面，浙江省政府鼓励企业走出国门，越来越多的装备制造企业，选择了劳动力较低廉的非洲大陆。另一方面，非洲经济的快速增长与市场规模的不断扩大，非洲对相关产品的消费需求日益旺盛，促使浙江省装备制造业企业投资非洲。

① 浙江恒石纤维基业有限公司［EB/OL］. https：//www. chinahengshi. com. cn/，2022 - 04 - 10.

浙江省企业对非洲的装备制造业投资活跃，但非洲市场与中国国内市场具有巨大差异，且距离遥远，浙江省与非洲在装备制造业方面的产能合作还存在着许多困难。

第一，中国装备制造业企业内部之间的同质化竞争和恶性竞争加剧。企业之间的无序和恶性竞争存在于在非洲的中国装备制造企业中。中国企业为抢占当地市场份额，在产品的同质化竞争中出现恶意减价、恶意诋毁等情况，内部恶性竞争现象日益严重，导致国外竞争者渔翁得利。尤其是在某些大型装备制造业企业中，出现了项目低价投标情况，损害行业间的利益，并且恶性竞争现象由投标阶段蔓延到项目建设阶段。中国企业内部的恶性竞争，也使得中国企业在非洲的声誉受到影响。低价导致了企业产品项目收益无法弥补成本，只好以次充好，严重影响了中国制造的声誉和口碑。

第二，部分非洲国家的基础设施建设仍然处于低水平发展阶段。虽然中国大力投资非洲国家的基础设施，国际社会积极援助非洲地区，但部分非洲国家的基础设施水平仍然处于低水平发展阶段，交通运输不畅，普通公路和高速公路密度低，非洲铁路总长度占世界铁路总长度比重仅为7%，运输价格高、运输效率低下，非洲多个国家之间缺乏公路、铁路或者航线相对“孤立”。此外，非洲国家普遍面临着电力不足、交通不便，缺水断电等问题，制造生产所需的配套设施严重不足，在非洲的装备制造企业需要投入大量的资金来解决生产所需的配套设施问题，这将增加企业的生产成本。同时非洲地区频繁出现缺水、水污染，供电不足等问题，影响着制造业企业正常的生产、活动，限制了企业的经营活动和规模扩张。

第三，对非投资的浙江省装备制造企业自有资金不足。国际投资对于企业的资金实力有着较高要求，而对非洲装备制造业投资的浙江省企业大多是民营企业，资金实力不足成为民营企业对非洲投资的重要难题之一。海外制造投资涉及多个方面，这些经济活动都需要资金支持，资金实力不足的企业将无法支撑这些成本支出，进而影响企业的生产经营及投资。另外，对非洲制造业投资的企业融资困难，融资渠道少。诸如国家开发银行等政策性银行，对企业的审查要求严格，拨款支持门槛高，在非投资的浙江省企业大多都不满足银行的条件。国内的金融机构出于自身利益考虑，能够给企业提供的帮助非常有限。而国外的金融机构由于对中国制造企业的资质和背景不甚了解，很难为其提供资金支持，使融资难度增加。

当下，越来越多的浙江省装备制造业企业赴非投资。非洲经济也在快速发展，非洲市场潜在巨大的消费需求。浙非双方装备制造方面的产能合作需进一步深化，加强顶层设计，助力双方装备制造业合作可持续发展。具体而言，可以在以下方面有所突破：

首先，在行业层面，规范市场秩序。国家及行业协会应出台对于非洲投资的相关政策，引导和规范中国企业的投资及市场竞争行为，加强市场监督，避免恶意竞争。同时，应加强培养中国企业的规则意识，形成良好的市场秩序。

其次，在企业层面，为企业设立咨询服务机构。可设立相关咨询服务机构，在投资前帮助中国企业了解非洲的基本经济社会情况，包括政策制度、市场、收入、语言、人口、风俗等。这有利于中国制造企业科学制定、调整投资方案，建立风险机制，降低投资风险。

最后，在政策层面，加大金融政策支持力度，提供资金帮助。应充分发挥中非发展基金的作用，扩大金融支持覆盖范围，将更多有条件、有能力的中小企业纳入扶持范围，解决中小制造企业资金匮乏问题。同时，中国政府可以对企业提供减税、免税等税收支持，鼓励中国企业走进非洲。此外，政府还可以提供一系列的金融扶持政策，例如，贷款贴息、降低贷款门槛，为企业提供金融服务。

四、结语

近年来，中非经贸合作规模不断扩大，通过“一带一路”倡议、中非经贸博览会等合作平台将“大写意”的谋篇布局落实为一大批看得见、摸得着的合作项目。近十年来，中非贸易总额累计超 2 万亿美元。中国始终保持非洲第一大贸易伙伴国地位，2022 年中非贸易额同比增长 11.1%。[①]

中国浙江省与非洲国家在装备制造业方面具有良好的合作潜力，浙江装备制造业的优质富余产能可以转移至非洲市场，非洲相关国家也可以借助浙江省装备制造企业的优势，提升本国的制造能力，双方合作各取所需、互利双赢。2023 年是推动中非合作论坛“九项工程”落实的关键一年，在中非双方共同推动下，中非经贸合作不断迈上新台阶，合作共赢之路越走越宽，为中非人民的福祉乃至人类共同发展繁荣注入蓬勃动力。

---

① 中华人民共和国中央人民政府．综述：中非经贸合作不断走深走实［EB/OL］．中国政府网，https：//www.gov.cn/yaowen/liebiao/202307/content_6889469.htm，2023－07－01.

浙非服务中心：浙非产能合作的企业服务之家

张依贝　谢　琪　黄玉沛*

摘　要：“对非合作看中国，中非合作看浙江”，这是近年来对非合作领域流行的一句话，也是浙江省对外合作的突出亮点。浙江省在过去十年里，以中非合作为重点领域，围绕政治、经贸和人文领域，加强与非洲国家的合作，建立了良好的交流合作基础。浙江省积极承担“一带一路”建设的重大任务，提出了对非经贸合作行动计划，并在纺织、服装、化工、装备制造、制药等领域加大了对非洲的投资力度。经过多年的努力，浙非服务中心逐步成长为浙非产能合作的企业服务之家，非洲市场是浙非服务中心的重要目的地，形成了独具特色的对非合作模式。

关键词：浙江；非洲；产能合作；政企合作；浙非服务中心

---

* 作者简介：张依贝，浙江师范大学《中非产能合作发展报告（2022—2023）》课题调研组科研助理；谢琪，浙非服务中心主任；黄玉沛，浙江师范大学经济与管理学院（中非国际商学院）副教授，校中非经贸研究中心主任。

非洲面积3020万平方公里，有54个国家，人口超过14亿。[①] 大部分非洲国家整体发展程度偏低，各大产业基础薄弱，很多国内富余的产能都是非洲人民亟须的产品。同时，非洲得天独厚的自然资源和不容忽视的发展潜力，正吸引着越来越多的中国企业“走进非洲”，非洲成为中国国际产能合作的重要方向。非洲目前正处于迈向工业化的起步阶段，正如20世纪七八十年代的中国，面临基础设施滞后、人才不足和资金短缺等发展瓶颈，丰富的自然资源尚未能转化为发展的强劲动能。非洲大部分国家工业处于起步发展阶段，以制造业和建筑业为主。深入当地进行了解能够更好地发掘非洲禀赋，以促进浙非双方形成既错位发展又相互支撑的产业联动发展格局。

一、浙非服务中心发展概况

开放经济是浙江经济的金名片。近年来，浙江省一直在深入践行“一带一路”倡议，促进全球价值链、产业链和供应链一体化协同发展，抓住经济全球化和国际分工价格机遇，创新市场和资源“两头在外”的高增长模式，形成了富有特色的“地瓜经济”。广大浙商群体犹如“地瓜”的藤蔓向四面八方延伸，为的是汲取更多的阳光、雨露和养分，但块茎始终是在根基部，藤蔓的延伸扩张最终为的是块茎能长得更加粗壮硕大。

非洲作为外贸进出口重要的新兴市场和浙江企业“走出去”及开展产能合作的重点地区和贸易经济体，拥有丰富的资源和广阔的市场前景，浙江省委、省政府高度重视国家对非合作的战略部署，各级政府在对非合作上也保持着良好的协调合作与政治互信，为服务中非合作提供了政策、智库、安全与机制平台等方面的保障。

在上述背景下，杭州市钱塘区浙非文化经贸服务中心（简称浙非服务中

① Worldometers，Africa Population［EB/OL］. https：//www. worldometers. info/world-population/africa-population/.

心）应运而生。浙非服务中心是为践行“一带一路”倡议，促进中非文化交流，推动中非经贸合作，由中非民间商会、浙江省商务厅、浙江省工商联、浙江师范大学、杭州钱塘新区管理委员会等多方支持设立，是政企合作、多方共建的中心化平台，下设文化交流中心、信息发布中心、人才培育中心、经贸促进中心四个功能板块，全方位引导和服务于对非企业，尤其是为民营企业提供强有力的落地支撑，力争将“浙非服务中心”打造成为全国中非交流合作的标杆。

中心选址于杭州市钱塘区大创小镇，钱塘区地处长三角南翼地理中心、杭州都市区东部门户，具有“通沪、达甬、联嘉绍”的显要区位特征，是激活杭州湾“大湾区”的核心引擎，是杭州市实体经济的主战场——规划清晰、发展定位高、区位优势明显、交通内外畅联、人力资源优质、产业发展基础好且空间巨大、可辐射整个长三角区域、示范效应强。

自 2021 年正式运营以来，经过三年的探索与实践，浙非服务中心以“文化”为切入点，通过完善浙非“双向奔赴”的对接机制，切实加强浙江省民营企业与非洲国家的交流和合作，助力企业践行“地瓜经济”提能升级“一号开放工程”，推动民营企业实现高水平走向非洲，深度参与“一带一路”建设。

一方面，中心通过平台力量，规划了“企业服务之家”，将对非经贸合作服务机构进行集聚，共同打造浙非经贸“企业服务之家”。目前已入驻专业服务机构包括：道普瑞绅集团有限公司（TC GROUP LIMITED）、蚂蚁集团万里汇、北京盈科（杭州）律师事务所、北京大成（杭州）律师事务所、上海格林福德等 30 余家。与中埃泰达工业园、中乌姆巴莱工业园、中坦国家工业园等多家境外工业园区签订了战略合作协议。与坦桑尼亚商协会、南非中国商会、乌干达深圳总商会、肯尼亚浙江总商会、摩华商务文化交流中心、摩华文化交流中心等国际组织 10 余家，构建了一个较为完善齐全的中非企业综合服务生态，为企业提供各项服务。

另一方面，作为浙非一站式平台，浙非服务中心也积极发挥桥梁作用，主动与非洲各国大使馆联络，结合浙非具体实际，共同寻求合作契机，为浙江品牌走进非洲重点国家搭建桥梁，也为非洲产品走进浙江提供重要平台，形成了产能对接的协同推进路径，制定整体路线和规划，引导浙江省优势产能企业有序投资非洲。非洲各国驻华大使、领事、参赞等政要均高度肯定中心所做的工作，并希望在文化、信息、人才、经贸等多领域展开深入合作。其中，毛里求斯、布基纳法索、贝宁、塞内加尔、乌干达、佛得角 6 国均已发函表示愿意通过浙非服务中心与浙江省有更深入的交流与互动。

平台是桥梁，人才亦是。中心还打造了非洲高端人才众创空间，重点将非洲留学生的优质资源与产业链上下游企业的需求进行精准匹配，形成各类体外创新的优质项目，进行重点孵化、培育和服务。

浙非服务中心近年发展情况，如表 1 所示。

表 1　　浙非服务中心发展大事记

时间	内容
2020 年 12 月	浙非服务中心联动钱塘新区、浙江高校产学研联盟钱塘中心，启动“珠联璧合 · 美美与共——非洲人才输送计划”
2021 年 3 月	协助杭州钱塘新区综保办探索创新海关监管模式，顺利完成浙江自贸区易货贸易首单实单测试
2021 年 9 月	在第二届中非经贸博览会浙江主题省活动——浙江 - 非洲共建“一带一路”经贸合作对接会上，浙非服务中心作为浙江对非工作亮点之一被引用介绍
2022 年 4 月	第四届双品网购节暨非洲好物网购节（浙江）线上专场在浙非服务中心正式启动
2022 年 5 月	非洲好物网购节走进湖州。湖州市商务局与浙非服务中心正式签订对非经贸交流与合作备忘录，双方将进一步深化“丝路电商”合作
2022 年 11 月	浙非服务中心被评定为目前钱塘区唯一一个外事参观点，持续为进一步讲好中国故事浙江篇章，积极挖掘对外宣介亮点、搭建对外交流平台、广开对外合作渠道，发挥积极推动作用，扮演好重要载体和窗口作用

续表

时间	内容
2022 年 12 月	在浙非服务中心的努力推动下，首届全球数字贸易博览会之江数字贸易数字平台分论坛暨“数智中非”创新创业青年领袖钱塘论坛在杭州钱塘区举行。论坛上，包括元宇宙中非跨境贸易数字结算平台（乌干达）项目在内的 5 项成果落地钱塘区开展具体运营
2023 年 3 月	为进一步响应国家“走出去”战略和省委省政府“地瓜经济”提能升级“一号开放工程”及促经济的“一揽子”政策措施，浙非服务中心受杭州市商务局书面授权委托，带领以杭州娃哈哈集团、杭州会展集团为代表的 17 家杭州企业赴乌干达、坦桑尼亚、肯尼亚 3 个国家进行商务考察，开展各项浙非产业对接考察工作

资料来源：笔者自制。

二、浙非服务中心的发展定位

近年来，国内很多产业积累了一定的富余产能，需要进行产能化解或转移，即“腾笼换鸟”，让有效资源“活起来”“用起来”。这一概念是在实施“八八战略”的过程中提出来的。具体来说，是将“走出去”与“引进来”相结合。一方面，要“跳出浙江发展浙江”，按照统筹区域发展的要求，积极参与全国的合作与交流，为浙江的产业高度化腾出发展空间；另一方面，则要引进优质的外资和内资，促进产业结构的调整，弥补产业链的短项，对接国际市场，培育新的经济增长点。

从产能合作角度来看，浙非双方产业结构互补性强，资源禀赋差异性大，合作前景广阔。产能合作有助于提升非洲资源能源的价值含量，补足浙江省能源资源短板，也有力地响应了非洲推进工业化的内在要求。浙江省企业的制造业投资和设备出口，可以为非洲带去适用技术，创造非洲农民就业机会，培养当地人才，有利于推进非洲工业化进程，服务构建新时代中非命运共同体。

结合双方具体实际，浙非服务中心将浙江省与非洲的产能合作定位于点、线、面、体相结合的大合作，突出非洲作为浙江省产能转移的优先承载地，突出浙非产能合作的整体联动属性，然后转化成“资源”向浙江省输入源源不断的“发展血液”。

浙非服务中心旨在打造中非供应链与价值链转型升级的服务生态系统，是浙非产能合作的企业服务之家。浙非服务中心设立之初，就提出了“四中心”的概念，包括如下内容：

（一）浙非文化交流活动中心

文化交流旨在让企业“了解非洲”。成立以来，浙非服务中心秉承文化先行的理念，积极举办各类中非文化、体育交流活动、中非经贸合作研讨会、交流会、沙龙，组织各类互访、商务交流等，目的是以“文化先行”打造“民心相通”，助推“经贸落地”。

2022 年，浙非服务中心成立了浙非体育（足球）俱乐部，积极举办中非文化体育活动，以体育赛事为纽带，培育成为品牌体育赛事，打造“一带一路”特色项目，推动中非足球运动发展，提升浙非足球品牌赛事国际知名度和影响力。同时，积极推动马拉松项目，通过这类交流活动，可以增强中非之间的文化互信和友谊，为经贸合作的深入推进奠定基础。通过品牌化活动的开展，做好做深文化体验通道，也将通过更多的活动，让中非文化交融机会从国内走进非洲当地，使中非文化艺术交流向着更深层次、更广领域发展，服务中非合作大局，发挥好两地文化的桥梁与合作纽带。

（二）浙非产业信息交互中心

信息交互是为了让企业“看到非洲”。浙非服务中心整合发布了很多涉非的方方面面的产业发展信息，也是为了让企业更多的了解，打破中非的信息“屏障”，为企业提供非洲市场情报，更好了解非洲各个国家的市场情况、产业政策、潜在的商业机会等信息，从而有针对性地选择投资方向，减少市场风险。同时，通过平台背书，也能寻找合作伙伴，包括当地企业、政府机构、专业服务机构等，从而在非洲市场上建立起稳定的商业关系。非洲各国的投资环境存在差异，了解投资环境帮助企业更好地评估投资风险和预期收益，进一步共同探讨和开发市场机会，分享资源和经验，形成合作共赢。

（三）浙非人才培养实训中心

人才培育是为了让企业“发展非洲”。人才是企业发展之本，很多涉非企业面临当地用人难的问题。2021 年 12 月，浙非服务中心联合钱塘新区、浙江高校产学研联盟钱塘中心，启动了“珠联璧合 · 美美与共——非洲人才输送计划”，多方联合实施培养非洲国家人才计划，帮助非洲国家提高人才素质，提升技能水平，促进非洲国家的经济发展，同时也有利于增进中非友好合作关系。做好中非经贸合作专业人才培养，可以从根本上解决非洲国家人才短缺问题，提高非洲国家的经济自主性和竞争力，也有助于提升浙江省的影响力和竞争力，为浙江省的发展注入新的动力。

（四）浙非经贸合作促进中心

经贸促进是为了让企业“建设非洲”。通过建立“企业服务之家”大大提高涉及非洲经贸合作的企业的服务质量和效率，实现“精准助力，降本增效”的平台使命，帮助企业更好地开展业务，从而促进经贸合作的稳步发展。同时，这也有利于推动地方经济的发展和创新创业的繁荣。

新冠疫情政策调整为常态化管理之后，浙非服务中心增设了工作板块，即组织企业商旅考察，此举旨在让企业真正地“走进非洲”。在前期的工作中，通过项目接洽、信息服务，文化交流等，浙非服务中心导入了很多优质产业资源，依托中心各合作伙伴及其在非洲国家及地区强大的政府背景和商业信息网络，大量商业机会有待挖掘。通过商旅考察，可以将国内外优秀产业资源有效进行“嫁接”，在即将来临的“后疫情时代”，盘活并不断扩大中非合作协同圈，联通非洲不同国家，实现战略资源的一站式共享，为中国企业开拓非洲市场提供最精准、最便捷、最高效的商务考察、资源对接服务，帮助企业拓展非洲市场，为企业“精准助力、降本增效”，为企业赴非开拓市场，更好把握非洲经济发展最快地区红利，实现优势互补创造有利机遇。

2023 年 3 月，为进一步响应国家“走出去”战略和浙江省委省政府“地瓜经济”提能升级“一号开放工程”及促经济的“一揽子”政策措施，切实推动中非合作各项成果落地，促进中非双向投资合作及人文交流，中心受到了杭州市商务局书面授权委托，带领以杭州娃哈哈集团、杭州会展集团为代表的 17 家杭州企业赴乌干达、坦桑尼亚、肯尼亚三国进行商务考察，开展各项浙非产业对接考察工作，让国内老牌传统企业得以寻求全球化拓展。

2023 年 3 月 9 日，浙非服务中心主任谢琪带领企业家代表们拜访乌干达贸工部、中国驻乌干达大使馆，挖掘双方经贸交流合作潜力、了解掌握乌干达市场动向，为浙江企业落地乌干达、洽谈资源提供强有力的支撑。浙非商务考察团深度调研东非最大批发市场威廉姆街，了解目前乌干达的资源和需求，为企业项目落地做前期准备。

2023 年 3 月 13 日，浙非商务考察团一行在坦桑尼亚联合建设集团、中坦国家工业园董事长黄再胜的陪同下拜访了坦桑尼亚滨海省省长阿布巴卡尔·库恩格（Abubakar M. Kunenge），双方就加强浙江与坦桑尼亚经贸合作、提供经济优惠政策，保护浙江来坦桑尼亚投资企业的安全等进行了沟通交流。2023 年 3 月 14 日，浙非商务考察团一行拜访了达累斯萨拉姆省省长阿莫斯·马卡拉（Amos G. Makalla），探讨达累斯萨拉姆的营商环境，以及与浙江省企业合作的机遇。

三、浙非服务中心的平台优势及经验

（一）“一站式”定义对非服务平台

浙非服务中心的定位是打造一站式服务平台。经过多方的支持和努力，“一站式综合服务平台”整个业态基本孵化成型，以“文化”为切入点，落脚“经贸促进”，形成了一套有“服务”就有“项目”，有“项目”就能“服务”的可展示、可实践、可调研、可运营的对非合作平台模式。

同时，以数字化改革为牵引，专门打造了“浙非通”小程序，充分发挥浙江省数字化优势。目前，应用已覆盖十多个非洲国家，收集了大量的非洲市场、产业、政策、法律等方面的信息，为中国企业拓展非洲市场提供了可靠的参考和支持。同时，成立了专业团队，包括拥有非洲经验的专业人才和技术团队，实现了包括项目对接、商务洽谈、招商引资、人才培养等功能，满足企业在非洲的各种需求，助力企业实现数字化转型的突破。其落点即只要企业有需求，就能找到解决方案，不同的企业带着不同的需求加入平台，都能找到想要的服务。例如：有些企业需要寻找合作伙伴，平台便能“链接”到合适的企业；有些则是项目之初需要做当地市场调研，平台就“链接”到当地的专业团队；有些是开展业务时，需要寻找供货方或采购方，平台就“链接”到需要这类产品或有产品供应的信息；当需要涉外法律服务时，平台就“链接”到专业的涉外法律团队；需要国际人才，平台就“链接”到合适的人才或者人才服务平台；需要安保服务，平台就“链接”到专业的安保团队；等等。这意味着平台的内容需要非常丰富，甚至可以说涵盖整个中非合作的方方面面，必须是一个完整的优质的服务生态系统，而且必须环环相扣，层层叠加。

浙非服务中心所开展的一切工作皆是围绕打造一个完整的服务生态系统。现如今，浙非服务中心基本完成将政府机构、科研院校、社会组织、商协会、企业等多方融合在一起的整个服务链的闭环。为了更好凝聚多方力量，发挥平台效应，互相赋能协作，中心发起设立了浙非产业合作联盟，这是一个致力于中非合作的联合体，旨“聚焦非洲、开创新局、以点带面、共促发展”，共同开展浙江与非洲各国的合作交流活动。

（二）“产业化”助力中非合作交流

中非合作“九项工程”中，明确指出“在华建设中非经贸深度合作先行区和‘一带一路’中非合作产业园”。完善服务体系，进而推动“一带一路”中非合作产业园的建设是浙非服务中心设立之初，多方共同的期许，具有显著的政治意义和经济效益，符合浙江的产业发展定位，并可极大带动浙江的外资、外经、外贸发展。同时，此举措也被列入《中非合作论坛——达喀尔行动计划（2022—2024）》，为中非深化合作提供了明确方向。

围绕资本服务、产业支持、海外业务拓展、生产制造、配套服务，浙非服务中心还将重点推动“一带一路”中非合作产业园项目，形成对非企业投资平台、对非国际组织交流中心、对非跨境商品生产基地、对非跨境贸易中心、对非跨境商品展示平台五大板块，聚焦“跨境贸易”，赋能传统行业，促进非洲市场潜力释放，加强中非投资互动，以此构建中非数字贸易完整生态链，并打造与在非产业园的服务联通，进一步加强非洲与中国产业链的融合对接，实现双边产品互通及资源联动，实现技术、产品“走出去”，项目、人才“引进来”，打造连通中非两地的桥头堡。

通过浙非服务中心服务赋能，根据各地产业发展优势，可以与拟建设的“一带一路”中非合作产业园实现国际协同、招商引资、产业集群、人才集聚、税收增长，促进区域经济发展，形成产业化落地、总部集聚的良性循环。通过“一带一路”中非合作产业园，与中乌姆巴莱工业园、中坦工业园等境外产业园区多点联动，积极为国内企业精准对接相关资源、项目及服务，聚焦发力，实现技术、产品、项目、人才的双向流通，加强产业发展国际合作，推动产业转型升级。同时，不断吸纳专业服务机构，推动出海企业在物流、供应链、人才培养、金融服务等方面的需求对接。一是推动供应链服务，促进转移企业的供应链效率提升和成本下降；二是推动产业建设职业教育服务，批量培育产业所需实用人才；三是推动相关扶持政策服务，落实中国（杭州）跨境电子商务综合试验区乌干达海外服务合作园区项目，为杭州企业在非洲建立海外仓，实现更好更持续的发展，构建经贸促进新格局。

（三）“数字化”提升浙非产能合作

浙非服务中心立足浙江省，利用浙江省的数字优势，发起设立了浙非产业合作联盟，旨在把政府、市场、社会等各方面力量“拧成一股绳”，形成整体优势，“同体同力”对接涉非贸易投资机会，为企业发展保驾护航，助企业发展“破局”，并用“数字化”优化升级，织密服务企业网络，助力企业实现数字化转型的突破，专门打造了一个面向联盟成员开放的“浙非通”小程序——“Connecting Zhejiang and Africa”。名称中的“通”字表示：“通”政策、“通”项目、“通”资讯、“通”服务、“通”市场、“通”资源、“通”当地、“通”人才。这是一个共享、共创、共建、共赢的数字化服务平台，让联盟成员能够“同体同力”对接涉非贸易投资机会，抱团出海，用“数字化”优化升级，织密服务网络，助力企业实现数字化转型的突破。浙非产业合作联盟是由浙非服务中心，立足浙江省，为发挥浙江省产业及数字化的优势，凝聚企业力量，互相赋能协作发起设立的致力于中非合作的联合体，旨“聚焦非洲、开创新局、以点带面、共促发展”，共同开展浙江省与非洲各国的合作交流活动的公益性社会组织。

联盟以企业为主体，以多样化、多层次的互联互通与开放合作创新相结合，以形成中非合作桥头堡为目标，运用市场机制集聚资源，创新中非合作产学研结合机制，实现企业、大学和科研机构在战略层面的有效结合。在政府相关政策的导引下，建设以国家需求和市场为导向、强化以赴非龙头企业为主体、产学研相结合的创新平台，整合行业资源，融通行业信息，组织项目攻关，加快成果共享与转化，优化涉非产业链，提高区内企业国内外际竞争能力和市场占有率。

四、结语

未来，浙非服务中心将继续推动中非经贸合作，为企业拓展非洲市场提供更加全面、高效的服务和支持，主要聚焦以下几个板块发力。

第一，发挥网络优势，推动产能合作。与中国驻非洲各国大使馆、非洲各国工贸部、投资部、旅游部、投资中心、贸发局、旅游局、商协会等部门保持联络，并积极推动在非洲国家重点开展境外展会、经贸论坛、产业对接交流会，邀请当地政府、相关企业与浙江省企业深度交流，搭好对非产能合作平台。

第二，聚焦共抓招商，共推项目落地。以“一带一路”中非合作产业园为载体，导入优质企业资源，不断完善对非企业投资平台、对非国际组织交流中心、对非跨境商品生产基地、对非跨境贸易中心以及对非企业配套服务平台建设，并逐步增加非洲国家的中非联络处以及国际组织、机构院校服务联络处，打造浙非贸易合作典范。

第三，实现“两国两园”，打造服务联通。浙非服务中心将持续推动与在非产业园的服务联通，一头嫁接“走进来”的产业，另一头为“走出去”的企业做好衔接，进一步加强非洲与中国产业链的融合对接，实现双边产品互通及资源联动，实现技术、产品“走出去”，项目、人才“引进来”，打造连通中非两地的桥头堡，构建内外贸双循环的新模式。

第四，打造浙非品牌，数字赋能发展。为更好发挥中非合作中的浙江效应，中心将积极推动“数智中非”创新创业青年领袖钱塘论坛持续开展，把此系列活动打造成为中非青年交流合作的品牌活动。通过集聚青年力量，不断开放创新，将中非文化“互通”，推向更高的贸易“互通”。

第五，推动海外仓建设，打造跨境贸易“闭环”。聚焦解决发展跨境电子商务的痛点，推动海外仓服务网络建设，延伸跨境贸易触手，完善跨境贸易“闭环”打造，鼓励电商企业走进非洲。依托海外仓，加强与所在国流通业的衔接连通，深化在跨境物流、商业模式创新等领域国际合作，积极参与海外仓国际规则的探索，贡献更多的“中国方案”。

脉链集团：数字化时代五金工具“买全球卖全球”[*]

胡　栋　黄玉沛[**]

摘　要：脉链集团是中国五金工具行业在非洲等“一带一路”国家具有广泛影响力的企业，它通过数字化的产业服务平台，成功带动中国中小企业“走出去”（销售），同时也将海外中小企业“请进来”（采购），对五金工具行业实现“双循环”作出了一定贡献。本案例详细梳理了脉链集团的建设历程，分析了“产业带+数字化+本地仓”的商业模式，总结了数字化时代五金工具行业“买全球卖全球”的成功经验，对五金工具行业中小企业“走出去”的模式提出了进一步的思考与建议。脉链集团用数字化链接中国产业带与海外市场的开拓与创新，对其他产业带中小微企业通过“联合出海”实现业务增长具有一定的借鉴与示范意义。

关键词：脉链集团；“一带一路”倡议；五金；数字化；北非

---

* 本文有关数据资料均来自脉链集团，并得到脉链集团的授权与许可，特此向脉链集团致谢。

** 作者简介：胡栋，脉链集团董事长助理；黄玉沛，浙江师范大学经济与管理学院（中非国际商学院）副教授，校中非经贸研究中心主任。

一、脉链集团概况

脉链集团前身是创办于1983年的皇冠公司。脉链集团深耕五金产业30年，现已发展成为五金工具行业名列前茅的企业，企业打造的国际化“皇冠”品牌系列产品，是浙江出口名牌产品。目前，脉链集团在浙江金华建设了3家现代化工厂，是浙江省电动工具制造排名第一的龙头企业。集团在国内10个省份设有分公司，在埃及、阿尔及利亚、俄罗斯、伊朗、波兰、越南、哈萨克斯坦等多个国家设有海外仓，拥有2000家终端门店，客户分布全球近100个国家，在阿尔及利亚、埃及、苏丹，秘鲁和哈萨克斯坦等30多个共建“一带一路”国家中五金市场占有率为第一。

针对过去30年五金行业产业链环节多、链条长、同质竞争等痛点，脉链集团转型为数字化国际化的产业服务平台。根据五金工具“地瓜经济”的特点，脉链集团摸索出一套“产业带+数字化+本地仓”的创新模式，把自身过去30年的优势资源进行充分整合和共享，通过销售前置共享、品牌渠道共享、数字化平台共享、研发创新共享、连锁服务共享、供应链金融等第三方服务共享、园区空间共享等服务，帮助五金产业工厂直通非洲等“一带一路”国家的州邦省、直达国内乡村街道工业区，帮助全球经销商、零售商直采中国工厂。

脉链平台现已入驻海内外企业9805家，包含国际化零部件厂家219家、整机厂家218家，国际化品牌商47家，海内外大型经销商455家，商品数47432件。零售终端客户数57434家，商品数356525个。通过服务模式联合“走出去”，脉链集团在“一带一路”沿线30多个国家的市场竞争中凸显自身优势，北非市场占有率50%以上，在伊朗、哈萨克斯坦等国家市场占有率超40%。

其中，阿尔及利亚和埃及两国是脉链集团在非洲最成功的市场。脉链集团以皇冠品牌代理的方式，给当地进口商提供全面支持，帮助他们一步一步成为当地五金工具最大的商家。脉链集团和当地进口商联合建立海外本地仓，通过销售前置、品牌共享、数字化平台、连锁服务等服务，助力其成功转型为服务商。目前，脉链集团在这两个北非国家的市场占有率均超过50%。

二、脉链集团产业服务平台建设历程

脉链集团产业服务平台建设项目周期较长，共经历了制造龙头、国际化品牌、数字化平台三个阶段（见表1）。

表1　脉链集团平台建设历程

阶段	建设内容
制造阶段	• 1997年，成立永康皇冠电动工具有限公司，进入电动工具行业 • 2000年，在金华开发区成立占地80亩的浙江皇冠电动工具公司 • 2005年，在金磐开发区成立占地120亩的恒泰皇冠园林工具公司 • 2007年，皇冠品牌出口额位列浙江省电动工具第一
国际化品牌阶段	• 2009年，与俄罗斯最大的工具企业英特斯科组建ICG集团 • 2010～2015年，先后收购了东欧第一品牌DWT和中东第一品牌TOSAN，并在俄罗斯、瑞士、埃及、阿尔及利亚等地设立分公司和海外仓 • 2016年，皇冠品牌成为浙江省出口名牌，在"一带一路"30多个国家市场占有率排名第一
数字化阶段	• 2017年，与用友战略合作，建设脉链云商（F2W）和人人脉平台（B2C） • 2021年，与阿里战略合作，建设业务中台和数据中台 • 2021年，荣获浙江省重点工业互联网平台、国家级专精特新等荣誉 • 2022年，荣获工信部"链式"数字化典型、商务部"一带一路"领军企业等荣誉

资料来源：笔者根据相关资料整理。

（一）制造阶段（1997～2006年）

在20世纪90年代，脉链集团抓住了全球供应链价值链重构的机遇——高档工具欧美生产，低档工具中国生产。脉链集团利用为欧美国家公司做代工的经验，打下了牢固的基础，开启了第一个制造业发展的10年。当时，欧美大品牌要求降品质、降价格、降等级，脉链集团却坚持认为提升品质才是中国制造的未来。通过分析全球市场后，脉链集团发现“一带一路”市场存在买欧美产品价格太贵，买中国产品品质不过关的痛点。基于现实需求，脉链集团非但没有降低品质，反而加强研发，提升产品等级，将皇冠品牌差异化定位中档，以发展中国家为目标，销往非洲等共建“一带一路”国家市场。

2006 年，脉链集团在浙江省金华市金磐开发区购买土地，扩大生产规模；2008 年，皇冠品牌的五金工具出口额在浙江排名第一；2009 年 4 月，俄罗斯最大工具企业英特斯科（Interskol）和皇冠公司合资组建的 ICG 集团，进入世界工具行业前十强，成为全球规模最大的电动工具制造企业之一。随后，中档定位的皇冠公司抓住了市场空白，在非洲等“一带一路”市场获得越来越多的市场份额。

（二）国际化品牌阶段（2007～2016 年）

当时风光无限的皇冠公司隐藏着三个隐患：一是如果继续搞制造业，产值最多也就 30 亿元，今后的路怎么走？二是如果欧美品牌推出中档产品，如何应对挑战？三是如果海外客户做大后，为降低采购成本，自建工厂和对手合作怎么办？2008 年，皇冠公司第二次迈出了转型脚步，要把企业从中国制造转型为中国品牌，迎来了皇冠2.0——第二个品牌的10 年（2007～2016 年）。2008 年，脉链集团在上海成立品牌与研发中心，同时在中国摸索脉链连锁转型之路。在国内外，脉链集团着手开设连锁店，提供销售、维修等服务，试图实现从制造商到品牌商＋连锁服务商的角色转变，直接面向用户市场。

脉链集团从欧美国家、中国、“一带一路”三个不同市场的技术成本比较差异与信息不对称中发现了机会，形成了“买全球卖全球”的思维。当时，国内厂家通过进口商销售产品，不直接服务海外用户；而海外用户也通过进口商购买产品，联系不到国内厂家。当皇冠公司逐渐占领“一带一路”国家的空白中档市场后，国际知名品牌甚至拆开皇冠产品研究其内部构造，从而研发生产中档产品，抢夺“一带一路”市场。类似这样的挑战越来越多，脉链集团推出了产业服务模式，开始了服务转型。脉链集团不和国内厂家竞争产品，而是联合起来一起“走出去”；也不和海外客户竞争，而是帮他们和国内厂家做对接。脉链集团为工厂和客户提供品牌推广、渠道建设、科研共享、仓储物流、售后维修、人才培训等“一揽子”服务解决方案，实现国外客户和国内厂家双向互通，买卖全球更加顺畅。

脉链集团在成立上海运营总部后，在海外先后在瑞士成立设计中心，在埃及、俄罗斯、波兰、伊朗等设立海外仓，建立海外服务网络；在国内先后在安徽、河南、湖北、湖南、广西等 10 个省份设立分公司；在金华市，将原有的工厂升级为制造基地和教学车间。一张以上海为“大脑”，金华为“身体”，打通国内国外的全球服务网络建成了。

2017 年，皇冠品牌成为浙江省的出口名牌，脉链集团成为国内外知名的五金工具服务商，皇冠系列品牌在 30 多个国家市场占有率第一，成为最有影响力的国际化品牌之一。

（三）数字化平台阶段（2017 年至今）

虽然消费互联网早已风生水起，但仅是商家和消费者的交易平台。产业互联网怎么做，如何在厂家和终端之间搭起平台，全世界缺乏成功案例。脉链集团根据过去 30 年深耕市场的经验判断，建立一个能打通“国内与国外”“线上与线下”“城市与农村”的“三通平台”，这是产业发展的必然产物。于是，脉链集团朝着这个方向开始了第三次转型。

互联网创业向来都要大量资金投入，但是脉链集团从来没有向外融资，而是通过“外销养内销，内销促外销”的方式来解决资金问题。欧美国家的产业链只有工厂、品牌和连锁 3 个环节，而中国却有工厂、品牌、代理、分销和终端 5 个环节。不同于消费品，五金工具需要采购、销售、仓配维修等专业服务。脉链集团让中间环节的品牌商、代理商、分销商转型为服务商，用“去环节不去服务”来缩短环节，提高效率，降低成本。

产业服务对于脉链集团来说是最关键的核心。脉链集团根据用户需求不同、不同国家风格喜好不同，打造了一套上游产品整合提炼与下游销售赋能机制，实现标准化、模块化、可视化、线上化、智能化，让采销两端更容易地线上对接。脉链集团整合了30年建立起来的全球渠道和品牌优势，以“产业带+数字化+本地仓”的产业服务模式，通过销售前置共享、品牌渠道共享、数字化平台共享、研发创新共享、连锁服务共享、供应链金融等第三方服务共享、园区空间共享等服务，建立了五金工具产业融通服务平台，服务2万家工厂和20万终端的直通。

三、脉链集团产业服务平台的模式①

脉链集团的“产业带+数字化+本地仓”是真正意义上带动中小企业增长和数字化转型的创新模式。脉链集团向产业带上的五金中小工厂开放全球基础设施，服务他们全球销售、集中采购、研发升级；通过“脉链云商”和“人人脉”等数字化平台实现订单在线、交易在线、履约在线；遍布海外的本地仓，最大程度上减少工厂风险，提高海外市场的快速响应。

（一）销售前置共享

脉链集团联合产业带中小工厂，每年在海外和中国参加20场以上展会，联合海外服务商举行数百场路演地推活动。通过这些活动，帮助中小工厂的新品快速推向海外当地和中国的下沉市场，直接触达终端门店和用户。相比较中小企业独立出海和下沉国内市场，这无疑是最适合的销售策略。

以蓝标公司为例，2022年底至2023年初，该公司跟随脉链集团参加海外销售前置，一举获得了1800万元订单，占年产量的50%。

（二）品牌渠道共享

中国中小厂家只有商标，缺乏国际性品牌。脉链集团在保证设计和品控

① 本部分资料来自脉链集团平台数据。

基础上，将“皇冠”系列品牌共享给中小企业，成为这些工厂的第二品牌；同时，还把自己全球的渠道共享给中小企业。品牌渠道共享让中小企业获得了所需要的品牌背书、渠道通路，相比较自己建立品牌和开拓渠道的高投入和长时间，这无疑是最适合的品牌策略。

对武义市生产电镐的恒友公司来说，共享品牌不仅让“皇冠”品牌成为他们的第二品牌，还能直接和客户面对面做生意。短短一年，恒友公司在脉链平台上的营收从 8000 万元飙升到 2 亿元。而对于海外客户，用共享品牌做采购成为最佳选择。阿尔及利亚客户用“皇冠”品牌的采购额从 1 亿元飙升到 4 亿元，据推算已占该国 90% 以上的市场份额。

（三）数字化系统共享

数字化转型对于中小企业来说比较迫切，但是投入大、周期长、能力差等因素制约了数字化步伐。脉链集团从 2017 年开始建设服务产业的数字化平台，其中包括打通工厂和全球渠道的“脉链云商”，打通终端和用户的“人人脉”，打通工厂间协同的“未来工厂”，形成了从制造端、渠道端、销售端和服务端的订单流、物流、资金流、信息流的数字化服务平台。脉链集团将平台开放给五金产业链上各环节的国内外中小企业，助力他们实现数字化转型。

（四）研发标准共享

一方面，中小企业要投资全套研发测试设施投入巨大，脉链集团将自身的德国莱茵认证实验室、零配件超市、3D 打样、研发装配线等设施共享出来，让中小企业也能享有大企业研发测试能力。另一方面，中小企业往往只能生产几个品种的产品，无法形成产品系列，在市场上形成不了“爆款”优势。脉链集团将电池包平台共享给这些中小企业，使得不同企业能在统一的平台上开发产品，最终形成了通用电池包的系列产品。

以锐霆公司为例，其研发的创新单品“花枝剪”，由于电池包不通用，很难在市场上打开销路。入住脉链集团平台后，采用了共享电池包技术，很快和其他产品成为系列并打开海内外市场销路。

（五）连锁服务共享

终端门店是五金工具触达用户的最后一个环节。分布在全球乡村、街道、工业区的大量“夫妻老婆店”经营方式单一、门店形象差、产品参差不齐、缺乏数字化管理。脉链集团根据10多年连锁经验，帮助这些门店转型：赋能全球优质的产品，改变参差不齐的陈列；赋能统一形象设计，改变“脏乱差”的环境；赋能“人人脉”数字系统，改变杂乱无章的管理；赋能零售、批发、MRO（maintenance，repair & operations，即维护、维修和运行）、电商等全渠道营销，改变其单一的经营方式。

在脉链集团平台上，最先获得成功的是安徽脉链公司。这是位于安徽界首市的一家门店，通过服务转型，不仅能发展销售，还能承接平台服务需求，成为平台的服务商，营业收入从1000万元一路上升到1亿元。

（六）第三方服务共享

五金工具行业各环节一直以来都受到账期、铺货等因素困扰，导致资金周转压力大，库存周转率低，而传统融资渠道往往需要抵押固定资产，传统供应链金融又只能对原材料进行抵押，无法对五金产品进行估值。脉链集团一方面依托大数据对于中小企业经营状况进行分析，另一方面设立中央仓来评估产品价值，最终依托脉链集团背书和银行合作，实现了仓单、订单等多种灵活的供应链金融服务。

（七）园区空间共享

脉链集团把占地120亩的老厂区改为脉链（金华）数智产业园，打造出双循环成交区、连锁赋能区、研发创新转化区等3块各数千平方米的上下游产业服务区；将原先近万平方米的仓库改造为中心仓，满足市场上数量少品种多的小订单需求；将办公楼、宿舍、食堂等配套设施改造成共享办公、酒店公寓、创客之家、咖啡馆、健身房等开放服务设施。

数智产业园成为产业带厂家的共享销售中心，成为全球商家的共享培训中心和采购中心。在2023年4月举办的“天天脉交会”期间，国内外数百位中小企业家汇聚于此，1天成交量突破2亿元。

四、脉链集团产业服务平台的成功经验

脉链集团是全球第一个集产业链制造端、渠道端、销售端、服务端为一体的五金工具产业服务平台，助力中小企业业务增长和数字化转型，实现数字化共享时代的“买全球卖全球”。2022年被列为工信部“链式”数字化转型的示范案例，具有里程碑式的意义。作为平台的搭建方，脉链集团把过去30年的全球优势资源开放共享，经过4年，投入5亿元人民币，建起了一个“打通国内国外，打通线上线下，打通城市农村”的服务平台。

第一，产业带龙头企业以“利他”为初心，开放共享自身资源，帮助中小企业业务增长和数字化转型。脉链集团凭借自身实力和国际影响力，自主发起服务于产业带中小企业参与到非洲等全球市场的竞争中，并以“上游品类链主”和“下游品类合伙人”的方式，吸引大量上下游有影响力的中小企业转型服务商，在不影响中小企业原有存量的前提下，开拓出新品类和新市场的增量。

第二，积极响应国家“一带一路”倡议，多平台多渠道展现了中国五金工具的产业和技术优势。平台先以中国五金中小企业的优质产品为核心，有效带动国内的产品、技术、服务“走出去”，成功实现了以中国制造“走出去”带动中国品牌“走出去”，实实在在推进了“一带一路”建设和中非产能合作，为中非双方深化务实合作探索出了新路径。

第三，提供“产业带+数字化+本地仓”的服务基础设施，助力中小企业开拓新市场。2008年以来，埃及、阿尔及利亚等共建“一带一路”国家多

次遭遇金融危机，汇率贬值、地缘冲突等风险导致国内中小企业的经济发展受到严重影响。脉链集团根据过往的经验总结，在浙江省金华市设立产业带中心仓，在非洲等地设立本地仓，海外渠道只需直接从本地仓提货即可。一方面大大降低了国内工厂外贸风险和满足海外市场需求的“快反”能力，另一方面又为海外渠道大大减少了订货周期。而脉链数字化平台上实时透明的交易、物流、资金数据也为中小企业提供了安全保障。

第四，中小企业专业分工协同，响应“碳达峰”和“碳中和”工作要求。过去中小企业的生产往往依靠经验判断，一家工厂生产几十种甚至上百种产品，但只有少数最有竞争力的产品能被市场认可。在脉链数字化产业服务平台上，工厂只需要生产最拿手的产品，其余交给其他工厂来生产，大幅减低了碳排放，有效助力全球碳达峰和碳中和，实现经济和环境双重效益。

五、进一步推进“走出去”项目的思考

脉链集团是中国企业“走出去”的成功代表，特别是在五金工具领域。因此，通过分析脉链集团的成功经验，对已经“走出去”以及计划“走出去”的中国企业，有一定的借鉴意义。

第一，发挥海外市场优势，提高核心竞争水平。脉链集团作为中国五金行业的龙头企业，在埃及、阿尔及利亚等北非和共建“一带一路”国家有着较高的市场占有率。五金中小企业依靠脉链的海外市场优势，形成了联合出海的五金产业生态，并最终取得成功。

第二，建设高效透明的数字化平台，确保信息、交易、服务的实时透明。埃及、阿尔及利亚等北非和共建“一带一路”国家在地理上远离中国，“一对一”的传统外贸信息不透明，从而扩大了中小企业海外投资的风险。脉链数字化产业服务平台把制造商、品牌商、进口商、零售商的数据在线打通，让上游中小企业可以获取海外用户数据，让下游中小企业可以获取国内生产数据，这在中国“走出去”的项目中也是特有的。

第三，应对汇率变化，建设海外本地仓。海外项目面临着汇率变化的风险。为了避免此类风险，脉链集团在埃及、阿尔及利亚等北非和共建“一带一路”国家自建或联合当地服务商共建海外本地仓，货品从中国中心仓到海外本地仓全程数字化监控，当海外商家购买时再到本地仓提货，有效避免了因汇率波动带来的经营损失。

第四，依托专业机构，提前规避法律风险。在知识产权、海外贸易、合资公司、劳资等方面，脉链集团聘用当地各专业咨询机构以及律师事务所，规避不合理条款，确保中小企业在海外经营时遵守当地法律法规。

第五，做好人才储备，组建国际化管理团队。海外开发离不开人才，语言、金融、法律、技术等各方面人才，这也是“走出去”的关键。脉链集团提前在制度上、体制上进行规划，制定吸引海外人才的政策，重视国际化人才的培养。目前，脉链集团在埃及、阿尔及利亚等北非和共建“一带一路”国家的海外分公司一般由会英语的当地人和会当地语的华人共同组成。

第六，重视社会责任，实现合作、互利、共赢。中国企业在“走出去”过程中要树立良好形象，维护国家和企业形象。脉链集团不仅帮助中国中小企业“走出去”，同时还帮助当地同行“请进来”，做到与当地政府、行业、企业互利共赢。

传音移动互联：数据驱动非洲业务增长的实践与经验*

周　毅　黄玉沛**

摘　要：非洲大陆作为世界上最具增长潜力的新兴市场之一，其数字经济发展方面仍有巨大的空间和潜力。事实上，凭借着快速发展的互联网技术、智能手机和移动支付，许多国家和地区已经开始迅速建立起数字经济生态系统，为人们的生活带来了巨大的变革。传音控股致力于成为新兴市场消费者最喜爱的智能终端产品和移动互联服务提供商，着力为用户提供优质的以手机为核心的多品牌智能终端，并基于自主研发的智能终端操作系统和流量入口，为用户提供移动互联网服务。事实上，传音控股不仅仅是一个电子制造商，作为智能设备和数字服务提供商，传音移动互联的目标是成为非洲数字生态系统的中坚力量。

关键词：传音移动互联；非洲；数字经济；数据

---

* 本文有关数据资料来自传音控股，并得到传音控股的授权与许可，特此向传音控股致谢。

** 作者简介：周毅，传音控股移动互联中心大数据业务部总监；黄玉沛，浙江师范大学经济与管理学院（中非国际商学院）副教授，校中非经贸研究中心主任。

一、传音公司概况

传音控股股份有限公司（后续本文简称“传音控股”或“传音”）致力于成为新兴市场消费者最喜爱的智能终端产品和移动互联服务提供商。自公司成立以来，传音一直着力为用户提供优质的以手机为核心的多品牌智能终端，并基于自主研发的智能终端操作系统和流量入口，为用户提供移动互联网服务。传音旗下拥有新兴市场知名手机品牌 TECNO、itel 及 Infinix，还包括数码配件品牌 oraimo、家用电器品牌 Syinix 以及售后服务品牌 Carlcare。

传音始终以新兴市场的消费者为中心，重视新兴市场人们被忽视的需求，让尽可能多的人尽早享受科技和创新带来的美好生活。传音控股于 2019 年在上海证券交易所科创板上市，现已被纳入 MSCI 中国 A 股指数、MSCI 中国 A 股在岸指数、MSCI 中国全流通指数、中证科创创业 50 指数及上证科创板 50 成分指数等。近年来，传音还荣获“中国企业 500 强”“中国制造业企业 500 强”“中国民营企业 500 强”“中国制造业民营企业 500 强”“《财富》中国 500 强”“全国制造业单项冠军示范企业”“《麻省理工科技评论》50 家聪明公司”等殊荣。

二、非洲移动市场概况

近年来，非洲已进入蓬勃发展的移动时代。智能手机的快速普及推动了非洲移动应用市场的发展。截至 2022 年底，非洲移动互联网活跃用户规模已超 2.7 亿，其中智能手机普及率约为 50%。随着网络环境改善和流量资费降低，非洲用户的月流量消耗持续增长。虽然目前非洲整体消费水平较低，但非洲消费者在移动设备上花费的时间已超日常生活的1/3。[①] 其中，泛娱乐应用使用时长领先，抖音（TikTok）、脸书（Facebook）等应用深受非洲用户喜爱。

（一）新冠疫情后持续恢复的非洲经济

新冠疫情后非洲地区经济持续恢复，发展前景良好。第一，非洲已成为全球经济增长最快的地区之一。1990 年以来，其 GDP 已经增长了 2 倍，2022 年 GDP 已近 3 万亿美元。[②] 第二，非洲人口增长迅猛，2022 年非洲人口超 14 亿，占全球人口 18%，未来仍将保持显著人口增长，预计到 2100 年将接近亚洲人口。[③] 第三，非洲作为世界上城镇化速度最快的地区之一，自 1990 年以来，城市人口累计增加了约 5 亿人。[④] 第四，非洲移动互联网用户数量持续增长。2022 年移动互联网用户近 2.4 亿，移动互联网普及率超 41%。第五，智能手机在非洲的普及率持续快速上升。2022 年，非洲智能手机普及率约 50%，预计到 2025 年将增至 61%。[⑤]

（二）非洲移动运营商众多且竞争激烈

非洲市场运营商众多。截至 2022 年，非洲移动运营商数量已近 200 家。由于基础设施不完善，且每家运营商的覆盖范围及资费标准不同等因素，大部分用户拥有 1 ~2 张 SIM 卡。从表 1 中可以看出在 4 个非洲重点国家中，南非运营商数量最多，达到 64 家，其次是尼日利亚，共有 42 家，其中主流运营商包括南非跨国电信集团（MTN）、印度巴蒂电信（Airtel）、肯尼亚萨法利通信公司（Safaricom）、法国橘子公司（Orange）等。埃及及肯尼亚分别有 29 家及 27 家移动运营商。

---

① 日常生活时间是按 12 个小时的日间时间计算。

② GDP 数据来自 IMF《世界经济展望》，2022 年 10 月。

③ 人口数据来自 Populationpyramid。

④ 城镇化数据来自联合国人居署《2020 年世界城市报告》（*World Cities Report 2020*）。

⑤ 智能手机普及率数据来自 GSM。

表 1　　2022 年非洲主要国家运营商数量与主流运营商

国家	运营商数量（家）	主流运营商
埃及	29	Vodafone、Orange、Etisalat、Telecom
肯尼亚	27	Safaricom、Telkom、Airtel、Jmaii
尼日利亚	42	MTN、Globacom、Airtel、9Mobile
南非	64	Vodacom、MTN、Telkom、Cell C

资料来源：运营商数量来自市场研究机构（Research And Markets）。

（三）非洲网络资费逐渐降低

随着互联网基础设施的加速改善以及智能手机的快速普及，非洲移动互联网费用可负担性日益增强。1GB 移动数据的平均成本逐年降低。图 1 中展示了 2019～2022 年 13 个非洲国家与地区 1GB 的移动数据成本，到 2022 年这 13 个非洲国家 1GB 移动数据的平均成本不到 1 美元，尼日利亚是降幅比例最大的国家。移动数据成本逐渐降低更推动移动数据使用量增长。

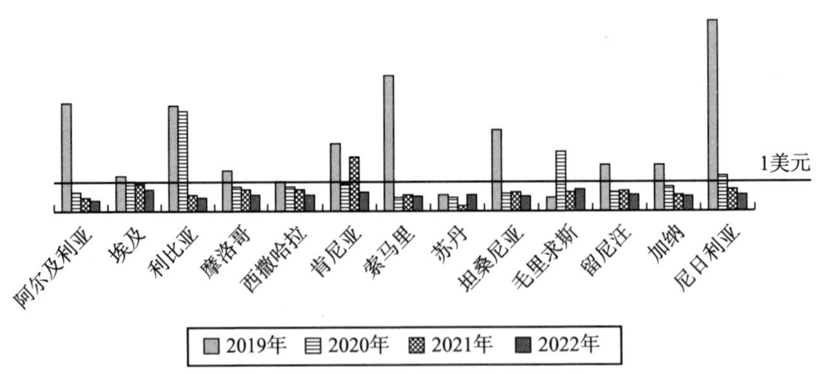

图 1　2019～2022 年非洲部分国家与地区 1GB 移动数据成本

资料来源：国际电信联盟（ITU）。

（四）非洲用户移动数据使用量上升

非洲和中东地区单个用户的每月移动数据使用量在2017～2022年增加约1倍以上。[①] 据DataSparkle统计，2022年非洲移动用户人均每月流量消耗近12GB。分地区来看，北非移动数据使用量最高，西非和东非与非洲平均水平相似。从流量消费来说，非洲整体流量消费水平较低，平均单个用户月流量费用在5～15美元居多。在4个非洲重点国家中，也可以看出非洲用户移动数据使用量上升，其中埃及人均月移动数据使用量最多，达到23.4GB；南非人均月移动数据使用花费最多，为25.77美元；肯尼亚人均月移动数据使用花费占人均月收入百分比最高，达到7.2%（见表2）。

表2　　2022年非洲主要国家人均月移动数据使用量与花费

国家	人均月移动数据使用量（GB）	人均月移动数据使用花费（美元）	人均月移动数据使用花费占人均月收入百分比（%）
埃及	23.4	22.16	3.8
肯尼亚	14.1	11.81	7.2
尼日利亚	13.8	9.83	6.2
南非	12.63	25.77	1.9

注：“人均月移动数据使用量”数据覆盖传音旗下Android 11版本以上的手机设备。

资料来源：传音公司数据；“人均日移动数据使用花费”数据中埃及来自Salaryexplorer，肯尼亚来自肯尼亚国家统计局，尼日利亚来自Technext，南非来自Statista。

（五）非洲用户手机使用集中在夜间

手机已经成为非洲人民日常生活中不可或缺的一部分。2022年非洲人均每天使用手机的时长已超4小时，占日常生活时间的1/3以上。[②] 从各时段使

① Global Data.

② 日常生活时间是指按照12个小时的日间时间计算。

用手机用户占比来看，非洲用户使用手机的高峰时段集中在18：00之后，[①]使用最高峰时段为19：00～21：00。其中，肯尼亚使用手机高峰时段在13：00～23：00，南非在14：00～22：00，埃及在19：00～24：00，尼日利亚在20：00～23：00。

（六）泛娱乐应用用户使用时长领先

从移动应用品类看，包含社交和音视频在内的泛娱乐类应用是非洲手机用户参与度最高的移动应用类别，[②]手机用户平均每10分钟就有3.6分钟用在了泛娱乐应用。从图2中可以看出，非洲移动应用核心品类人均月使用时长中，通信时间最长为32.7小时，其次是社交为24.5小时，视频播放与编辑13.2小时，都主要集中在泛娱乐应用中。

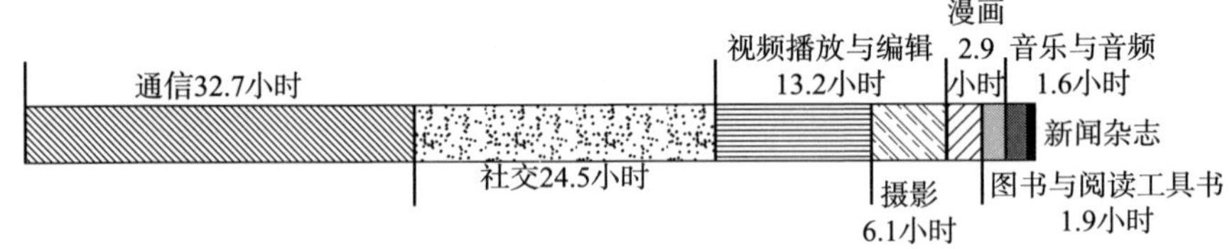

图2　2022年非洲移动应用核心品类人均月使用时长

注：数据覆盖传音旗下Android 11版本以上的手机设备。

此外，全球热门泛娱乐应用也深受喜爱。全球热门泛娱乐应用如脸书（Facebook）、照片墙（Instagram）、油管（Youtube）和抖音（TikTok）在非洲同样深受手机用户喜爱。非洲手机用户每月在这类应用上花费的时间最长超过23小时。表3中展示出4个重点国家在这4个应用上的时间花费，其中埃及地区的手机用户在这4个应用上花费时间最长，使用脸书最高能达到

① 手机使用活跃高峰均为各国当地时区时间。

② 泛娱乐应用包含视频播放与编辑、摄影、社交、漫画、图书与工具书、音乐与音频、新闻杂志。

23.53 小时。

表 3　2022 年非洲主要社交应用人均月使用时长与移动数据使用量

国家	Facebook		Instagram		TikTok		YouTube	
	时间（小时）	流量（GB）	时间（小时）	流量（GB）	时间（小时）	流量（GB）	时间（小时）	流量（GB）
埃及	23.53	5.52	4.85	1.56	14.29	3.37	12.93	1.79
肯尼亚	12.92	2.29	4.85	1.77	13.33	3.09	11.80	1.80
尼日利亚	12.80	2.00	4.11	1.19	7.72	1.66	6.47	0.83
南非	11.58	1.75	4.66	1.66	10.61	2.10	7.08	0.99

注：数据覆盖传音旗下 Android 11 版本以上的手机设备。
资料来源：根据传音公司数据整理。

三、数据驱动业务增长：传音在非洲的实践

非洲市场是复杂而瞬息万变的，如果没有精准的市场分析和数据支持，便很难做出具有商业价值的决策。作为一家以数据驱动增长的公司，传音过去的成功首先来自其对用户洞察和市场洞察的深入研究。从用户需求的角度出发，传音一直致力于为新兴市场国家和地区提供高质量、高性价比的智能手机和其他智能设备。其核心目标客户是中低收入人群，这也是其产品线和价格定位的基础。在市场方面，传音团队一直密切关注市场变化，细分市场，分析市场上的竞争格局和客户需求，从而寻找新的市场机遇，开发新的业务线。

由此，传音在产品设计、市场推广、服务等方面进行了一系列创新。例如，传音推出了可以通过几个关键字和手势控制的前置摄像头和“深肤色影像”技术，以满足年轻用户的美颜自拍和视频通话需求。此外，传音还将重点放在产品的售后服务上，建立了遍布全球的售后服务中心 Carlcare，为用户提供全方位的售后支持，提高用户满意度。

在新业务方面，传音还不断拓展产品线和服务范围，例如，在金融科技领域，传音推出了针对非洲市场的移动支付服务 Boomplay，为用户提供一站式支付解决方案，以满足当地用户日益增长的支付需求。传音还推出了针对农业、医疗、科技等领域的创新产品，以拓宽其业务范围，同时也实现了更快的业务增长和更持久的市场影响。

（一）手机业务

传音将技术创新作为公司核心战略之一，以数据驱动为依托，打造高效的用户和技术双驱动的创新研发能力，不断强化差异化的产品竞争力，扩大在新兴市场本地化科技创新方面的竞争优势，提升用户价值与体验。结合行业技术发展趋势及在新兴市场积累的本地洞察，传音在人工智能语音识别和视觉感知、深肤色拍照算法、智能充电和超级省电、云端系统软件、智能数据引擎、硬件新材料应用创新、OS 系统等领域，开展了大量符合当地用户使用习惯的科技创新研究。

近年来，传音在影像研发领域持续取得突破性进展，先后荣获 CVPR 2020 LIP 国际竞赛深肤色人像分割赛道冠军、吴文俊人工智能科技进步奖（企业技术创新工程项目）、中国图像图形学学会技术发明奖一等奖、ECCV MIPI 移动智能摄影与影像竞赛分赛道第二名等奖项；主导多项移动终端计算摄影系统国际标准获 ITU-T 正式立项。同时，传音也在加快布局新兴市场智能语音技术，并荣获中非青年创新创业大赛一等奖等奖项。

（二）移动互联业务

传音旗下手机品牌均搭载了基于 Android 系统平台二次开发、深度定制的智能终端操作系统（OS），包括 HiOS、itelOS 和 XOS（以下统称“传音 OS”）。目前，传音 OS 已成为非洲等全球主要新兴市场的主流操作系统之一。围绕传音 OS，传音开发了应用商店、游戏中心以及手机管家等多种工具类应用程序。2022 年 3 月，AppsFlyer 发布的《广告平台综合表现报告第十四版》

显示，传音移动互联的表现位居全球增长指数榜单第2位。

传音致力于海外新兴市场移动生态的建立与持续运营，借助多场景用户产品，打造多维商业化能力，搭建了全新的商业与技术中台：企业级数据洞察平台 DataSparkle、传音云生态平台 TRANSSCMP、一站式海外营销平台 Eagllwin、媒体变现工具 Hisavana 和品牌营销工具 Sunnbird。传音移动互联承载“数字基础设施”的使命，从开发、测试、推广、变现等环节赋能拓展非洲业务的全球开发者，同时为消费者生活带来便利。

（三）扩品类业务

除手机业务和移动互联网业务外，基于市场数据洞察，传音也在积极探索新的合作和商业模式，深化多元化战略布局，创立了数码配件品牌 Oraimo 和家用电器品牌 Syinix。在大力发展线下业务的同时，积极拓展线上渠道。同时，三大手机品牌 TECNO、itel 和 Infinix 亦开始大力拓展扩品类业务，推出了手机基础配件、智能穿戴、TWS 耳机、笔记本电脑、电视等产品，多品牌策略进入良性发展。

数据驱动增长，在传音的实践过程中，数据分析便一直是我们的得力工具。传音各个业务单元，利用大数据技术和人工智能算法，从用户画像的搭建，到识别销售渠道和推广方式等方面的成功因素，提高了各个业务品牌知名度和忠诚客户率，并在非洲市场上赢得了市场领先地位。特此重点介绍企业级数据洞察平台 DataSparkle。

DataSparkle 是传音控股的数据智能平台，依托传音生态及三方优势，系统全面扫描非洲市场，助力出海企业、投资者及开发者捕捉市场变化趋势，挖掘赛道机会以及制定推广策略，用于支持企业商业决策和业务增长。该平台集成了传音各个业务领域的数据，提供完整的数据收集、分析和可视化功能，帮助企业决策者追踪业务表现，发现市场趋势，统计和预测业务数据，提高商业效率和创新。

DataSparkle 平台具有以下五个主要用途：第一，数据收集和整理。平台可以从不同的数据源中收集和整理数据，包括互联网用户数据、活跃度数据、市场趋势数据、舆情数据、货品数据等，支持实时同步更新数据，确保数据的完整性和准确性。第二，数据分析和处理。平台支持多种数据分析和处理方法，例如，数据清洗、数据建模、深度学习等，可以根据不同的问题和需求，选择最适合的分析工具和方法。平台还支持实时数据分析和数据挖掘，帮助企业获取即时的数据洞察。第三，数据可视化和报告。平台可以将分析结果可视化展现，提供多种报表和图表，帮助决策者更快捷地理解并作出决策。第四，业务支持和决策。通过 DataSparkle 平台，企业可以根据数据分析结果，调整和改进业务策略，优化商业决策，实现业务增长。

四、非洲《2063 年议程》中的出海机遇

（一）健康与健身

新冠疫情加剧了非洲用户对于健康的需求，非洲人民对自身健康关注度在 2022 年显著提升。DataSparkle 数据显示，2022 年非洲健康与健身赛道活跃用户规模提升 34%，其中尼日利亚和埃及领跑这一涨幅。但当前并未形成稳定格局，随着需求的进一步凸显，非洲健康与健身市场潜力巨大。

首先，健康需求关注度日益增长。疫情让世界看到了非洲健康领域的可能性，人们对自身健康关注度逐步提升推动 2022 年健康与健身赛道活跃用户规模攀升至新高点，非洲健康与健身赛道活跃用户规模较年初增长超 34%。其中，尼日利亚和埃及健康与健身赛道活跃用户数量在 2022 年下半年急剧增长，较年初分别增长了 84% 和 43%。

其次，市场格局尚未形成，发展潜力可观。当前，非洲及主要国家市场并未出现极具优势的头部产品。从市场集中度指标来看，非洲及主要国家健康与健身赛道市场集中度均低于 36%，其中，埃及和南非健康与健身赛道市场集中度更是低于 27%。伴随着需求凸显，这一领域发展潜力值得重点关注。

最后，女性健康以及健身相关子品类占据市场头部位置。从用户规模出发，健康与健身追踪、按需型锻炼和健身计划等健身相关应用以及女性健康占据了非洲健康与健身领域的头部位置。此外，健康与健身产业衍生出的医疗和传统健康、健身内容和垂直培养和减肥等品类对口需求也开始出现，细分垂类子品类仍可“大展拳脚”。

（二）旅游与本地出行

2022 年全球各个国家相继解除旅行限制，旅游出行重新成为消费者关注重点。近年来，非洲一直是全球移动出行领域的热门开拓地。随着该行业从疫情中迅速恢复，优步（Uber）和迅速打车（Bolt）等头部应用又重新开始其非洲扩张之行。此外，旅游与本地出行领域随着旅游开放呈现回暖趋势。

首先，移动出行赛道迅速从新冠疫情中恢复，迎来了新一轮关注。新冠疫情曾使网约车行业受到重创，但现在，该行业已经在缓慢复苏。全球网约车行业预计将在未来七年内增加 1 倍以上，达到 980 亿美元。在非洲，移动出行行业几乎已经完全恢复，国际巨头们已经纷纷开始拓展业务和市场，市场竞争日趋激烈。随着优克（Uker）退出后又重返坦桑尼亚，非洲移动出行行业又将迎来新一轮关注。从活跃规模市场占比来看，目前非洲整体市场占统治地位的依然是 Bolt 和 Uber，但非洲出行需求仍呈现激增趋势，给了出行新秀如阳光（Yango）等迅速崛起的广阔空间。非洲的移动行业竞争激烈，吸引了来自不同地区的其他参与者。

其次，随着旅游重新开放，旅游出行领域正在回暖。非洲是全球热门旅游目的地之一。2022 年，非洲旅游业逐渐好转，旅游与本地出行应用的月活跃用户规模大幅回升。其中，埃及是非洲最大的旅游市场。

（三）教育

近年来，教育一直是非洲最为看好的潜力赛道之一。2022 年 12 月较 1 月对比，非洲移动应用教育品类活跃用户规模增长 9%，其中语言学习类应用活跃用户规模和人均月使用时长爬升较明显。学习管理应用受复课等因素影响人均月使用时长较年初下降超 10%。

语言学习应用活跃度爬升。截至 2022 年 12 月，非洲移动应用教育品类活跃用户规模较年初增长 9%。其中，语言学习类应用表现突出，头部应用《高级英语词典》（*Advanced English Dictionary*）、《语言课程》（*Duolingo: Language Lessons*）12 月活跃用户规模较年初增长 28% 和 21%，月人均使用时长均较年初分别增长 99% 和 11%。其次，新冠疫情后学习管理应用的用户依赖有所降低。谷歌课堂（Google Classroom）、uLesson 教育应用程序（uLesson Educational App）等学习管理应用以及其他中小学教育应用在新冠疫情期间取得了巨大增长，但是在 2022 年，除南非外，其活跃用户规模排名并未占据上风。2025 年随着学校复学，消费者对学习管理应用的依赖有所降低，Google Classroom、uLesson Educational App 人均使用时长 12 月对比年初分别下降 22% 和 11%。

（四）餐饮美食

非洲消费者逐渐习惯外卖以及送餐的便利性，餐饮和杂货配送应用程序的使用量在 2022 年持续攀升，埃及和尼日利亚该类应用的活跃用户规模涨幅近 46%。麦当劳、肯德基等知名连锁快餐店也通过其开发的移动应用程序俘获品牌忠实客户。

首先，外卖服务的便利性在疫情后仍受到非洲消费者青睐。自新冠病毒大流行开始时出现加速增长，餐饮和杂货配送应用程序的使用量持续攀升。2022 年非洲餐饮配送活跃用户规模持续增长。虽然一些市场的增长已趋于平稳，但依旧有部分市场有着发展空间。其中，埃及和尼日利亚外卖类应用活跃用户规模增长 40%。

其次，麦当劳等知名连锁快餐店开发的移动应用程序俘获了大批忠诚用户。在非洲市场，除了朱米亚餐饮（JumiaFood）、麦当劳（MrD）等外卖送餐应用占据了较高的活跃用户，麦当劳、肯德基等快餐店应用程序也逐渐凸显。麦当劳、肯德基等全球知名连锁快餐店近年来已启动移动业务，推动用户使用其应用程序点单并提供各种奖励和独家优惠。通过为常客提供更优厚的奖励来提高顾客忠诚度，此举使其移动应用程序成为一款实用工具。

五、结语

非洲作为最后一个“十亿级互联网市场”，对于“出海”的企业来说更是不可多得的一片“蓝海”。人口红利明显（全球最年轻的人口），智能手机普及率和互联网普及率逐年上升等因素都彰显着这是当今世界上主要且不可忽视的新兴市场之一。

非洲《2063 年议程》，作为“非洲愿景和行动计划”，该议程为今后 50 年非洲大陆社会经济变革发展明确了“战略框架”。基于《2063 年议程》，未来非洲这片数字经济“蓝海”中，教育、旅游出行、外卖配送以及健康健身等领域发展空间充裕，值得重点关注。传音控股也希望和更多的企业一起，充分利用数据分析技术，发掘商业机会，开拓新的业务领域，提高效益和创新，并进一步推动非洲经济的发展。

华友钴业：打造海外负责任矿企典范*

赵浩兴　周霄飞　张巧文**

摘　要： 在非洲，企业社会责任在企业发展和社会可持续方面扮演着日益重要的角色。华友钴业作为锂矿行业的领军企业，多年来在非洲市场深耕，并以环境、社会和治理（ESG）理念为指导，积极履行企业社会责任，成为可持续发展的倡导者和践行者。本文以华友钴业的刚果（金）项目为例，重点分析了其在社区参与方面采取的社会责任举措，并总结了其构建企业社会责任管理体系的成功经验，为其他赴非投资企业提供了示范样板。

关键词： 华友钴业；企业社会责任；社区参与；中非产能合作

矿业合作是中非经贸务实合作的重要支柱，也是合作共赢的生动体现。浙江华友钴业股份有限公司（简称“华友钴业”）作为国内钴矿行业龙头，自2006年进入刚果（金）以来，持续稳定运营，为国内制造基地提供了重要的钴资源保障。同时，公司积极践行“真实亲诚”的对非合作理念，并坚

---

* 本文有关数据资料来自《华友钴业2022年度环境、社会及管治（ESG）报告》以及华友钴业公司访谈内容，特此向华友钴业公司致谢。

** 作者简介：赵浩兴，浙江工商大学中非经贸研究院院长；周霄飞，浙江工商大学中非经贸研究院副院长；张巧文，浙江师范大学经济与管理学院（中非国际商学院）副教授。

持正确的义利观，将道德、企业社会责任以及社区福祉视为公司首要任务之一。在公司的环境、社会和治理（ESG）工作理念和框架下，积极践行项目与所在地区共同开发的理念，致力于务实公益、面向社区和民众。通过有效解决社区关注的难题，华友钴业在扶贫济困、捐资助学、改善民生等方面取得了显著成果，推动了项目所在地区的包容性可持续发展。华友钴业在非洲市场的成功运营不仅树立了中国矿业企业“走出去”的典范，也为中非合作注入了新的动力。

一、华友钴业公司简介

华友钴业成立于2002年，总部位于浙江桐乡经济开发区，主要从事新能源锂电材料和钴新材料产品的研发制造业务，是一家拥有从钴镍资源开发到锂电材料制造一体化产业链，致力于发展低碳环保新能源锂电材料的高新技术企业。

经过十多年的发展积淀，公司完成了总部在桐乡、资源保障在境外，制造基地在中国、市场在全球的空间布局，形成了资源、有色、新能源三大业务板块一体化协同发展的产业格局，三大业务板块在公司内部构成了纵向一体化的产业链条。同时，公司还在布局循环回收板块业务，全力打造从钴镍资源、冶炼加工、三元前驱体、锂电正极材料到资源循环回收利用的新能源锂电产业生态。公司注册资本12129.4383万元，集团现有员工8000余人。2021年营业收入约353.17亿元，同比增加66.69%；2022年上半年营业收入约310.18亿元，同比增加117.01%。[①]

公司2003年“走出去”拓展非洲业务，2006年在非洲刚果（金）投资建厂以来，打造了钴、铜矿冶一体化经营模式，为公司的国内钴产品制造提供了稳定的钴矿原料供应保障。截至2021年5月，公司累计对非投资额近7

① 华友钴业公司数据。

亿美元。其中，公司设立的全资子公司刚果东方国际矿业简易股份有限公司（以下简称 CDM）累计投资达 4.6 亿美元，建成 6 条主要钴铜矿冶产线并持续稳定运行。自 2007 年建成首条产线以来，CDM 在刚果（金）建立了钴铜矿冶一体化的经营模式，拥有自有矿山，稳定提供原料支持公司国内钴产品制造。①

二、企业社会责任在非洲：从边缘到主流

非洲国家资源丰富，在资源领域的开发合作是中非合作的重要内容。资源开发与当地社会经济发展息息相关，非洲各国政府都极为重视，在非从事资源开发的中资企业在履行企业基本职责的同时也要承担企业社会责任。落实企业社会责任是企业尤其是矿企等资源开发型企业必须面对的现实，对企业的可持续发展至关重要。

在 ESG 议程日益受到关注的背景下，企业履行社会责任对于资源开发型企业（如矿企）来说变得更加重要。除了满足法规和道德要求外，企业还能够从中获得多重好处，包括增加利益相关方的信任、降低经营风险、提升品牌价值并获得长期可持续的竞争优势。因此，将 ESG 原则纳入企业战略和运营中成为企业成功的关键之一。在非洲，ESG 的发展呈现积极的势头。尽管不同国家和地区之间存在差异，但整体上，越来越多的非洲企业和利益相关方开始认识到 ESG 对可持续发展和商业成功的重要性，并积极努力推动 ESG 在非洲的发展。因此，在非洲地区，将 ESG 原则纳入企业战略和运营中被视为实现可持续发展和推动商业成功的重要路径。

刚果（金）政府 2002 年颁布的《矿业法典》规定了对投资者非常有利的政策。受益于此，刚果（金）矿业发展迅速，出现了大量新的矿业企业，吸引了大量的外国投资者。2018 年刚果（金）政府出台了新的矿业法典，并

---

① 华友钴业公司数据。

向各大企业提出签订社会责任书的条例，旨在增加刚果（金）政府收益部分、增加刚果（金）人民的权益。

新的法令重点强调了企业社会和环境责任，其中两点更是以往矿业法中未提及的：第一，起草和备案社会责任书。开采性质的矿权持有人或采石持有人在颁发权证之日起，最晚在开始开采之日起6个月内要起草和备案社会责任书。该社会责任书需要取得省政府的批准。第二，社区贡献金。提取营业额中不低于0.3%的资金，用于支持项目社区的发展，造福受采矿业影响的地区的发展基金。该笔资金由矿权持有者的代表以及本项目直接相关的当地社区通过一个法律实体进行管理。

该法令的颁布对CDM在刚果（金）运营产生了重大影响。作为企业公民，CDM致力于履行可持续的社会责任，开展具有影响力的公益项目，让最多的人受益。因此，如何有效地承担企业社会责任，贯彻践行公司负责任的投资哲学是CDM必须面对和解决的问题。

三、华友钴业在非洲：致力于社区共同发展

近年来，ESG的理念融入于实践对于企业运营和投资风险管控、价值创造，并推动商业和整个社会可持续发展的重要意义正逐渐在全球范围内获得各方认同和广泛关注。华友钴业立足于自身的行业性质及为所有合作伙伴和人类社会发展创造价值的目标追求，努力在ESG方面同业务发展匹配，实现行业领先，以深入体现其在全球可持续发展领域的责任担当，巩固推进企业经营与社区建设、生态环境和谐共生发展。

CDM遵守《矿业法典》规定，积极带头履行对社区的承诺，并呼吁矿企自觉承担义务，践行ESG理念，实现可持续发展。公司坚持力所能及、不遗余力地为当地村民解决民生难题，将民生工程作为帮扶重点，在充分了解民情民意的基础上推出符合当地民众需求的项目，坚决不降标准、不拖工期、不减质量，持续为村民办好民生事、办实民生事，主要表现在以下几方面：

（一）完善基础设施建设，促进地方民生福祉

1. 社区太阳能水井捐建

饮水一直是长期困扰非洲村社民众的重大难题，然而当地存在打井成本高和村民普遍贫穷的矛盾现状，仅有的几口手摇水井年久失修、随时有塌井隐患，且取水效率低、耗时长，难以保障村民们的用水需求。为解决村民们的困难，公司连续开出专项资金为村民们打井。2018 年 9 月份，公司出资 3 万美元为 Kamatete 区打了太阳能水井。2019 年 2 月份，公司参照为 Kamatete 区打太阳能水井的成功经验，再度出资 3 万美元，为 Kawama 村修建一口太阳能水井；同年 9 月份，再次出资 3 万美元为 Kawama 村捐建第二口太阳能水井。2020 年 3 月，公司出资 3 万美元，为 Kawama 村偏远地区修建一口太阳能水井。同年 4 月，应周边安保部门联系，在进行实地条件考察之后，出资 3 万美元为其再次修建一口太阳能水井。对每一口捐赠的水井，公司进行动工前及完工后会进行两次水质检测，工程结束后验收，确保水质达标后再移交村民。水井的建设让村民们喝上放心水、健康水的同时，大幅提高了用水效率，缓解了用水难题。

2. CDM 厂区周边及社区道路和水渠整修

CDM 厂区附近居民较多，然而其延伸至利卡西（Likasi）大道的道路崎岖不平，旱季时扬尘大，不利于出行和周边居民身体健康，该区区长也发函请求公司能帮助其整修道路。在工程建设部的配合下，CDM 共花费 43000 美元用于整修该路段，极大便利了周边居民的出行。同时，公司配备一辆洒水车常年为道路洒水降尘，改善道路环境，保障村民安全通行。该区区长发来感谢函，感谢公司对于 Kasapa 社区所做的贡献。

此外，厂区附近的 Kamatete 村及 Kawama 村地势低洼，每年雨季期间，当雨势较大时，村内多处容易形成洪峰，导致积水灌入民房，冲毁民房或生活、生产物资。为帮助当地居民治理水患，让村民免受财产损失，2019 年初，CDM 公司组织了社会责任办公室、安环部和工程部现场勘查并制定了疏

水排涝方案。鉴于该处沼泽地积水不畅通情况会客观长期存在，如果不进行有效疏导，对村庄的影响有可能长期存在，CDM 公司遂出资 15 万美元为村庄修建疏水工程，在沼泽地与 Kawama 村西侧便道之间修筑排水渠，并将 Kawama 村内及下游的水沟重新修缮加宽、加深，将沼泽地内汇流积水通过水渠、村庄内水沟排向村庄下游，彻底解决该处水患问题。

疏水工程在当年 10 月初完工，CDM 公司组织了两次回访验收，证实该疏水工程取得良好效果。通过挖掘疏水沟，降低沼泽地水位；将沿便道流向村庄的水流引至村外，消除了沼泽地水对附近房屋基础浸泡危险；通过村庄内至公路涵管的现有自然水沟进行人工开挖加宽、加深，有利于保障 Kawama 村不受水患影响；经过居民门前水沟上设置混凝土盖板，方便村民通行。通过对 Kawama 村与沼泽地之间道路修复，解决了道路泥泞，坑洼难行问题，方便村庄人员出行，以及村内机动车，摩托车等车辆通行。疏水工程施工过程中，临时聘请了该处相当数量的村民（最多时聘请了 70 余位村民）进入施工，工程的竣工为村民免受水患的同时，也给村民增加了收入。

（二）积极参与公益捐赠，帮扶弱势群体

1. 热心教育开展捐资助学教育事业

教育是发展的根本，CDM 公司从以人为本的角度出发，在当地持续开展各项捐资助学，帮助学校办好教育，帮助学生上好课堂。公司坚持物质支持和精神鼓励并重，让老师和学生感受到公司的关爱，树立起战胜困难的信心。相关做法主要包括：第一，设立 CDM 助学金，每年从周边学校中筛选学生，资助其入学费用，帮助其缓解就学困难，鼓励其继续努力学习。第二，定期为科卢韦齐修女学校捐赠物资。自 2016 年起，CDM 公司定期为科卢维齐修女学校 Bon Pasteur 捐赠物资，每年捐赠物资约 30000 美金。2020 年疫情期间，CDM 也不忘继续履行该职责。第三，向 Lualaba 省教育基金资助 50000 美元。第四，向鲁库尼孤儿院捐赠物资。2020 年，由于新冠疫情的影响，扰乱了世界原有的平静，但在这特殊时期，CDM 公司并未停下公益的脚步。

2020 年 9 月 26 日，公司为鲁库尼孤儿院中心捐赠一批生活物资。2021 年 3 月 29 日，公司积极响应政府倡议，为鲁库尼福利院接通中压电提供资助。项目于 2021 年 6 月份正式通电投入使用，缓解了周边社区的用电难题，受到了当地村民的一致赞赏。

2. 资助 Kawama 村居民义诊

本着造福周边社区的理念，公司为需要的村民提供力所能及的医疗帮助，以促进与周边居民良好关系的发展。公司积极推动 Kawama 村社会事业发展和民生进步，与非政府组织 MOM 诊所合作，于 2019 年 12 月 12 ~ 13 日在 Kawama 村组织了一次义诊活动，主要检查项目包括疟疾、伤寒等，派发相关治疗药品。在 CDM 中刚方医生的陪同参与下，义诊顺利展开，MOM 诊所医生代表和 Kawama 村民赠送 CDM 员工证书以示表彰和感谢。同时，2020 年 9 月，公司为克鲁维齐 MWAGEJI 综合医院捐赠了一套 X 光机以应对疫情期间当地百姓远赴外省或是出国治疗的就医难问题。

（三）共筑抗疫防线，彰显责任担当

2020 年初，新冠疫情席卷全球。在来势汹汹的疫情面前，CDM 公司与当地矿业企业一同履行社会责任，共筑防疫战线。在上加丹加省抗击疫情的关键时刻，中资矿业企业协会表现出对该省防疫工作的大力支持。在中矿协关于防疫捐赠的号召下，公司积极响应，捐赠 10 万美元，加强企业与政府的合作，帮助当地政府防控疫情，为当地抓好疫情防控、落实经济发展作出应有的贡献。2020 年 4 月 18 日，刚果（金）中资矿业企业协会（中矿企协）向刚果（金）上加丹加省政府捐赠 100 万美元。此外，公司周边社区居民普遍贫困，疫情形势变化下缺少自主防疫抗疫的条件，公司周期性地为其捐赠防疫物资，包括一次性口罩、一次性手套、酒精等。

对 CDM 来说，遵守并执行《矿业法典》中的社会责任要求是一项重要任务。2022 年，CDM 和 MIKAS 与厂矿区周边社区签订《社会责任书》，分别承诺在未来五年内投资 425 万美元和 150 万美元用于当地社区道路、供电、

供水、教育、医疗、环境、农业、职业培训等共计35个项目的建设。在接下来的五年里，华友钴业将逐步落实《社会责任书》中承诺的各项项目。公司致力于确保这些社会责任项目的影响力，真正惠及当地社区的民生事业和教育事业，并使社区居民更加有获得感。华友钴业将努力使这些社会责任项目经得起时间的考验，确保其长期的可持续性。

四、案例启示

（一）以改善民生为导向

民生是群众最为关切的问题，CDM从改善民生、基础设施、捐资助学、医疗卫生、资助慈善等方面入手，开展覆盖周边村社、满足村民需要的公益帮扶活动。CDM坚持力所能及、不遗余力地为村民解决民生难题，将民生工程作为帮扶重点，持续为村民办好民生事、办实民生事。在中国企业对非投资的过程中，了解当地的文化、习俗和社会背景非常重要。与当地居民建立良好的沟通和合作关系，深入了解他们的需求和关切，以确保投资项目与当地的实际发展需求相符合。通过与当地居民的互动，中国企业能够更好地理解他们的文化背景和生活方式，并在投资过程中考虑到当地的社会和环境因素。

（二）企社合作强化服务效能

合作是工作的支撑。CDM与当地政府、社区合作，致力于社区调解、加强交流、支持公益、推动当地各项事业发展。采取“请进来、走出去”的方式，加强公司与政府，村长、村民、非政府组织的合作、交流，提高企业开展的服务能力和务实能力。在中国企业对非投资的过程中，与当地政府和社区建立长期稳定的合作伙伴关系至关重要。通过建立互信和共赢的合作框架，企业能够更好地了解当地的需求，并与政府、社区合作，共同制定和实施有针对性的服务项目。通过合作，资源可以得到整合和共享，从而提高服务效能。企业可以共享自身的专业知识、技术和资源，并与政府、社区共同合作，实现优势互补，提供更综合和高效的服务。

（三）履行社会责任需专业化系统化

首先是专业化，CDM 公司设立一个专门的社会责任部门，然后深入研究学习。目前，很多企业把社会责任等同于公益，或者把社会责任等同于做好事，这其实存在偏差。其次是系统化，CDM 公司的社会责任事业渗透到了农业、教育等各个方面，是一个系统的工程。再次是实效性，CDM 公司的每一个社会责任项目是实实在在的，无论是环境保护，还是承担非洲国家的社会责任，都取得了具体的建设成果。CDM 公司追求本土化的社会责任，公司不仅解决了当地政府的经济困难，还为当地的矿业发展，为当地的农业发展，为当地的教育发展都做出了贡献。因此，中国企业在海外投资过程中，履行社会责任需要专业化和系统化的管理方法，注重实效性和本土化，以确保社会责任的有效履行，推动当地社区的可持续发展。

（四）建立有效对外沟通渠道

CDM 公司目前在刚果（金）开办一个杂志，对公司的商业生产经营情况、国内企业信息进行宣传报道，在培训当地员工的同时也对其进行推广。通过对外宣传公司的生产运营状况，使当地居民认可公司的管理，也让当地社区了解公司对当地的发展做出了多大的贡献。公司还设立了一个文化宣传部门，把公司的厂区情况、员工生活工作环境，以及公司的在企业社会责任方面的各种示例进行汇总，然后利用当地的公共媒体做出宣传，树立公司的正面形象，减少负面消息。在中国企业海外投资中，建立有效的对外沟通渠道至关重要。通过沟通渠道，企业可以向公众传递自身的商业运营情况，展示其在社会责任方面的成果，并树立正面的企业形象。这样的沟通不仅增加了公众对企业的了解和认可，还能与当地社区建立紧密的合作关系。

五、结语

华友钴业在履行企业社会责任中采取专业化、系统化、本土化、讲求实效性等做法，创立了履行社会责任的“刚果样板”。CDM 作为刚果（金）具有代表性的矿业企业，践行企业社会责任，除了提高企业自身声誉形象外，还能起到良好的示范作用。CDM 创新公共关系维护方式，遵守国际传媒规律，主动在国际媒体上对社会责任活动进行宣传，不回避问题，让外界和当地居民更加了解其履行社会责任的状况，为诸多中资企业树立了榜样。当今世界，企业社会责任运动方兴未艾，已成为一种潮流和趋势，消费者不仅关注商品的质量和价格，而且关注商品的生产过程是否环保，企业员工是否得到了各种应有的尊重，生产商是否具有社会责任感，是否履行了社会责任等问题。从这个角度而言，本案例具有较好的示范性和可推广性。

浙江省金华市：中非产能合作的“重要窗口”*

黄玉沛**

摘　要： 浙江省金华市坚持以习近平总书记提出的中非合作“九项工程”为指引，在中非合作论坛框架下，深入参与“一带一路”建设，高度重视拓展对非关系，根植优势互补、立足互通有无，积极打造对非合作平台，特别是谋划开展中非经贸论坛暨中非文化合作交流周，汇聚中非合作顶尖资源，务实推动与非洲在经贸等领域开展全方位合作。通过多年不懈坚持，金华市已成为浙江省对非合作交流主阵地，浙非产能合作的地方样板，中非经贸论坛暨中非文化合作交流周升格为省部合作项目，成为浙江省乃至全国对非交往的重要平台之一。

关键词： 金华市；义乌市；中非；产能合作

* 本文在撰写过程中，得到浙江省金华市贸促会、金华海关、义乌市商务局等机构的大力支持，在此一并致谢。

** 作者简介：黄玉沛，浙江师范大学经济与管理学院（中非国际商学院）副教授，校中非经贸研究中心主任。

非洲是“一带一路”倡议的重要参与方，中非在政治、经贸、文化、教育和科技等多领域有深入的合作。近年来，中非贸易不断增长，自2009年以来，中国连续14年稳居非洲最大贸易伙伴国地位。浙江省金华市对非出口长期占据全国地级市首位，对非贸易在金华市对外贸易中占据重要一席。

一、浙江省金华市对非经贸合作概况

据中国海关统计，2022年金华市对非洲进出口总值987.0亿元（见表1），比上年（下同）增长7.2%，但是低于同期全市进出口总体增速9.1个百分点。非洲仅次于欧洲，是金华市第二大贸易市场，占同期浙江省对非贸易总额的29.4%，较上年下降3.9个百分点，占中国对非贸易总额的5.3%。其中，金华市对非洲出口879.4亿元，增长4.0%，低于同期全市出口增速7.9个百分点，占浙江省对非出口总额的33.3%，下降4.2个百分点，占中国对非出口总额的8.0%；自非洲进口107.6亿元，增长43.7%，低于同期全市进口增速15.7个百分点，占浙江省自非进口总额的15.1%，增长0.5个百分点，占中国对非进口总额的1.4%。[①] 2022年，浙江省各地市对非进出口具体情况可参见表1。

表1　2022年浙江省各地市对非进出口占比统计

地市	进出口值			出口值			进口值		
	总额（亿元）	同比（%）	占比（%）	总额（亿元）	同比（%）	占比（%）	总额（亿元）	同比（%）	占比（%）
全省	3353.9	21.2	100.0	2642.3	17.1	100.0	711.6	39.0	100.0
金华	987.0	7.2	29.4	879.4	4.0	33.3	107.6	43.7	15.1
义乌	840.2	10.2	25.1	809.2	7.0	30.6	31.0	407.0	4.4

① 金华海关数据。

续表

地市	进出口值			出口值			进口值		
	总额（亿元）	同比（%）	占比（%）	总额（亿元）	同比（%）	占比（%）	总额（亿元）	同比（%）	占比（%）
宁波	546.7	17.7	16.3	358.1	12.0	13.6	188.7	30.6	26.5
绍兴	430.1	30.5	12.8	399.7	28.1	15.1	30.4	73.5	4.3
杭州	349.0	18.4	10.4	214.7	16.8	8.1	134.3	21.1	18.9
舟山	270.8	89.6	8.1	221.8	71.5	8.4	48.9	263.2	6.9
温州	238.8	28.0	7.1	170.1	18.5	6.4	68.6	59.8	9.6
嘉兴	199.0	27.2	5.9	119.2	24.5	4.5	79.8	31.3	11.2
台州	155.4	12.0	4.6	145.9	12.5	55	9.5	4.2	1.3
湖州	105.2	40.6	3.1	101.2	43.8	3.8	4.0	-9.7	0.6
衢州	57.7	31.8	1.7	18.4	51.9	0.7	39.3	24.2	5.5
丽水	14.2	-5.8	0.4	13.7	3.0	0.5	0.6	-68.7	0.1

注：其中，义乌市是金华市代管的辖县级市，金华市的统计数据包括义乌市以及其他县区的统计数据。

资料来源：金华海关。

2022 年，浙江省金华市对非洲贸易的主要特点包括以下六个方面：

第一，月度进、出口增速多次出现下降。近年来金华市对非贸易一直保持正增长，2022 年进、出口额均创历史新高，但金华市对非洲进、出口增速均现疲态。月度出口涨跌互现，其中有 5 个月同比下降，其中 2 月和 8 月降幅分别达到 37.0% 和 26.3%；月度进口有 4 个月同比下降，其中 4 月和 5 月降幅分别达到 43.8% 和 48.1%。①

第二，南非取代埃及成为金华市在非洲第一大贸易国。2022 年金华市对非贸易前四大贸易国别为南非、刚果（金）、埃及和尼日利亚，分别进出口 88.7 亿元、86.0 亿元、83.4 亿元、74.9 亿元，分别增长 34.8%、增长 24.8%、

① 金华海关数据。

下降22.2%和增长9.3%，合计占同期金华对非贸易总值的33.7%。[①]

第三，出口以机电产品和传统劳动密集型产品为主，进口以资源类产品为主。2022年金华市对非出口机电产品391.2亿元，增长5.0%，占同期金华市对非出口总值的44.5%；出口劳动密集型产品309.5亿元，增长3.5%，占同期金华市对非出口总值的35.2%（见表2）。同期，金华市自非进口未锻轧铜及铜材84.0亿元，增长34.2%，进口农产品13.7亿元，增长102.0%，进口原木5.1亿元，增长167.0%，三者合计占同期金华市自非进口总值的95.5%（见表3）。

表2　　2022年金华对非主要出口商品统计

商品	期间		
	出口值（亿元）	同比（%）	占比（%）
机电产品 *	391.2	5.0	44.5
其中：电工器材	40.2	-3.2	4.6
家用电器	23.9	8.3	2.7
劳动密集型产品 *	309.5	3.5	35.2
其中：塑料制品	86.3	11.6	9.8
纺织制品	72.0	48	8.2
服装	64.0	1.9	73
鞋靴	33.4	-5.8	38
箱包	20.2	11.5	2.3
玩具	17.9	-14.0	2.0
高新技术产品 *	17.6	32.2	2.0
其中：太阳能电池	9.2	81.0	1.0
农业机械	1.4	29.2	0.2

注：标 * 为大类商品，与表内其他商品存在交叉。
资料来源：金华海关数据。

① 金华海关数据。

表 3　　2022 年金华自非主要进口商品统计

商品	期间		
	进口值（亿元）	同比（%）	占比（%）
未锻轧铜及铜材	84.0	34.2	78.1
农产品	13.7	102.0	12.7
其中：干鲜瓜果及坚果	12.7	91.5	11.8
木及其制品	6.3	154.0	5.9
其中：原木	5.1	167.0	4.7
未锻轧铝及铝材	3.0	37.1	2.8
机电产品 *	0.3	64.8	0.3
玻璃及其制品	0.2	16.4	0.1
灯具	0.2	13.8	0.1
金属矿及矿砂	0.1	51.6	0.1
高新技术产品 *	0.1	209.3	0.1

注：标 * 为大类商品，与表内其他商品存在交叉。
资料来源：金华海关数据。

第四，市场采购主力军地位明显，跨境电商贸易快速增长。2022 年金华市对非以市场采购出口 712.5 亿元，增长 1.0%，占对非出口总值的 81.0%；一般贸易方式出口 166.5 亿元，增长 19.5%，占对非出口总值的 18.9%。同期，通过海关跨境电商管理平台对非出口 1.4 亿元，增长 8.5 倍，高于同期对非贸易增速 842.8 个百分点（见表 4）。

第五，综保区进口增长较快。2022 年金华市两综保区（金义、义乌）对非进出口呈快速增长的趋势，占金华市对非贸易总值的 9.3%，提升 2.5 个百分点，其中出口 225.3 万元，增长 8.1 倍，进口 92.1 亿元，增长 46.5%。

第六，县市区发展不平衡。2022 年金华市各县市区对非贸易相对集中，义乌市、金东市、东阳市对非贸易额分别占 85.1%、8.2% 和 1.5%，其中义乌市对非出口 809.2 亿元，占金华市对非出口总值的 92.0%，规模列全国县级首位。自非进口前三位县市区分别为金东、义乌、东阳，分别占 60.9%、

28.8%和5.9%。

表4　　2022年金华市对非进出口主要贸易方式统计

贸易方式	进出口值		出口值		进口值	
	总额（亿元）	同比（%）	总额（亿元）	同比（%）	总额（亿元）	同比（%）
合计	987.0	7.2	879.4	4.0	107.6	43.7
市场采购	712.5	1.0	712.5	1.0	0.0	—
一般贸易	180.6	21.3	166.5	19.5	14.1	48.6
保税物流	93.4	43.7	0.1	-54.1	93.3	43.9
加工贸易	0.3	-73.7	0.2	-71.6	0.1	-75.9
跨境电商*	1.4	770.6	1.4	846.8	0.0	-71.2

注：标*表示此处跨境电商数据与一般贸易有重合。
资料来源：金华海关数据。

2022年，金华市在对非洲贸易增速放缓，其背后的原因值得关注。

从中国方面分析，金华市对多个主要非洲国家贸易增速下滑。2022年，金华市对非贸易前十大贸易国中，埃及、阿尔及利亚和加纳下降明显，分别下降22.2%、25.7%和11.0%，三者合计拉低金华市对非贸易增速4.8个百分点。金华市市场采购出口增速放缓。2022年，金华市对非市场采购出口增速1.0%，低于同期金华市场采购出口增速8.6个百分点。其背后的主要原因是新冠疫情管控之下，外商往来不便，常住义乌市的非洲客商约占义乌市外商总人数的1/4，对非市场采购出口受影响度较大。

从非洲方面分析，非洲部分国家经贸风险加剧。2022年埃及镑相对美元大幅贬值，加上乌克兰危机等造成全球经济震荡，埃及外汇严重短缺。同年3月，埃及央行要求进口必须使用信用证支付，导致大量进口货物无法清关。埃及对外流动性恶化，国际评级机构将埃及外债信用展望从“稳定”降至“负面”。2023年2月，南非宣布进入国家灾难状态，以应对电力供应不足，社会的方方面面均受不同影响。此外，加纳此前发布声明称将暂停支付欧元债券、商业定期贷款和大多数双边义务的债务反映了其经济处于危险状态，同时在全球超级通胀的裹挟下，加纳 2022 年 11 月通胀也已飙升至 50.3%，尼日利亚和撒哈拉以南非洲地区的其他国家也由于通胀上升面临经济社会和政治不稳定的风险。出口企业可能会面临在途货物到达当地港口以后无人收货、无人卸货，停滞在港口产生高额滞港费的严重情况。更有甚者，货物到港时已经无法与买方取得有效联系，导致出口商转卖退运货物渠道不畅，损失不断扩大。

部分非洲地区政治局势动荡，对非贸易风险增加。2022 年非洲经济面临的严重挑战将在 2023 年继续发酵，包括供应链紊乱、沉重的偿债负担，地缘政治和战争造成的不稳定局势，以及地缘冲突和恶劣天气导致的粮食不安全等问题。

2023 年，有 17 个非洲国家举行总统和议会选举，如果某些非洲国家选举不能顺利举行或者难以平稳过渡，将可能引发安全风险，扩大非洲政治安全领域的动荡面。再加上部分新兴工业国家（如南非）既期待中国的资金、技术，又顾虑大量廉价产品涌入对本国市场和制造产业链造成冲击，以上因素给浙江省金华市对非产能合作带来不稳定影响。

二、浙江省义乌市对非经贸合作概况

义乌市是浙江省辖县级市，由金华市代管。近年来，在“一带一路”倡议下，义乌市与非洲经贸往来日益密切。2021 年 1 月 1 日，非洲大陆自贸区正式启动，有望带来更加广阔的市场发展空间。在此背景下，义乌市要把握新一轮中非经贸合作机遇，深度参与非洲大陆经济一体化进程，努力打造中非经贸合作的示范窗口，为中非命运共同体建设作出义乌贡献。

义乌市对非洲经贸往来概况主要表现在以下四个方面：

第一，在进出口方面。2022 年，义乌市对非洲进出口 840.1 亿元，同比增长 10.2%，其中出口 809.1 亿元，同比增长 6.9%，主要由电机、电气设备出口拉动；进口31亿元，同比增长406.4%，主要由铜及其制品进口拉动。

2022年，义乌市对非洲出口最大的商品为电机、电气设备，出口额达911106.7万元，占对非洲出口比重11.7%。其余出口商品以日用消费品为主，有塑料及其制品、服装服饰、玩具及运动用品等（见表5）。

表5 2022年义乌市对非洲出口前十商品

序号	名称	出口额（万元）	同比（%）	比重（%）
1	电机、电气设备	911106.7	1.08	11.7
2	塑料及其制品	898043.9	16.9	11.5
3	钢铁制品	694488.3	5.9	8.9
4	机械器具及其零件	484726.4	13.7	6.2
5	餐具	457667.6	12.6	5.9
6	服装服饰	413919.8	5.32	5.3
7	贱金属工具	364981.7	1	4.7
8	鞋类制品	354829.9	0.29	4.6
9	玩具用品	292998.1	-7.7	3.8
10	玻璃及其制品	241142.3	12.4	3.1

资料来源：义乌市商务局。

2022年，义乌市对非洲进口最大的商品为铜及其制品，进口额达221564.4万元，占对非洲进口比重81.1%，同比增长3738.4%。其余进口商品有食用水果及坚果、冰鲜水产品、家具、木及木制品等（见表6）。

第二，在外资外经方面。义乌市全市目前在非洲境外投资已备案企业12家，中方投资备案额7754.7万美元，涉及埃及、卢旺达、尼日利亚、埃塞俄比亚、安哥拉、南非、乌干达、喀麦隆、肯尼亚等9个国家和地区，涉及行业有：纺织服装、服饰业，商务服务业，橡胶和塑料制品业，农、林、牧、渔业，装卸搬运和仓储业和其他制造业等。

第三，在海外仓方面。目前义乌企业在非自建海外仓9家，涉及6个国家，其中有 2 家被评为浙江省级公共海外仓，具体情况见表 7。

表 6　　2022 年义乌市对非洲进口前五商品

序号	名称	进口（万元）	同比（%）	比重（%）
1	铜及其制品	221564.4	3738.37	81.1
2	食用水果及坚果	36662.6	-22.78	13.42
3	冰鲜水产品	6867.3	15434.9	2.5
4	家具	1534.2	13.8	0.6
5	木及木制品	1509.6	51.2	0.6

资料来源：义乌市商务局。

表 7　　义乌企业在非海外仓分布情况

企业	国家	城市	备注
义乌市华晔国际货运代理有限公司	乌干达	坎帕拉	省级公共海外仓
义乌宝通国际货运代理有限公司	喀麦隆	雅温得	省级公共海外仓
义乌市源源进出口有限公司	喀麦隆	雅温得	—
浙江德源国际货运代理有限公司	刚果（金）	金沙萨	—
浙江晨添大有供应链管理有限公司	卢旺达	基加利	—
义乌楷纳国际货运代理有限公司	埃及	开罗	—
义乌市国赢进出口有限公司	埃及	开罗	—
义乌市源源进出口有限公司	尼日利亚	拉各斯	—
义乌中国小商品城海外投资发展有限公司	卢旺达	基加利	—

资料来源：义乌市商务局。

第四，在民间商会方面。2020 年 1 月 8 日，为搭建中非经贸合作桥梁，整合行业资源，义乌市成立中非商会，140 余家会员企业抱团对接非洲市场，规范对非洲贸易的行业发展。在 2022 年举办的中国（浙江）中非经贸论坛上，义乌市企业代表成功签约义乌小商品采购项目、义乌太阳能出口非洲项目、ACTS 非中贸易解决方案项目三个项目。

结合非洲大陆自贸区经济一体化进程，义乌市着重在开拓非洲市场深度上做足文章，创新提升义非经贸合作的层次和水平，五年内推动义乌市对非贸易跨越 1000 亿元台阶，下一步深耕非洲市场的重点举措包括以下方面：

其一，培育新业态新模式，增强对非贸易优势地位。实施市场采购 2.0 版改革，推动采购、组货、报关等贸易全链条数字化升级，扩大非洲海外仓、“带你到中国”海外展厅布局，为非洲外商提供一站式采购、门到门配送的贸易综合服务。顺应非洲手机购物快速发展趋势，对接和招引国内杭州集酷以及非洲 Kilimall、Jumia、Takealot、BidorBuy 等跨境电商平台，共同开拓非洲电商市场。

其二，推进非洲属地化营销，增强对非品牌优势地位。非洲市场导向以追求性价比为主，与义乌市场物美价廉的契合度很高。引导金华市企业与非洲外商深化合作，研发设计更符合非洲市场需求的小商品，实施“一行一品”非洲品牌建设行动，加大非洲属地化营销力度，打造一批义非小商品品牌。

其三，建设易货贸易数字化平台，增强对非结算优势地位。针对非洲部分国家外汇不足等问题，探索建设小商品出口与资源性产品进口的“多对多”易货贸易平台，优选各类中非经贸合作企业，构建中非易货贸易联盟，畅通中非跨境资金结算通道，助推人民币国际化进程。

其四，搭建义非综合服务平台，增强对非人文交流优势地位。依托义乌市中非商会、采购商服务中心等平台，完善信息收集、共享共用机制，帮助企业找到对非贸易投资机会和合作伙伴。向上争取更多的中非合作配套活动来义乌市举办，深化义非经贸往来、文化交流、人才培养等方面的合作。建立健全中非商事仲裁和调解机制，举办各类涉非商事法律服务培训。

三、金华市与中国（浙江）中非经贸论坛

浙江省金华市坚持以习近平总书记提出的中非合作“八大行动”“四点

主张”“九项工程”为指引，在中非合作论坛框架下，深入参与“一带一路”建设，高度重视拓展对非关系，根植优势互补、立足互通有无，积极打造对非合作平台，特别是谋划开展中非经贸论坛暨中非文化合作交流周，通过多年不懈坚持，金华市已成为浙江省对非合作交流主阵地，中非经贸论坛暨中非文化合作交流周升格为省部合作项目，成为浙江省乃至全国对非交往的重要平台之一。

（一）中国（浙江）中非经贸论坛概况

第一，活动实现迭代升格。2018～2020 年，金华市依托对非合作比较优势，在外交部、商务部、中国国际贸易促进委员会等国家相关部委和浙江省委、省政府的大力支持下，连续举办了三届“中非文化合作交流周暨中非经贸论坛”，主要包含文化交流、经贸对接、论坛研讨、展览展示和产业推介等内容，活动规模和层次逐年提升。2021 年 10 月 8 日，国务院批复同意由中国人民对外友好协会、中国国际贸易促进委员会和浙江省人民政府共同主办 2021 中国（浙江）中非经贸论坛，活动正式升格为省部合作项目。论坛原定于2021 年 11 月 7 日开幕，但由于当时新冠疫情防控需要，只举办了部分线上活动。2022 年中国（浙江）中非经贸论坛暨中非文化合作交流周以“民心相通、文化互鉴、合作共赢”为主题，由中国人民对外友好协会、中国国际贸易促进委员会、中华全国工商业联合会和浙江省人民政府共同主办。

第二，开幕式规格较高。2022 年活动开幕式参加国家和出席大使数量均为历届活动最多。49 个非洲国家和国际组织的 80 位驻华使领馆官员（包括 36 位驻华大使），外交部、商务部主管司局代表，国内对非研究领域的专家学者、相关商协会、海外联络处代表以及省内外涉非重点企业代表、留学生等近 400 人参加会议。津巴布韦总统埃默森·姆南加古瓦，坦桑尼亚总理卡西姆·马贾利瓦，全国政协副主席、全国工商联主席高云龙，浙江省副省长卢山，中国人民对外友好协会副会长李希奎，中国国际贸易促进委员会副会长张慎峰等领导出席会议并致辞。

第三，配套活动特色鲜明。2022 年中国（浙江）中非经贸论坛暨中非文化合作交流周共有 20 场主题鲜明的特色活动，其中，核心活动 2 场，为开幕式和纳入中非合作论坛框架内容的中非联合工商会中方理事会 2022 年度会议。另有配套活动 18 场，包含中非智库论坛第十一届会议第一分论坛等 7 场重要会议论坛、浙江 – 坦桑尼亚贸易投资发展交流会等 3 场经贸洽谈活动、“金彩世界、云涌非洲”云展及海外发布会等 6 场文化交流活动和 2 场展览展示。

（二）中国（浙江）中非经贸论坛活动特点及成效

1. 立足服务国家总体外交大局

论坛活动以国家总体外交为主线，积极探索增进中非人民福祉，突出共商共建共享，增进了中非人民之间的感情，生动诠释了“民心相通、文化互鉴、合作共赢”主题。

（1）聚焦推进经贸文化合作交流。贸易促进工程和人文交流工程是“九项工程”重要组成部分。2022 中国（浙江）中非经贸论坛暨中非文化合作交流周是目前国内唯一实现经贸合作与人文交流有机结合的地方性对非交流活动。在持续推进与非洲经贸合作的同时，通过举办中非文化艺术展播、中非文化艺术海外（非洲）体验展、中非数字艺术作品平面展、《最金华》微纪录片非洲传播季、“金彩世界、云涌非洲”云展及海外发布会和以路为媒——从“坦赞铁路”到“亚吉铁路”艺术作品交流展等一系列文化交流活动展会，推动中国与非洲国家的关系走深走实。

（2）实现境内境外活动联动。配套活动中，“金彩世界 · 云涌非洲”云展发布会先后在坦桑尼亚、埃及举办，这是历届活动中首次在境外举办配套活动。云展在坦桑尼亚、埃及、南非、吉布提、埃塞俄比亚等非洲国家 50 多家媒体和平台全面推广，上线一周点击率超 200 万。与云展同期在非洲多个国家上线“激荡世间热爱”2022 国际（非洲）文化艺术交流展播季、《最金华》微纪录片等文化艺术交流展播活动，其中《最金华》微纪录片已在尼日利亚、坦桑尼亚、肯尼亚、赞比亚等30多个非洲国家正式上线播出，在当地引起良好反响，持续厚植中非合作理念。

（3）打造境内外全媒体宣传矩阵。通过矩阵式宣传，掀起中非合作热潮。开幕式期间，30余家央媒省媒及境外媒体围绕对非经贸合作项目签约、中非贸易指数发布、中非跨境人民币结算中心（浙江）揭牌等活动内容，推出一批重磅外宣报道。其中《人民日报》要闻版、新华社全国通稿、央视《中国新闻》《新闻直播间》两档品牌栏目、中国国际电视台（CGTN）、凤凰卫视等均在开幕式期间推出相关报道。目前在中央和省级主流媒体及境外媒体多平台已累计推出相关报道100余篇（条），吸引境内外广泛关注。

2. 立足服务打造浙江对外开放“重要窗口”

当前，浙江正高水平推进对外开放发展，在高质量发展中奋力推进中国特色社会主义共同富裕先行和省域现代化先行，努力成为新时代全面展示中国特色社会主义制度优越性的“重要窗口”，为浙非合作提供了重要契机和广阔空间。活动紧扣浙江开放发展需求，形成了“一揽子”浙非合作成果。

（1）签约一批浙非合作重大项目。切实发挥平台作用，积极服务与非洲国家的政策沟通和贸易畅通，为与会各方创造更多的合作机会。活动开幕式上，完成了中天建设集团贝宁项目、津巴布韦综合钢厂项目、采购非洲锂原材料项目等系列重大特色项目签约，涵盖工程、投资、贸易等多个领域，签约总金额为579.78亿元。

（2）促成浙江企业开展跨国业务合作。联合国及国际公共采购非洲事务对接会帮助260多家浙江企业注册成为联合国供应商，总投标金额达1亿多美元，中标金额约6000万美元，约占全国中标总额的10%左右。浙江－坦桑尼亚贸易投资发展交流会为一批浙江企业与坦桑尼亚最大工业园区——中坦国家工业园合作提供了交流对接平台，后续将为多方就具体项目的洽谈跟进服务。

（3）持续扩容浙江对非合作智库团队。积极响应浙江省委、省政府“大成集智”战略要求，连续成功举办十一届中非智库论坛，活动纳入中非合作论坛框架。十一年来，智库团队由最初的5人拓展至41人，研究领域覆盖政治、经济、人文、科技等综合领域。

（4）上线“数字中非”平台助力对非合作交流。活动正式上线“数字中非”平台。平台围绕信息资讯、供需对接、商事调解、采购投资、指数分析、文化交流等核心功能，向企业精准推送相关信息和拓展市场资源，辅助政府决策咨询，提供一站式智能平台服务，助力中非全方位合作的渠道更顺畅、服务更高效、产业更优化。

3. 立足服务高水平建设内陆开放枢纽中心城市

浙江省第十五次党代会赋予金华“高水平建设内陆开放枢纽中心城市”发展定位。非洲是金华的重要贸易伙伴，金华已与非洲所有国家建立了贸易关系。本次活动以中非合作为切口，通过务实举办相关配套活动，探索破解内陆开放世界性难题，助力金华加快打造“三大高地”。

（1）顺应婺非合作新形势，助力打造科创智造高地。举办中非产业合作论坛、中非境外税收论坛，交流新形势下中非产业合作与投资的机遇、举措、风险防范以及金华市在非“走出去”企业境外投资涉税政策、税收合规要求和境外税收风险管理等方面问题，加快推进婺非产业深度对接、婺非产业合作转型升级，打造中非产业合作的标杆典范。

（2）把握跨境电商新机遇，助力打造内陆开放制度创新高地。依托金华市“一带一路”最具活力城市优势，对接婺非共享“一带一路”、中国（浙江）自贸区金义片区建设等制度型开放机遇，举办中非跨境电商论坛，抢抓跨境电商发展窗口期，推动跨境电商发展再上新台阶，引导更多金华外贸企业通过跨境电商开拓非洲市场。

（3）探讨教育合作新模式，助力打造国际人文交流高地。举办中非职业教育论坛、浙江省高质量发展智库论坛之“区域国别学学科建设与共建‘一带一路’研讨会”等系列学术交流合作，探索婺非在区域国别学学科建设、职业教育等领域合作，推动教育合作模式创新和金华对非合作各领域人才培养。

（三）中国（浙江）中非经贸论坛的未来展望

金华市以办好中国（浙江）中非经贸论坛暨中非文化合作交流周为契机，切实服务国家总体外交，持续推进构建新时代中非命运共同体，进一步加快落实浙江对非合作计划。

（1）高标准建设中非经贸合作示范区。以构建功能互补、协调互动、错位发展的“1+4+X+Y”布局为总体目标，全力建设中非经贸文化合作交流示范区：“1”即一个综合功能核心区；“4”即重点体现“贸易便利”“产业促进”“能力建设”“人文交流”四个方面的内容；“X”即金华市内多个特色功能支撑区，包括义乌国际商贸城、永康五金城、东阳木材市场、兰溪嘉宝物流、浦江水晶小镇等多个对非交流特色鲜明的市场、物流园区、工业园区等；“Y”即非洲境内多个海外联动发展区。与中铁建设集团有限公司、中华供销总社等实力央企合作，探索国内外多元联动机制。加快推动新型易货贸易试点业务常态化运作，争取早日获批试点。

（2）高层次打造浙非会展平台。持续办好中国（浙江）中非经贸论坛暨中非文化合作交流周，将活动打造成为浙江乃至中国参与“一带一路”倡议“金名片”。积极争取中非民营经济论坛、中非民间论坛等高级别会议论坛落户金华，争取设立相关论坛的永久会址。不断提升中非经贸论坛办会办展水平，比照全国最优的国际性展会留购展品免征进口关税的标准，争取将中非经贸论坛及展会纳入免税政策范围。持续完善中非贸易指数，打造对非贸易风向标。扩大义博会、义乌进博会等成熟展会的非洲进口商品展陈板块，增加展会的非洲元素。鼓励企业在非洲举办金华名品展。

（3）高能级推动对非大宗商品进口。非洲自然资源丰富，森林面积占总面积的21%，铜矿资源丰富，赞比亚铜储量占全世界1/4，与金华市乃至全省产业需求匹配，从非洲进口原材料有广阔的发展空间。金华市将持续鼓励企业到非洲投资铜矿、铝矿、木材等产业，加大对非大宗商品进口。微观上服务区域产能需求，推进制造业企业降本增效；宏观上服务国家战略，助力大宗原材料保供稳价，推进产业链上中下游融通创新。

（4）高水平开展对非医疗产业合作。目前康恩贝集团和万邦德集团已经初步签署合作协议，计划以南非医药健康市场为切入口，辐射其他非洲国家。下一步将以此次合作为契机，依托金华集药品研发、生产、营销于一体的完整产业格局，利用非洲药用植物资源丰富、医疗市场发展空间巨大的特点，持续深化对非医疗产业合作，解决非洲“缺医少药”的难题。

（5）高品质推进对非贸易金融服务配套。以开放经济金融服务改革创新试点为着力点，加快建设内陆开放金融集聚区，构建包含金非经贸供应链金融平台、融资担保机制和风险补偿机制的“一平台两机制”。探索便捷低成本的项目融资方式，扶持担保机构和银行为白名单内企业提供低成本担保融资，完善风险联控机制，建立互助联保机制，防范和化解园区企业信贷融资风险。加快中非跨境人民币结算中心业务开展，加强与中资银行约翰内斯堡分行、南非标准银行等境外金融机构的跨境人民币业务合作，打通跨境人民币清算结算渠道，力争2023年人民币跨境结算量达到1700亿元，中非跨境人民币结算中心结算量达到40亿元。

四、结语

非洲拥有14亿人口，各国正处于经济快速发展期，基础建设、居民消费需求不断增加。即使在国际贸易低迷的背景下，非洲各国对高性价比劳动密集型产品依然有较强的刚性需求，能够承受较大压力和外界宏观经济环境的冲击，各大国将更加重视非洲并采取行动。近年来中非关系不断转型升级，非洲在地缘政治和世界能源格局中的地位进一步提升，中非合作前景持续看好。在上述背景下，为进一步推进金华市与非洲国家产能合作，可以考虑从以下方面采取举措：

（1）依托浙江师范大学优势，进一步深化“文化搭台、经贸唱戏”，推进对非文化、经贸合作发展。充分应用浙师大的非洲文化交流项目，开设中非经贸课程。深化对非文化经贸研究，打造金华对非研究高地，为对非经贸长远发展奠基础。

（2）引导商会、企业家及小微企业主有针对性地开拓非洲市场，同时举办非洲商品展、贸易推介会等多种形式，拓宽对非贸易，拓展对非投资。

（3）搭建交流平台，定期组织相关部门，研究机构及商会、企业代表开展座谈，及时发现问题，解决问题。

（4）强化预警，密切关注经贸动向，做好非洲国家政局判断，市场风险评估，及时发布非洲有关地区最新动态信息，帮助外贸企业提前规避风险。

现代易货贸易：中非产能合作的新机遇

祝亚雄　龚利君*

摘　要： 作为人类最古老的贸易方式，易货贸易如今获得互联网和电子记账等现代技术的支持，在众多发展中国家面临外汇短缺和资金匮乏的背景下，焕发出了新的活力。本文从易货贸易的历史发展和优劣势的分析梳理出发，探索当前外汇资金短缺的发展中各国，尤其是受到美国金融霸权压制中的各国，如何通过新型易货贸易方式，用本国生产的商品和原料，在不需要使用外汇的情况下，从国际市场换回本国需要产品和资源的可能性，并通过一定的实践案例来分析浙江省和非洲各国开展新型易货贸易的可行性。

关键词： 易货贸易；去美元化；中非；产能合作

一、易货贸易及其发展

以货易货作为最古老的交易方式，是在没有使用货币的前提下，一个个人或企业与其他个人或企业之间开展的用自己的货物或服务交换对方的货物

* 作者简介：祝亚雄，浙江师范大学经济与管理学院（中非国际商学院）副教授；龚利君，金华市金义综合保税区建设发展有限公司副总经理。

或服务的市场交易活动。它是双方各自掌握着一定的商品或提供服务的能力，彼此各取所需，运用自己所有的商品或服务换取对方所有的商品或服务的市场交易活动。这种交易活动在货币被发明之前广泛使用，交易双方在平等的基础上，共同确定交易的商品或服务的数量和相对价值。最初这种交易方式往往是终极的，属于为了消费而进行的交易，不会涉及第三方，交易的目的仅为获得自己需要且对方所拥有的商品或所能提供的服务。洪涛把易货贸易分为广义和狭义两种。他认为，不涉及货币结算的以货物或服务进行交换的贸易为广义的易货贸易，包括在本地市场、国内市场和国际市场发生的易货；而狭义的易货贸易则是交易双方缺乏硬通货，而通常用第三国硬通货为记账货币，开展国际以商品或服务进行交换的易货贸易。①

（一）易货贸易的历史演变

据说，易货交易方式最早可追溯到公元前6000多年的美索不达米亚。后来腓尼基人通过易货贸易方式，在跨越地中海与其他地区的城市，开展贸易。古巴比伦人对该交易系统进行了一定的改进，有了法律，通过契约，并引入了金银作为媒介，开展各种动产和不动产交易，用自己的商品来交换食物、茶叶、武器和香料等。② 食盐是经常被交易的标的物，古罗马甚至用食盐来给士兵发放酬劳。在国内，早在《易传》中就有关于易货贸易的记载："日中为市，致天下之民，聚天下之货，交易而退，各得其所。"③ 易货贸易正是源自这种古老的交换模式，古人在集市互相交换、各得所需，没有货币的直接参与。

易货贸易尽管曾经普遍存在，在货币出现之后，却退到了次要地位。以现代货币为媒介的商品和服务的买卖，在很大程度上替代了原来的易货交易。因为传统易货只能实现点对点交易，只有双方正好需要对方产品时，交易才

---

① 洪涛．加快我国现代易货贸易的发展［J］．北京工商大学学报（社会科学版），2007，22（4）：1－5．

② 于殿利．古巴比伦私人农业经济的商业化特征［J］．中国社会科学，2011（2）：208－219，224．

③ 易传·系辞传下·第二章。

能得以实现，局限性很大。20 世纪 30 年代的大萧条时期，市场上通货不足，易货贸易就曾一度再次流行，人们通过易货获得食物和各种服务。这时候也曾出现一些组织和个人，开展类似银行之类的中介活动，促进了易货贸易的发展。交易双方在中介组织开立账户，待交易完成后，换出商品的一方的账户上获得一定的收入，而买方的账户中则会出现一笔负债。

1949 年 11 月，美国就组织了 14 个资本主义国家成立了“巴黎统筹委员会”，以此开始对社会主义国家展开一系列越来越严厉的贸易封锁。1951 年 8 月，美国甚至禁止中国及朝鲜生产的所有货物和这两国货物在其他国家加工的制成品进口到美国。对此，我国中央财政经济委员会不得不在 1950 年宣布，改变国际贸易方式，通过采用易货的办法，尽可能减少对资本主义国家的贸易结算差额；1951 年明确出口办法应该是易货，不是结汇。1951 年 1 月贸易部召开会议，起草《易货贸易管理暂行办法》及其实施细则，提出“先进后出”的易货贸易原则，并规定用四种易货方式开展对外贸易，即直接易货、记账易货、连锁易货和对开信用状易货。同时，我国陆续与波兰、匈牙利等社会主义国家签署易货贸易与支付协定，积极开展与社会主义国家之间的易货贸易。[①] 此后，易货贸易在我国对外贸易中的地位日益上升，一直持续到中美关系解冻。

20 世纪 90 年代，苏联解体前后，中国与苏联、东欧社会主义国家之间的贸易，很多是通过易货贸易的方式进行的。其中最为有名的案例是 1991 年我国民营企业南德公司用大量轻工业产品，500 个火车皮的肉罐头、羽绒服和袜子等，从苏联换回了 4 架图 - 154 客机，并转卖给四川航空公司。该交易成就了新中国成立以来中俄两国之间最大的一笔单项易货贸易。[②] 2008 年，中国还根据云南省的农业发展实际情况，与泰国签订了《中泰蔬菜换成品油易货贸易总的框架协议》，用产自云南的土豆、西红柿、青花、荷兰豆等名

---

① 钱守承．我国对苏联、东欧国家贸易的回顾与展望［J］．学术交流，1991（6）：97 - 98.

② 希子．一个“飞天计划”赢来了“阳光下的利润”“个体户”跨国买飞机［J］．南风窗，1992（8）：14 - 15.

优蔬菜，等价换回泰国的成品油、热带水果和海鲜。①

（二）易货贸易的不足与模式创新

传统易货贸易形式，如果双方需要达成交易，必须同时满足如下条件：一方要拥有或有能力提供对方需要产品或服务；双方都需要对方的产品或服务；双方都有当场交换产品或服务的意愿；双方都判断对方所提供的商品或服务的价值与自己所付出的产品或服务的价值大体相当。以上四个条件缺一不可，所以，仅通过这种原始的交易方式，大规模的市场交易很难实现，这是传统易货贸易的最大不足。

但其好处也显而易见，任何一方都无须多少现金，就可以开展此类贸易活动，且交易相对灵活，交易标的物可以多种多样，几乎任何东西都可以用来交换。人们也可以用自己的服务，交换对方的产品，也可以进行跨期交易。总之，通过易货贸易，双方各取所需却无须现金。

判断交易对方是否信用可靠，标的物是否质量过关是易货贸易的比较复杂之处。因此，易货交易最开始往往局限于熟人或朋友之间。有时候人们还容易高估或低估所交易商品的价值，造成一定的损失。随着市场交易活动和交易需求的不断增加，易货的模式也不断演进，新技术不断被用到易货贸易上来，形成新型易货贸易模式，出现了便利易货交易开展的易货贸易公司或平台。

这些平台公司作为中介，构建起了自己的会员网络，或者用自己的产品或服务换取他人的产品或服务，不是为了自己的消费，而是再次用来换取其他人的产品或服务，从中赚取服务费或差价。有些甚至开发出信用凭证，用其购买其他人生产的产品或服务，记入卖方的账户，然后卖方可以用信用凭证购买该公司关联公司的产品或服务。美国阿特伍德·理查兹贸易公司就属于这一类，它开发了这么一种信用凭证，购买积存大量旧款式、旧型号时装、电子和计算机产品的厂家的存货，付给他们一个贸易信用凭证，而这些厂家

① 陆昱．云南易货贸易发展研究——以“蔬菜换石油计划”为例［J］．学理论，2015（10）：103－104.

就可以用这个信用凭证支付从该公司现有某个联营企业买东西或用于支付供货的货款。①

20 世纪 50 年代美国出现了现代易货贸易模式的雏形。经过六七十年代的发展，到了 20 世纪 80 年代初，现代易货贸易公司已经在美国、加拿大和澳大利亚等国兴起。90 年代，现代易货贸易经历了迅速发展的时期，到了 21 世纪已然成为当代商业的重要部分。

二、新型易货贸易

随着技术的创新与发展，易货公司/平台最早在美国出现，专门为现金不充裕的公司或拥有大量库存的公司，寻找以货易货的机会。不同易货公司或易货贸易平台还推出自己的易货币，扩大自己的市场影响力。互联网技术让易货贸易呈现新的面貌，在国际贸易之中重新引起了人们的重视，形成了现代意义的新型易货贸易方式。

现代易货贸易依托互联网发展所带来的技术优势，各易货公司纷纷建立自己互联网交易平台，实施会员制度，大量吸纳会员，创造了易货币之类的虚拟货币，对会员提供用以易货交易的商品用平台所创造的虚拟货币进行定价，在网络平台上进行展示，供其他会员选择交换。他们还强化虚拟货币在网络交易中的运用，交易各方可以在网络平台交易，每换出一部分商品，换出方在平台商所开立的账户中就记入一笔收入，在该商品的换入方的账户中就记入一笔支出，在一定时间之后，交易各方和平台开始进行结算；它们还与银行卡绑定进行结算，进一步增加易货平台的吸引力。现代易货贸易极大地突破了传统易货贸易的限制，不仅参与对象增加了，交易的空间和时间范围扩大了，交易效率也得到了极大的提高。

由于美国经常利用自身的美元霸权，动辄对其他国家进行制裁，促使

① 债务沉重 外汇短缺 易货贸易今又兴旺［J］. 国际经济合作，1993（3）：58－59.

当事国家纷纷探索新型的国际贸易方式，通过“油换气”“茶换油”等易货贸易方式，继续开展不涉及外汇支付的国际交易模式，从而摆脱美元的控制。例如，为了绕过美国对伊朗的制裁，同时又能满足其国内市场对电力和天然气的需求，伊拉克政府就尝试探索和伊朗开展“油换气”的国际易货贸易。①

（一）新型易货贸易的特征

新型易货贸易在传统易货贸易的基础上，引入了现代信息技术、金融工具和第三方服务等要素，形成了一种更为便捷、高效、安全和灵活的贸易方式，有效解决企业的库存积压、销售不畅、资金短缺和三角债务等问题，提高企业资产周转率和利润率，增强竞争力和抗风险能力。该贸易形式在一定程度上有效匹配市场的供给和需求，提高经济循环的效率。

1. 运用电子商务平台

现代易货贸易开展的基础是互联网技术的迭代升级。运用现代网络技术所构建的电子商务平台拥有即时信息的优势，解决了长期易货双方之间存在信息不对称问题。通过现代互联网技术所搭建的电子商务平台更容易突破传统易货贸易方式在地域和时间上的限制，拓展了现代易货贸易的地域范围，并拉长了易货交易的时间维度，便利易货贸易跨地域、跨时期开展。

2. 创造了新的交易媒介

现代易货贸易平台公司通常会自己创建某种形式的易货币，作为衡量商品或服务价格的尺度，并由此加强对平台上交易双方的监督与控制。此类易货币类似我们日常流通中的货币，平台会以这种自造货币替代现金，作为计价单位和交易媒介在平台内部流通，用于易货贸易平台内会员之间的交易往来记账。换出货物或服务的一方账户上会增加一定额度易货币的记账收入；而换入某种商品或服务的一方其平台账户则会出现一笔以该易货币计价的支

① 李嘉堡，王玺荷．两伊“油换气”或加速“去美元化”［N］．人民日报海外版，2023－07－23.

出。具体实施中，平台通常会把易货币与本国货币进行等值计算。引入了易货币之后，交易各方无须再开展现场即时易货交易，而出现了实现“一对多”“即期对远期”的多种形式的易货贸易。

3. 交易对象多样化

现代易货方式的出现，作为易货交易的对象就不再局限于简单的货物和服务。可以展示用于交换的商品和服务都可以在易货平台上通过文字、图像和影音视频等方式呈现，交易标的物的类型几乎可以无限增加。例如，各种实物产品和旅店客房、机位船位、广告版面等服务可以通过易货方式进行交易；各种无形资产，诸如商标、专利权等也可以在易货平台上进行交换。而交易伙伴也可以轻松突破一个国家的边界。

（二）新型易货贸易的国际实践

现代易货贸易出现在美国，经过近 70 年的发展，已成为全球贸易的重要组成部分，帮助众多企业处置闲置资产、清空积压的库存，增加企业贸易机会，扩展企业的销售渠道。

1979 年，美国成立了国际互换贸易协会（IRTA），保护美国及全世界商务易货业的共同利益并提高交易实务中的规则标准。该协会和美国国会、媒体、联邦及各州政府机构和外国政府一起来进一步实现上述目标。到 1995 年底，IRTA 就有包括商业易货业的领先成员 180 个，分布在美国、加拿大、英国、新西兰、澳大利亚、哥伦比亚、南非、土耳其、阿根廷、法国、比利时、荷兰和冰岛等。2000 年 2 月，中国大连易货交易中心也加入了 IRTA。1982 年另一易货贸易相关组织全美易货交易协会（NATE）成立。这两个协会每年都会召开会议，讨论现代易货贸易发展的问题。NATE 于 1995 年发行了世界上第一种通用易货币，这一事件标志着现代易货贸易方式正式启动；1998 年国际互换贸易协会组建了世界易货结算平台和世界易货贸易通用币（universal currency，UC），UC 是目前世界上最为通用的易货币，标志着现代易货国际化的开始。美国除了有 NATE 之外，还有专门性期刊。《易货新闻》

1979 年在美国创刊，专门介绍各种易货案例。

根据美国财政部消息，全世界商业交易中各类易货交易占总量的 30% 还多。仅在北美洲，通过易货公司（不包括没有通过易货公司的交易，如企业间的直接交换）实现的交易额已超过每年 160 亿美元，有组织开展易货贸易的美国公司达 30 多万家。另据《华尔街时报》统计，有 3000 多家美国、加拿大和墨西哥公司使用“公司易货”开展贸易活动。

（三）新型易货贸易的中国实践

20 世纪 90 年代中后期，易货贸易在中国市场出现，解决企业的存货问题和资金短缺问题，成了现金交易市场的有益补充。因此，中国国内的新型易货贸易主要为作为中小企业去库存而发展起来。① 中小企业规模小、灵活经营且决策迅速，为开展新型易货贸易提供了一定的基础和需求。久旺易货网、易货达、爱巴特、里昂易货和企巴特等易货贸易平台相继出现，为有需求的企业提供了新的营销方式和更多采购销售渠道。但鉴于政策原因，国内平台上易货贸易还没有很好地拓展到国际贸易领域。

在国际贸易方面，我国与苏联和东欧社会主义国家之间的贸易通常以易货贸易形式展开。国务院于 1992 年出台《国务院关于进一步积极发展与原苏联各国经贸关系的通知》，支持我国企业与苏联各国开展跨境易货贸易，提到“凡有易货经营权的企业均可自主经营”，并推出“0130”易货贸易清关模式，有力保障了当时我国与这些国家之间的经贸关系。但是资料显示，该文件已于 2016 年失效，海关仍保留着这一模式，一定程度上方便了我国与其他国家开展的新型国际易货贸易。

中国商业联合会也成立了易货贸易分会（简称：中国商联易货分会）。该分会主办有中国易货节、中国易货贸易经济论坛、中国易货解债高峰论坛、中国易货交易会、中国国际易货贸易创新发展论坛、中国国际易货贸易博览

① 张贝贝，王伟男，伊博丽．易货贸易：中小企业的另一种选择［J］．对外经贸，2013（12）：21－23.

会等活动，以扩大易货贸易影响，交流易货贸易经验，探索易货贸易功能，规范易货贸易工作，开发易货贸易人才，以及扩大国际贸易形态等。同时分会还有电子内刊《中国易货贸易》，宣传行业动态。

三、中非易货贸易发展

新中国成立以来，由于受到西方社会的封锁，并且自身经济发展落后，外汇短缺，曾大量通过易货形式发展国际贸易（包括中非贸易），换回我国经济建设所需要的物资。中国与非洲国家存在一定形式的易货贸易。

（一）中国和埃及之间的易货贸易

20 世纪 50 年代末至 60 年代前期，亚非拉越来越多的国家赢得民族独立，新中国就积极发展同这些国家平等互利、互通有无的贸易关系，签订政府间贸易协定，开展易货贸易、边境贸易、记账贸易、现汇贸易等灵活多样的进出口贸易。例如，从 1956 年开始的 30 年时间里，中国和埃及两国一直在各自政府的主导下，实行记账贸易：贸易由双方国营公司执行，每年通过记账清算。通过这种贸易方式，中国从埃及进口了大量棉花。两国之间一直到 1985 年 1 月 1 日才实行现汇贸易。

（二）中非新型易货贸易实践

在新冠疫情暴发期间，发展中国家因受疫情影响，经济面临巨大压力，一些国家外汇短缺，同时尝试去美元化，尽量少受美元霸权的影响，纷纷提出各自的政策建议，尝试新型国际易货贸易，探索多种渠道联系世界市场。为此，我国各地也纷纷尝试，探索开展多种形态的国际易货贸易渠道，推动国际贸易的进一步发展。2023 年 7 月，我国商务部研究院发布的《中国与非洲经贸关系报告（2023）》指出，我国各地正积极努力探索中非经贸合作新路径新机制，共同推动中非经贸合作高质量发展，为构建新时代中非命运共同体贡献了更多地方力量。[①]

1. 山东省

2022 年 10 月，价值 15.4 万美元的镀锌卷以“0130”的报关方式出关，从山东自贸试验青岛片区发往目的地是肯尼亚的蒙巴萨，同时，货值 15.39 万美元的桉木单板从肯尼亚发出。整个环节都得到海关、税务等监管部门的许可。该单交易是山东自贸试验区济南片区于 2022 年测试完成“衬衣换布料”跨境易货实践后，由青岛港完成的首单跨境易货贸易交易。整个交易过程没有支付外汇，实现了通关、税务、外汇闭环管理，顺利打通跨境易货贸易各个环节。后来又完成用空调换回尼日利亚的芝麻的易货贸易。青岛市积极创新新型易货贸易生态体系，推出流通价值评估系统，形成清存、营销、采购立体易货贸易新模式，通过“易货额度”完成交易，拓展国际贸易流通新渠道。

2. 湖南省

《中国（湖南）自由贸易试验区总体方案》提出，建设非洲在华非资源性产品集散和交易中心，探索开展中非易货贸易等。湖南自贸试验区长沙片区成立湖南省对非易货贸易有限公司，试点采取“一单一报”的方式实现跨境易货贸易，并于 2021 年 9 月完成了用南非共和国的红西柚交换中国产建材和小商品的首单跨境易货贸易。

3. 浙江省

《中国（浙江）自由贸易试验区扩展区域方案》也提出，要支持建设易货贸易服务平台，探索小商品贸易与大宗商品贸易联动的新型易货贸易模式，并建设面向全球的供应链易货交易服务平台等。

2020 年 6 月开始到 2021 年 2 月，宁波保税区完成了“汽配产品换伊朗开心果”的尝试。浙江自贸试验区杭州片区钱塘区块则测试完成了“假发换青铜雕塑”易货贸易。2021 年 1 月这批假发由上海浦东机场发往西非贝宁，

① 中国－非洲经贸博览会秘书处．中国与非洲经贸关系报告（2023）［EB/OL］. https：//caitec.org.cn/n5/sy_gzdt_xshd/json/6415.html，2023－07－10.

返回的货物则是红斑金豹青铜雕塑，以“0130”易货贸易监管方式完成报关，实现双向闭合管理。浙江自由贸易区金义片区则于2022年9月完成了用8万多只铝锅交换尼日利亚公司的铝锭的首单易货贸易测试工作。一系列与非洲国家开展的易货贸易改革尝试，为新型国际易货贸易方式全面服务中非贸易提供了比较完整的经验借鉴。

四、中非新型易货贸易展望

不少非洲国家由于外汇短缺，实行严格外汇管制，同时又存在从国际市场进口商品，满足国内生产和消费的迫切需求。而我国拥有全世界最完整的工业体系，几乎能够全面提供这些所需的产品，同时我们又需要进口各种工业原料用于生产，进口特色农产品等来满足国内多种消费需求。新型国际易货贸易方式可让中非双方各取所需，实现优势互补。我们有理由相信新型易货贸易形式在促进中非产能合作进一步发展方面必然大有可为。

（一）需求巨大

2023年6月，在第三届中国－非洲经贸博览会上，海关总署首次发布了“中国－非洲贸易指数”。指数从2000年基期值的100点，连续上涨到2022年的990.55点，发展形势向好。同时期，中国与非洲的进出口值从不足1000亿元急速上升到1.88万亿元，增长20多倍，年均增速17.7%。中国也连续14年稳居非洲最大贸易伙伴国地位。[①] 2023年以来，多个非洲国家的货币，包括肯尼亚、尼日利亚、中非、南非等，对美元持续走弱，导致国内通胀高涨，急需进口产品却外汇短缺。[②] 显然，中非双边产能合作潜力巨大，如果能够积极发展新型国际易货贸易，彼此之间的贸易必将进一步增长，并

① 中国－非洲贸易指数首次发布［EB/OL］. 新华网，http://m.news.cn/2023-06/29/c_1129724670.htm，2023-06-29.

② 王哲希．美元霸权下的非洲经济体［N］. 国际金融报，2023-07-17.

逐渐降低对美元的依赖。

（二）政策推动

当前国际交易规则和货币制度隐藏着风险与危机，且不断升级，中国急需研究确立相应的贸易战略和货币战略。[①] 恶劣的国际经济形势和去美元化浪潮迫使我国在借鉴以往国际易货贸易经验的基础上，总结经验，制定政策，加快推动新型国际易货贸易在促进中非产能合作中的作用。

2021 年，中国商务部印发了《“十四五”商务发展规划》[②]，明确提出，要“探索发展离岸贸易、新型易货贸易等新型贸易方式”。在该规划指引下，中央政府授权山东省、浙江省和湖南省等省份积极探索开展新型国际易货贸易。

山东省于2021 年9 月发布《山东省对外贸易创新发展实施方案（2021—2022 年)》，提出要实施外贸新业态提升行动，发展新型易货贸易；并于2023 年7 月发布《山东省对非洲经贸合作行动计划（2022—2024 年)》，提出了搭建新型易货贸易综合服务平台等的工作计划。湖南省根据 2021 年 9 月8 日印发的《湖南省“十四五”商务和开放型经济发展规划》，推动外贸创新发展，《中国（湖南）自由贸易试验区条例》于 2022 年 3 月实施，创新易货贸易模式，设立中非经贸合作先行区，推动中非经贸发展。[③] 浙江省于2023 年3 月制定《中国（浙江）自由贸易试验区扩展区域方案》中，提出探索小商品贸易与大宗商品贸易联动的新型易货贸易模式。

这些不同地方发布的各种类型的外贸创新实施方案中，几乎无一例外地指出，要发展新型易货贸易，或选择不同类别的产品开展国际易货，或强调

---

① 邹平座．全球易货贸易制度演进与发展范式研究［J］．经济，2020（5）：52 -54.

② “十四五”商务发展规划［EB/OL］．http：//images. mofcom. gov. cn/zhs/202107/20210708110842898. pdf.

③ 创新易货贸易模式，《中国（湖南）自由贸易试验区条例》出台［EB/OL］．http：//www. chinabarter. org. cn/archives/chuang-xin-yi-huo-mao-yi-mo-shi-zhong-guo-hu-nan-zi-you-mao-yi-shi-yan-qu-tiao-li-chu-tai，2022 -01 -14.

搭建易货贸易服务平台。此类政策文件的发布，鼓励各地努力探索新型国际易货贸易方式，促进中国与非洲经济贸易关系的进一步发展。

（三）中国既有实践的启示

新中国成立之初，面对美国等国家极其严厉的贸易封锁，我们就通过易货贸易方式，开展国际贸易，为新中国的经济发展赢得了一线生机。如今在新的形势下，我们也可以开展新型国际易货贸易，为中非经贸和产能合作扩展新的思路。

1. 探析中非双方各自的现实需求

作为一个大洲，非洲人口众多，市场巨大，需要大量的工业消费品；非洲各国为实现更好的经济发展也需要大量的基础设施建设投入，需要大量来自中国的投资。同时非洲自然资源丰富，拥有巨大的石油、天然气、各种矿产储备。而中国如今是全球第二大经济体，具有最为完备的工业体系，可为非洲提供各种工业制成品，满足其国内之需。中国拥有 14 亿人的市场，对来自非洲的特色产品也同样有着巨大的消费需求，中国经济发展也需要大量的各类资源，这也为非洲资源性产品进入中国提供了巨大机会。通过新型国际易货贸易，中非之间可以在不需要美元等国际货币的前提下，加强经贸合作，绕过美元的盘剥。

2. 加强政府间协调与合作

现代国际贸易管理制度是建立在以货币为媒介的贸易的基础上的，各国海关等政府部门在管理国际贸易的过程中，往往容易依赖遵循传统的监管模式。因此，通过新型国际易货贸易方式开展中非双边贸易，必然会给现有的海关贸易监管流程带来一定的问题，也需要各国相关政府部门之间开展协作，改革并彼此认可对方的监管流程，进而有效促进此类新型国际贸易模式的开展。

3. 建立中非易货贸易平台

在国际互联网基础上形成的电子商务平台，不仅便利了供需双方的交易，也为更大规模的国际易货贸易的开展提供了巨大的机会。为了方便新型国际易货贸易的发展，实现对国际贸易的有效监管，有必要规范各种易货贸易平台，确保平台使用方为从事大规模交易诚信可靠的企业实体，并对交易商品进行更好的标准化安排，进一步降低交易成本，方便国际易货贸易的顺利发展。

4. 建立中非易货贸易管理服务平台

为了便利新型国际易货贸易的发展，降低交易成本，促进海关对国际易货贸易的有效监管，有必要在海关特殊监管区内以国有企业平台为基础，建立易货贸易管理服务平台，为参与国际易货贸易的企业提供仓储、融资和报关等服务。这样可以吸引更多有一定资源的企业投入到中非易货贸易中来。

第二部分

专题报告 · 中非贸易指数

中非贸易指数年度报告（2022年）

孙志娜*

2022年，中美贸易争端加剧，俄乌地缘冲突空前激烈，伴随着新冠疫情的反弹，能源危机、粮食危机和经济危机等全球性危机接踵而至，保护主义、单边主义和民粹主义等逆全球化思潮泛起，世界经济呈现复苏显著放缓态势。与此相反，中非合作依然韧劲十足。2022年是落实中非合作论坛塞内加尔会议各项战略举措与行动计划的开局之年，论坛提出的《达喀尔行动计划（2022—2024）》和中国对非合作“九项工程”为面向新时代建构更加紧密的中非命运共同体提出了新思路和新方向。贸易合作是中非合作的主要内容。2022年，中国与非洲国家进出口额为18786.04亿元，同比增长14.5%，远高于中国整体进出口额7.7%的增长速度。其中，出口额10975.91亿元，同比增长14.8%；进口额7810.14亿元，同比增长14.2%。中国已经连续14年成为非洲的第一大贸易伙伴。不仅如此，全国各省也在积极开拓非洲市场。以浙江省为例，该省是中非贸易的重要窗口，2022年浙江省对非洲出口额为2642.30亿元，在全国对非出口中占比24%，位列各省第一。浙江省对非洲进口额711.57亿元，同比增长38.99%，远高于中国对非洲进口增速。浙江

* 作者简介：孙志娜，浙江师范大学经济与管理学院（中非国际商学院）副教授，校中非经贸研究中心副主任。

省在对非贸易中以市场采购以及民营企业为主要特征的合作模式，为中非贸易深化合作提供了地方经验。因此，以中非贸易情况为切入点，以浙非贸易为典型案例，通过建立一系列贸易指数，科学监测中非贸易合作的发展水平和风险摩擦，有助于从多个维度寻找和培育贸易新增长点，为企业把握市场动态提供“风向标”，进而促进中非贸易高质量发展。

一、中非贸易指数的创新

中非贸易指数依据统计指数理论，选择一系列反映进出口贸易的可量化指标进行综合处理，科学监测双边贸易的发展水平和风险摩擦。不同于国内其他针对特定区域（国别）的贸易指数，中非贸易指数突破了年度、国家和规模层面的限制，实现了维度创新、指标创新和价值创新三个层面的创新。

（一）维度创新

从空间、时间、内容和结果四个维度展开，空间维度包括中国整体①及31个省份与非洲各国或地区之间的贸易活动，时间维度包括年度和月度，内容维度包括贸易变化趋势、潜在风险、影响因素和发展潜力，结果维度通过“数据库＋驾驶舱＋报告”三种形式展示。

（二）指标创新

整个指标体系由贸易发展指数1个一级指标，贸易规模指数（贸易总额和贸易占比）、贸易增速指数（绝对增速和相对增速）、贸易质量指数（商品结构和模式结构）、贸易均衡指数（来源均衡和市场均衡）4个二级指标，以及8个三级指标组成，并区分出口和进口，多方面挖掘中非贸易新增长点。

① 研究不包括我国港澳台地区。

（三）价值创新

目前为止，以海关总署为代表的国家机构已经发布了中国整体以及中国与上合成员国、中东欧、东盟等特定地区的贸易指数，但是尚未有针对中国与非洲贸易指数的研究。中非贸易指数的建立可以为国家对非贸易战略的落地、促进双边贸易高质量发展提供重要的数据支持，为学术研究机构提供信息参考，为企业把握市场动态提供“风向标”。

二、中非贸易指数整体分析

以2019年1月为基期，当期指数为100。数据来自国研网数据库。2022年1～12月，中非贸易指数主要呈现如下特征。

（一）出口方面

1. 从整体来看，中国对非洲出口发展指数变化较为平稳

在2022年1～12月，出口发展指数除2月和4月因春节和新冠疫情反弹叠加因素影响出现明显下降之外，其余月份变化较为平稳，平均值为86，略低于基期水平（见图1）。与之前的年份相比，2022年的出口发展指数变化趋势，与2021年基本一致，比2020年新冠疫情暴发初期更平稳，正在恢复到新冠疫情之前2019年的状态。

2. 从规模看，中国对非洲出口总额表现强劲但在中国出口中占比欠佳

在2022年1～12月，出口规模指数平均值为113，高于基期水平，说明中国对非洲的出口规模表现较为强劲（见图2）。在各月份中，除2月、3月和4月指数低于基期水平之外，其余月份的指数均高于基期水平，并在6月达到128峰值。出口规模指数由总额指数和占比指数组成，其中总额指数的平均值为131，占比指数的平均值为95，前者高于后者，这反映了虽然中国对非洲的出口规模高于基期水平，但是其在中国总出口的占比仍低于基期水平，未来仍需要重视非洲在中国出口中的地位，积极开拓非洲市场。

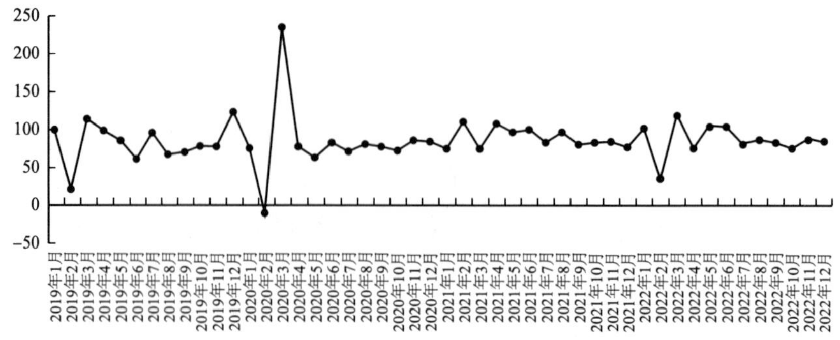

图1　2019年1月～2022年12月出口发展指数变化趋势

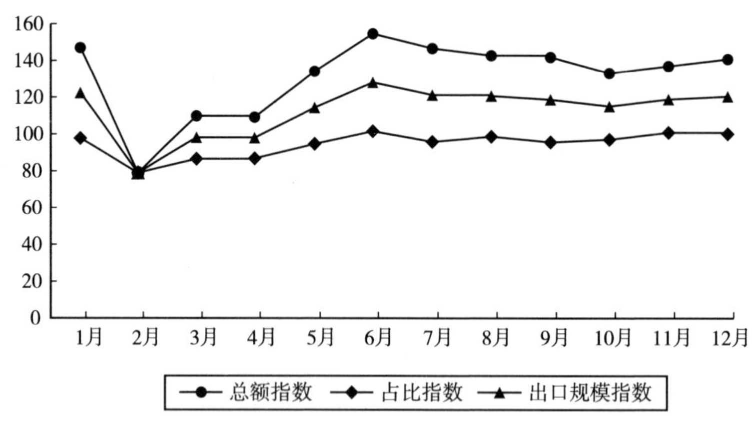

图2　2022年1～12月出口规模指数变化趋势

3. 从增速来看，中国对非洲出口增速不管是绝对值还是相对值均较低

在2022年1～12月，出口增速指数的平均值为28，远低于基期水平，说明受到新冠疫情、逆全球化等多重因素的影响，中国对非洲出口增速尚未恢复到新冠疫情暴发之前的强劲状态（见图3）。出口增速指数分为绝对增速指数和相对增速指数，前者是中国对非洲出口的绝对增速，后者是相对于中国出口的相对增速。相比较而言，在上半年，中国对非洲出口增速指数波动幅度较大，且绝对增速指数整体大于相对增速指数，而下半年中国对非洲出口增速指数、绝对增速指数和相对增速指数均有所收敛。由此可见，激发中国对非洲出口新动能，使其增速恢复到新冠疫情之前是当务之急。

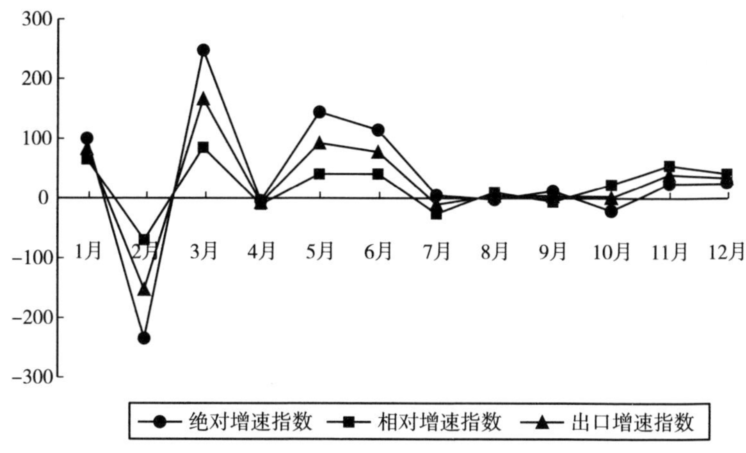

图 3　2022 年 1 ~ 12 月出口增速指数变化趋势

4. 从质量来看，中国对非洲出口呈现结构优化和模式多样的质量提升

在 2022 年 1 ~ 12 月，出口质量指数的平均值为 96，略低于基期水平（见图 4）。出口质量指数包括商品结构指数和模式结构指数，前者的平均值为 99，与基期水平基本持平，后者的平均值为 93，略低于基期水平。具体来看：在出口商品结构中（见图 5），以机电产品和劳动密集型产品为主，两者占比合计约 50%。不过，从指数来看，机电产品指数平均值为 106，高于基期水平，劳动密集型产品指数平均值为 86，低于基期水平，反映了中国对非洲机电产品增长较为强劲，劳动密集型产品增长相对疲软，商品结构日益优化。在出口模式结构中（见图 6），以一般贸易为主，占比平均为 75%，其次为其他贸易，占比平均为 17%，加工贸易占比最小，平均为 8%。从指数来看，一般贸易指数的平均值为 106，加工贸易指数和其他贸易指数的平均值分别为 89 和 83，前者高于基期水平，后两者低于基期水平，反映了一般贸易在中国对非洲出口的强势增长趋势。由于一般贸易代表企业直接参与国际贸易的能力，其附加值高于加工贸易，因此中国对非洲出口的产品附加值普遍较高。除此之外，市场采购和跨境电商等新贸易模式正在助力中国对非洲出口实现稳步增长，不过这种模式的出口潜力尚未完全激发。

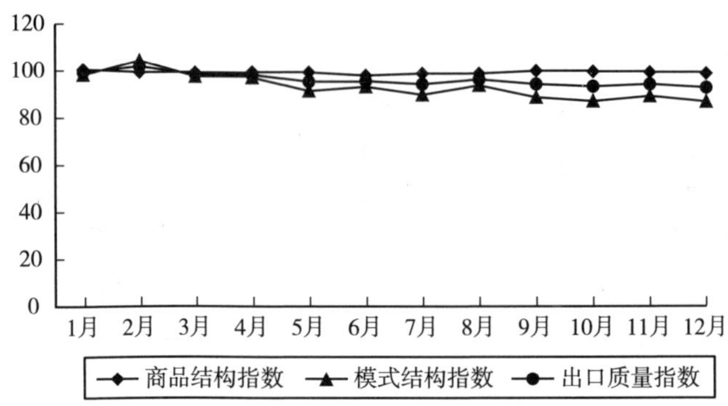

图4　2022 年 1 ~ 12 月出口质量指数变化趋势

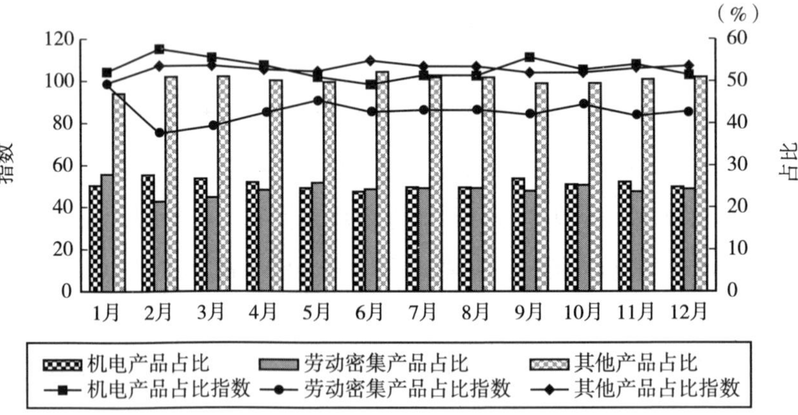

图5　2022 年 1 ~ 12 月出口商品结构变化趋势

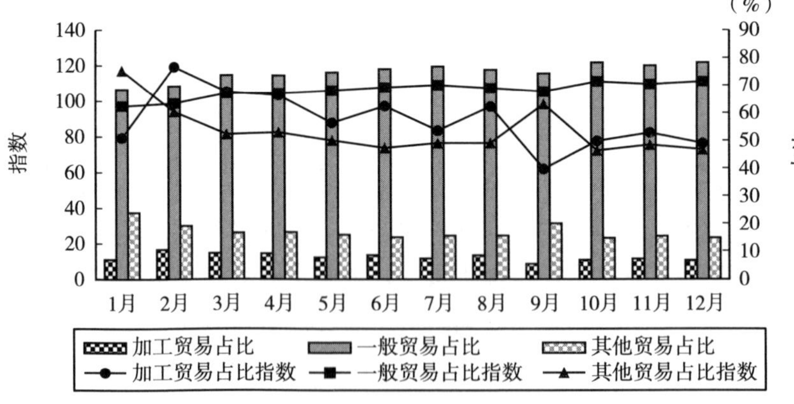

图6　2022 年 1 ~ 12 月出口模式结构变化趋势

5. 从均衡来看，中国对非洲出口的来源和市场实现了双均衡发展

在 2022 年 1 ~ 12 月，出口均衡指数的平均值为 113，高于基期水平（见图 7）。出口均衡指数由来源结构指数和市场结构指数构成，前者的平均值为 125，后者的平均值为 101，两个指数均高于基期水平，并且前者高于后者，这说明中国对非洲出口的区域来源结构和目的地市场结构均实现了平衡发展，不过前者的程度更强。在来源结构中（见图 8），东部省份对非洲出口占比平均值为 67%，是中国对非洲出口的主要来源地区，中部省份和西部省份对非洲出口占比相对较小，平均值分别为 33% 和 10%。但从指数来看，东部省份占比指数平均为 93，略低于基期水平，中部省份和西部省份占比指数分别为 148 和 135，均高于基期水平，反映了中国各省均在积极开拓非洲市场，这体现出东部省份作为最早一批进入非洲市场的先发优势正在淡化，而中部省份和西部省份作为后起之秀正在发挥潜力。在市场结构中（见图 9），非洲中高收入国家在中国出口目的地中占比平均为 67%，其余为低收入国家，占比平均值为 33%。从指数来看，中高收入国家占比指数平均值为 98，低收入国家占比指数平均值为 105，这说明中国与非洲低收入国家的贸易往来具有巨大的潜力。

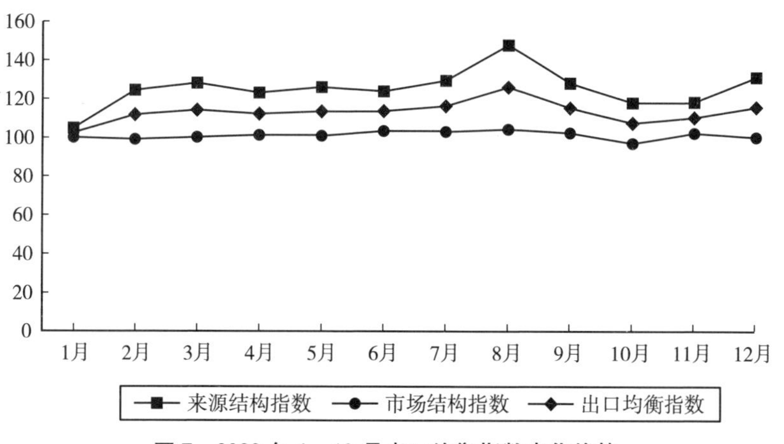

图 7　2022 年 1 ~ 12 月出口均衡指数变化趋势

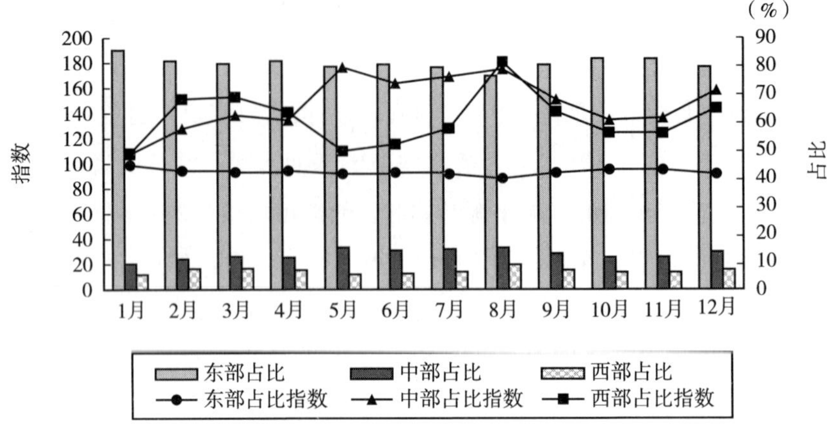

图 8　2022 年 1～12 月出口来源结构变化趋势

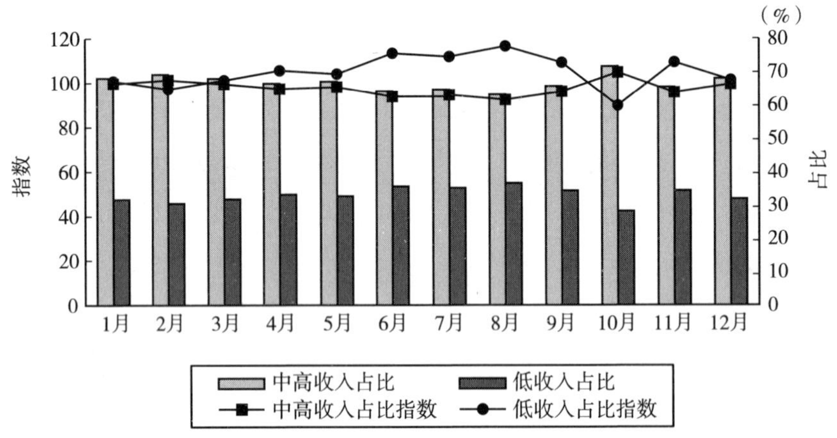

图 9　2022 年 1～12 月出口市场结构变化趋势

（二）进口方面

1. 从整体来看，中国对非洲进口发展指数变化波动幅度较大

在 2022 年 1～12 月，中国对非洲进口发展指数的变化趋势整体呈现 W 形（见图 10），在波动中呈上升趋势，该指数在 2 月和 10 月分别达到前半年和后半年的最高点，分别为 620 和 451，3 月和 7 月分别达到前半年和后半年的最低点，分别为 -259 和 -129，整年的平均值为 131，远高于基期水平。

与之前的年份相比，2022 年中国对非洲进口发展指数的波动幅度，弱于 2021 年和 2022 年，与 2019 年基本一致。中国对非洲的进口也在逐步恢复新冠疫情之前的状况。

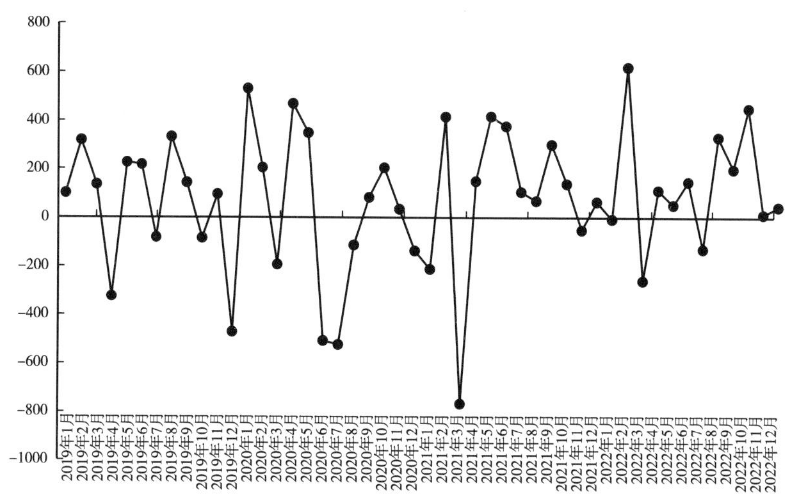

图 10　2019 年 1 月 ~ 2022 年 12 月进口发展指数变化趋势

2. 从规模来看，中国对非洲进口总额及其在中国总进口中占比略显后劲不足

在 2022 年 1 ~ 12 月，中国对非洲进口规模指数的平均值为 101，与基期基本持平（见图 11）。不过，从 8 月开始，该指数从 106 持续下降至 12 月的 86，低于基期水平。在两个细分指数中，进口总额指数的平均值为 113，进口占比指数的平均值为 89，说明中国对非洲进口总额发展依然强劲，但是其在中国总进口中占比的表现欠佳，不过两者从 8 月开始也呈现了下降趋势。

3. 从增速来看，中国对非洲进口不仅绝对增速还是相对增速均较强劲

在 2022 年 1 ~ 12 月，中国对非洲进口增长指数平均为 200，远高于基期水平，在 2 月份达到了 2166 峰值（见图 12）。在细分指数中，绝对增速指数平均为 288，相对增速指数平均为 112，均高于基期水平。中国对非洲进口持续高涨的增速对于促进中非贸易均衡具有重要的推动作用。

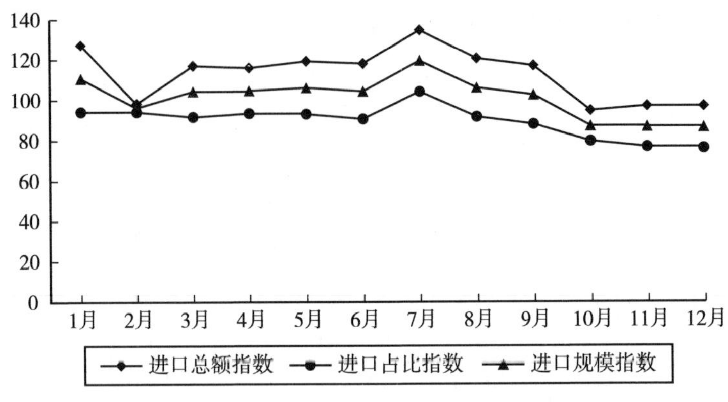

图 11　2022 年 1～12 月进口规模指数变化趋势

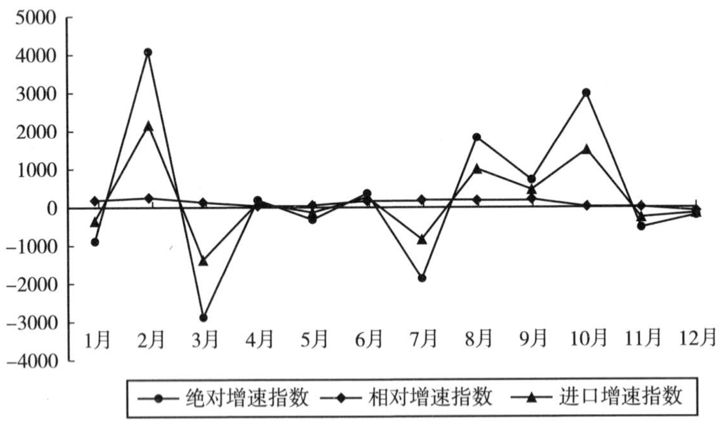

图 12　2022 年 1～12 月进口增速指数变化趋势

4. 从质量来看，中国对非洲进口的商品结构和模式结构均向好发展

在 2022 年 1～12 月，中国对非洲进口质量指数平均为 110，各月份均大于或者等于基期水平（见图 13）。在细分指数中，商品结构指数平均为 126，远高于基期水平。模式结构指数平均为 93，虽然略低于基期水平，但是整体呈上扬趋势。在商品结构中（见图 14），矿产品依然是中国对非洲进口的主要商品，平均占比为 57%，不过该商品的占比指数低于基期水平。制造品和农产品的平均占比分别为 40% 和 3%，而两种商品的占比指数普遍高于基期水平，这种商品结构转变有助于促进非洲出口商品的多样化。在模式结构中

（见图 15），一般贸易是中国对非洲进口的主要贸易模式，占比平均为 79%，加工贸易和其他贸易模式的占比相对较小，平均分别为 9% 和 12%。从指数来看，各月份的一般贸易占比指数和其他贸易模式占比指数普遍均大于基期水平，而加工贸易占比指数远低于基期水平。这说明一般贸易在扩大中国对非洲进口中仍发挥着重要的作用，其他贸易模式如跨境电商和易货贸易正在成为扩大从非洲进口的新增长点。

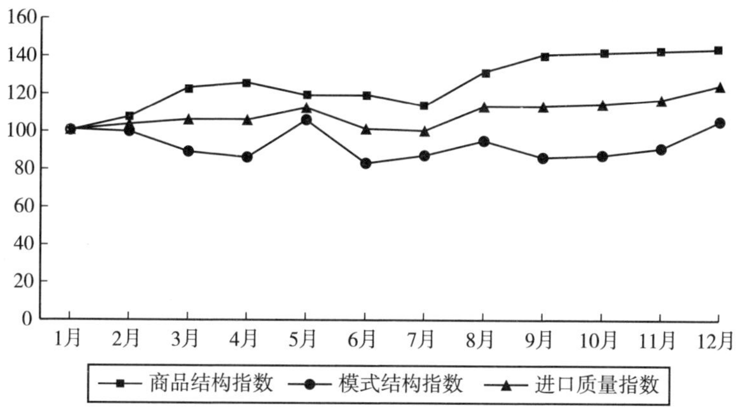

图 13　2022 年 1～12 月进口质量指数变化趋势

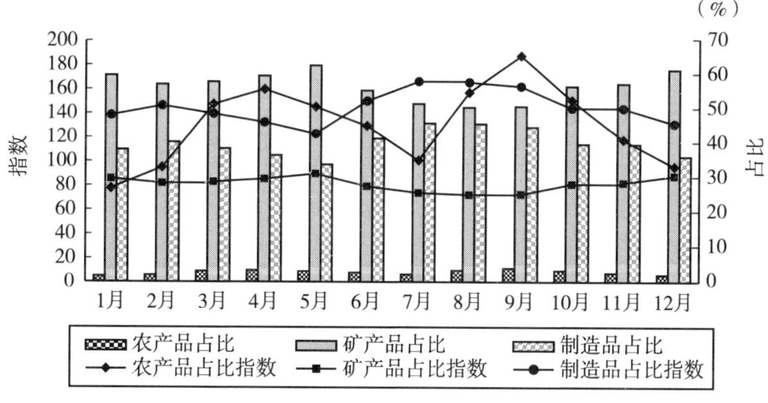

图 14　2022 年 1～12 月进口商品结构变化趋势

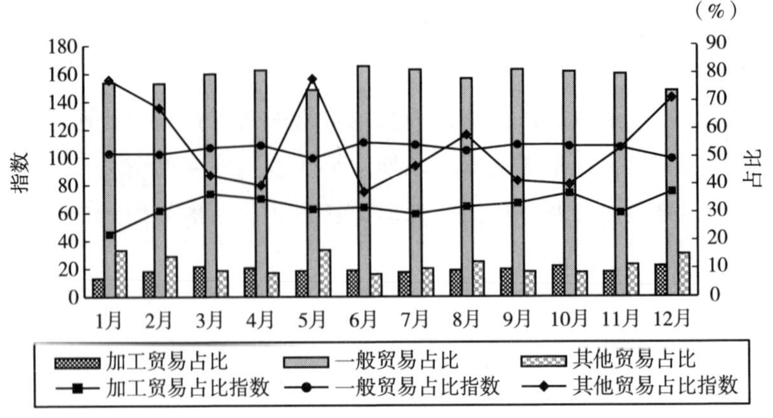

图 15　2022 年 1～12 月进口商品结构变化趋势

5. 从均衡来看，中国对非洲进口的来源结构和市场结构均实现了平衡发展

在 2022 年 1～12 月，中国对非洲进口均衡指数及其两个细分指数来源结构指数和市场结构指数等于或者高于基期水平（见图 16），反映了中国对非洲进口的区域来源结构和目的地市场结构均实现了平衡发展。在来源结构中（见图 17），东部省份在中国从非洲进口中占比平均为 85%，中部省份和西部省份的占比相对较小，分别为 9% 和 6%，不过中部省份和西部省份的占比指数均高于基期水平，呈现了较大的进口潜力。在市场结构中（见图 18），中高收入国家和低收入国家在中国从非洲进口中占比基本持平，并且两者的指数变化趋势趋于一致。

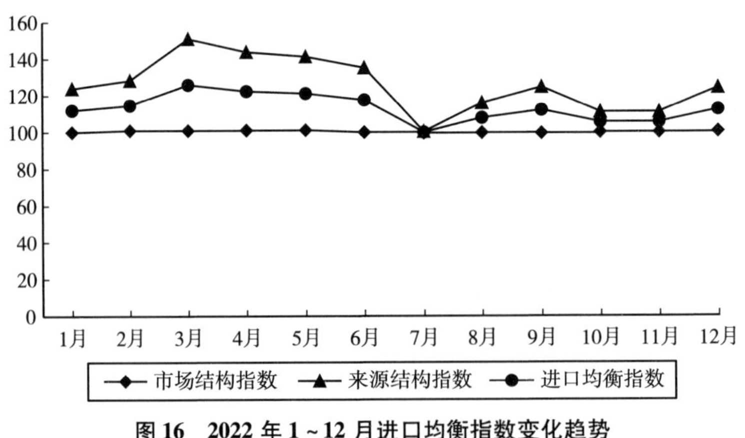

图 16　2022 年 1～12 月进口均衡指数变化趋势

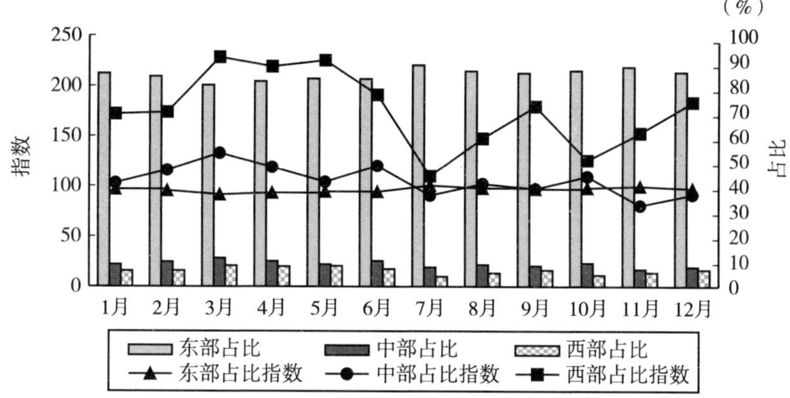

图 17　2022 年 1～12 月进口来源结构变化趋势

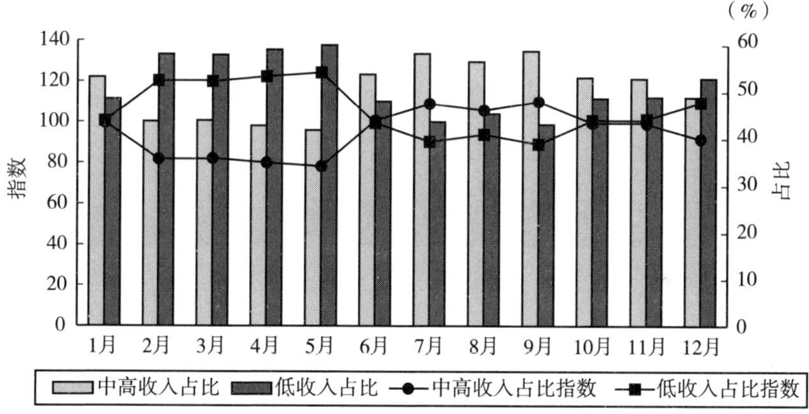

图 18　2022 年 1～12 月进口市场结构变化趋势

三、中非贸易指数浙江省案例

浙江省是中国对非洲贸易的重要窗口。2022 年，浙江省对非洲出口额为 2642.30 亿元，在全国对非出口中占比 24%，位列各省第一。同年，浙江省对非洲进口额 711.57 亿元，同比增长 38.99%，远高于中国对非洲进口增速。下面将利用 2022 年 1～12 月具体的数据，从贸易规模、商品结构、市场结构和模式结构四个方面解析浙江对非洲贸易的发展情况，提供中非贸易指数的地方案例。

（一）浙江省对非洲贸易规模发展平稳

2022 年 1 ~ 12 月，浙江省对非洲贸易规模发展相对平稳（见图 19）。出口方面，1 月出现峰值为 285.61 亿元，2 月出现谷值为 96.30 亿元，之后持续上扬，全年平均值为 220.19 亿元。进口方面，2 月出现谷值为 37.98 亿元，6 月出现峰值为 116.49 亿元，其余月份基本持平，全年平均值为 59.30 亿元。浙江省对非洲贸易在全国对非洲贸易中占比在后半年略有下降，出口方面，1 月出现峰值为 29.09%，10 月出现谷值为 15.08%，全年平均值为 20.69%。进口方面，6 月出现峰值为 17%，10 月出现谷值为 5.63%，全年平均值为 7.93%。

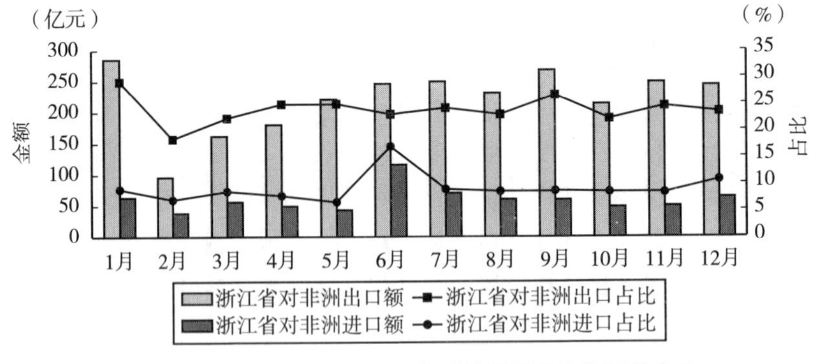

图 19　2022 年 1 ~ 12 月浙江省对非洲贸易总额及其占比

（二）浙江省对非洲贸易商品结构优势互补

在出口商品结构中（见图 20），浙江省对非洲出口占比排名前 5 的商品包括 T11（纺织原料及纺织制品）、T16（机电产品）、T15（贱金属及其制品）、T07（塑胶及其制品）、T05（矿产品），占比合计 75%。这些商品基本上均是浙江省的优势产业，并形成完善的产业集群，例如，柯桥的纺织、台州机电、永康五金、余姚塑料等。在进口商品结构中（见图 21），浙江省对非洲进口相对单一，主要集中在 T15（贱金属及其制品）和 T05（矿产品），分别占比为 60% 和 27%，不过与中国整体有所不同，进口排名第一的商品 T15 属于制

成品，在一定程度上改善了中国从非洲进口过度集中在资源类产品的状况。

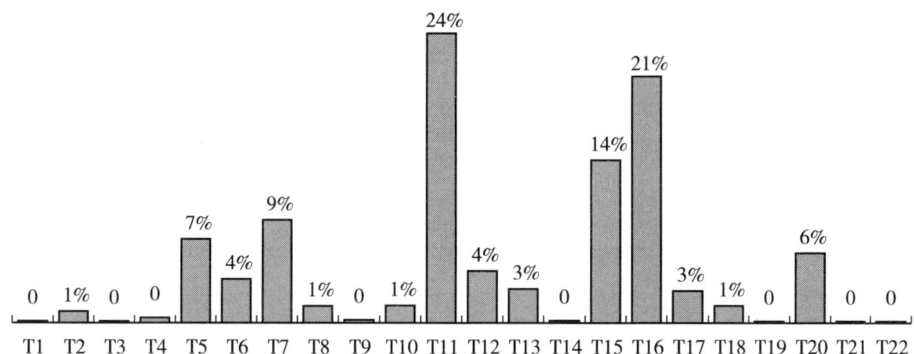

图 20　2022 年 1～12 月浙江省对非洲各商品出口占比平均值

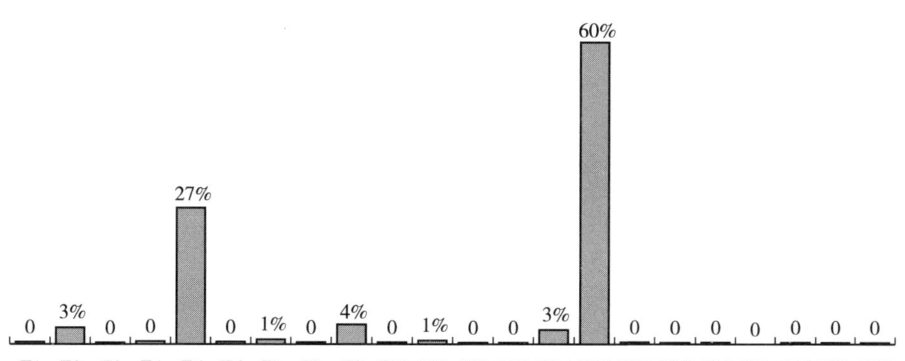

图 21　2022 年 1～12 月浙江省对非洲各商品进口占比平均值

（三）浙江省对非洲贸易市场结构多样化

在浙江省对非洲出口市场结构中（见表 1），排名前 10 的国家有尼日利亚、南非、埃及、利比里亚、阿尔及利亚、坦桑尼亚、肯尼亚、加纳、摩洛哥、塞内加尔，这些国家的占比合计为 70.78%。在这些国家中，利比里亚、坦桑尼亚和塞内加尔属于低收入国家，其余国家属于中高收入国家，说明浙江省在非洲的目的地市场存在一定的多样性。在浙江省对非洲进口市场结构中，排名前10的国家有刚果（金）、南非、赞比亚、安哥拉、刚果（布）、津巴布韦、莫桑比克、尼日利亚、毛里塔尼亚和科特迪瓦，这些国家的占比合计为89.11%，多位于非洲的西部和南部地区。

表1　2022年1～12月浙江省对非洲贸易占比排名前10的国家

排名	出口		进口	
	国家	占比平均值（%）	国家	占比平均值（%）
1	尼日利亚	12.84	刚果（金）	42.92
2	南非	12.56	南非	24.64
3	埃及	11.68	赞比亚	5.96
4	利比里亚	7.25	安哥拉	3.69
5	阿尔及利亚	5.13	刚果（布）	3.23
6	坦桑尼亚	4.78	津巴布韦	2.05
7	肯尼亚	4.73	莫桑比克	1.80
8	加纳	4.42	尼日利亚	1.77
9	摩洛哥	4.28	毛里塔尼亚	1.62
10	塞内加尔	3.12	科特迪瓦	1.43
—	合计	70.78	合计	89.11

资料来源：金华海关。

（四）浙江省对非洲贸易模式结构具有创新性

与全国对非洲贸易基本一致，浙江省对非洲贸易模式也主要采用一般贸易，该类模式占比为60%以上（见表2）。不过，浙江省对非洲贸易模式还呈现两点不同。在出口方面，浙江省对非洲的其他模式占比30.49%，高于全国对非洲的其他模式占比。市场采购属于其他模式的一种，该模式作为一种先行先试的国际贸易改革措施起源于浙江省义乌市，正在成为对非洲出口的一种新兴贸易模式。在进口方面，浙江省对非洲进料加工贸易模式和海关特殊监管区域物流货物模式分别占比10.35%和19.37%，均高于全国对非洲贸易的同类模式占比。一方面，进料加工贸易模式有助于利用非洲的原材料进行国内加工贸易提升产品的附加值；另一方面，海关特殊监管区域包括保税区、出口加工区、保税物流园区、跨境工业园区、保税港区和综合保税区，充分发挥了浙江省自由贸易试验区扩大来自非洲进口的功能，同时也反映了浙江省利用跨境电商扩大来自非洲进口的积极实践。

表 2　2022 年 1～12 月中国和浙江省对非洲贸易各类模式的占比平均值 单位：%

贸易方式	浙江省		全国	
	出口	进口	出口	进口
一般贸易	60.64	69.45	74.84	79.00
无偿援助和赠送的物资	0.00	0.00	0.15	0.00
来料加工贸易	0.19	0.19	0.28	4.24
进料加工贸易	2.32	10.35	7.73	5.15
寄售、代销贸易	0.00	0.00	0.00	0.01
对外承包工程出口货物	0.03	0.00	1.59	0.00
租赁贸易	0.17	0.00	0.05	0.00
保税监管场所进出境货物	5.89	0.63	2.44	7.15
海关特殊监管区域物流货物	0.26	19.37	1.55	4.45
其他	30.49	0.00	11.35	0.01

资料来源：金华海关。

四、中非贸易面临的挑战

（一）中非各自组建自贸区带来贸易转移负效应

尽管 2022 年逆全球化思潮在欧美国家持续发酵，但是以中国和非洲为代表的发展中国家在贸易自由化问题上立场一致，双方均主动顺应趋于经济一体化发展趋势，不断加快自由贸易区建设。在非洲，《非洲大陆自由贸易协定》于2018年签署，2021年1月1日正式启动，非洲大陆自由贸易区成为WTO成立以来按成员方数量计最大的自由贸易区。在亚太地区，中国于2020年签署了《区域全面经济伙伴关系协定》，2022年1月1日正式启动，标志着当前世界上人口最多、经贸规模最大、最具发展潜力的自由贸易区正式成立。非洲大陆自由贸易区和《区域全面经济伙伴关系协定》建立之后，将极大激发非洲区域和亚太地区各自内部的贸易创造，对中非贸易的可持续发展产生一定的贸易转移负效应。

（二）新冠疫情反弹为中非贸易带来诸多不确定

2022年，具有高传染性特征的新冠病毒奥密克戎变异株成为主要的流行毒株，引发疫情在全球再次反弹。在中国，2022年初受新冠疫情影响经济下行压力持续增大，多个停靠上海港的非洲航线被迫取消或延期，在一定程度上影响了对非洲出口。在非洲，虽然新冠疫情管控措施有些放松，但是新冠疫情后的重建压力以及通货膨胀、地缘冲突和极端天气的负面影响，导致非洲的经济增速从2021年的6.9%下降到2022年的4.1%，债务危机在部分国家蔓延，进口需求疲软。[①] 此外，新冠疫情反弹导致中非之间的国际航班多次熔断，自然人的商业往来依然受阻，线下参展和商业考察无法正常开展，均对双边贸易带来了不利的影响。

（三）非洲局部地区动荡引发外贸企业信心不足

非洲的安全问题是中国外贸企业对非开展贸易最担心的问题之一。2022年，非洲和平和安全形势仍面临重大挑战。6月，刚果（金）东部地区武装冲突持续升级，造成人员伤亡和地区安全形势恶化。8月，埃塞俄比亚提格雷冲突再起，社会治安、公共卫生安全及局部武装冲突风险高企。9月，布基纳法索自1月之后再次发生军事政变，局势急剧恶化。此外，南苏丹、莫

① 中国商务部．非洲开发银行认为2021年非洲经济增速达6.9%［EB/OL］．中国商务部网站，http：//ml. mofcom. gov. cn/article/jmxw/202205/20220503315373. shtml，2022-05-03.

桑比克、中非共和国、尼日利亚等仍面临恐怖主义、武装冲突等重大安全挑战。非洲局部地区存在的不稳定因素导致一些中国外贸企业全面拓展非洲市场信心不足。

（四）非洲部分国家实施的贸易禁令限制进出口

出于保护本国产业和人民的健康目的，一些非洲国家实施了贸易禁令，一定程度上对中国与非洲的出口和进口产生影响。在 2022 年，尼日利亚政府表示已禁止进口用于手机的 SIM 卡，改为国内生产。加蓬决定未来减少 30% 的仿制药品进口，涉及每年约 300 多种仿制药品、300 多万片（剂）。冈比亚宣布禁止木材出口，并永久吊销所有木材出口许可证，以打击国内非法采伐的行为。南非决定禁止出口包括铜电缆在内的黑色和有色金属废料及废金属，并对特定的金属半成品实行出口许可制度。喀麦隆、中非、乍得、刚果（布）、赤道几内亚和加蓬 6 个中部非洲经济和货币共同体成员国决定 2023 年 1 月 1 日正式实施原木出口禁令。这些贸易禁令将对中国电子产品和药品向非洲出口，中国从非洲进口金属和原木等产生一定程度的抑制作用。

五、中非贸易高质量发展的建议

（一）鼓励常态化发布中非贸易指数

非洲拥有丰富的自然资源和巨大的人口红利，充满了无限的商机。但是，该地区由于整体经济落后、政治欠稳定、法律不完善，依然是世界上绝对风险水平较高的区域。因此，通过每月发布中非贸易指数反馈中国对非洲出口的变动，能够为企业提供“风向标”，帮助其提前预防贸易合作的风险，抢抓出口机遇。不仅如此，中非贸易指数还可以定期追踪非洲输华商品规模和结构的变化，客观评价中国扩大自非洲进口非资源类产品政策的实施效果，改变国际社会关于中国主要从非洲进口资源的习惯性偏见。

（二）鼓励各省协同创新对非洲合作渠道

当前，中国各省积极开展地方对非合作。浙江省借力跨境电商打开中非贸易合作新通道，广东省通过国际商会成立非洲投资贸易联盟，湖南省设立中非经贸博览会搭建双边合作平台，山东省建立非洲桥服务平台打造对非开放新高地，江苏省以友城交往助推与非洲的经贸交流，湖北省以科技合作推动经贸创新发展。但是，每个省份存在同质化竞争，不利于在非洲发挥规模优势。未来，各省份在结合本地优势创新对非合作渠道的基础上，可以同周边省份协同推进对非开展经贸合作。2022 年 8 月，山西省、安徽省、江西省、河南省、湖北省和湖南省 6 省商务部门签署《中部六省商务部门共同推进对非经贸合作协议》，合力对接中非合作“九项工程”举措落实，为中国区域性对非经贸合作提供了经验借鉴。

（三）支持新业态激发中非贸易活力

市场采购和跨境电商等新型贸易模式正在成为激发中非贸易的新动能。市场采购是专门针对市场多品种、小批量、多批次的交易特点而创制的一种新型贸易模式，它契合了非洲采购商的特点。在浙江省义乌市，市场采购作为其首创的新型贸易模式在该市对非洲出口中占比高达到 85%，使其成为对非贸易合作的重要窗口。湖南省在对非洲出口中也正在开展“海外仓 + 市场采购 + 风险补偿”试点。未来，相关部门可以增设市场采购试点，助推市场采购在中非贸易中规范化、规模化和高质量发展。在进口方面，跨境电商正助力南非的茶、埃塞俄比亚的咖啡、马里的黄油、喀麦隆的白胡椒、科摩罗的香草、马达加斯加的藏红花和塞内加尔的花生等非洲好物打开巨大的中国市场。今后，中非双方可以联合办好“非洲好物网购节日”，通过中非主播直播带货、非洲原产地直播连线等形式提高跨境电商在非洲国家的渗透率。除此之外，传统易货贸易也被创新地应用到中非贸易，但是在实践中需要避免这种模式可能带来的关税流失以及资金非正常跨境转移风险。

（四）创新金融工具为中非贸易护航

针对非洲市场高风险的特点，积极引导金融机构为企业开拓非洲市场提供优质便利的金融服务。南非标准银行于2019年推出“中非出口贸易解决方案”，为标准银行运营区域内的非洲出口商客户牵线搭桥，寻找合适的中国进口商；同时提供贯穿整个出口价值链的指导，快速跟踪出口过程。中国出口信用保险公司于2020年结合非洲国情，为东软医疗提供了“设备+维保+培训+资金”的项目方案建议，并联合国家开发银行设计了风险保障方案，成功在非洲实施融资操作。工商银行和中国银行均积极尝试建立中非跨境人民币结算中心，旨在提升对非跨境金融服务能力。未来，针对非洲的外汇储备短缺、外汇管制严格，金融机构可以提供相应的金融工具增强企业应对非洲汇兑风险的能力，同时联合高校研发中非贸易风险指数和案例库，为企业开拓非洲市场提供更具实操性的指导。

（五）积极打造对非洲贸易合作的浙江模式

浙江省是中非贸易的重要窗口，2022年浙江省对非洲出口额为2642.30亿元，在全国对非出口中占比24%，位列各省第一。浙江省在对非贸易中以市场采购以及民营企业为主要特征的合作模式，为中非贸易深化合作提供了地方经验。未来可以结合该省的优势精准培育“1个论坛+2个示范区+1个中心”，积极打造对非贸易合作新模式。“1个论坛”是指中国（浙江）中非经贸论坛，该论坛已于2022年经国务院批准升格为省部合作项目，未来努力将其建成中非经贸高端学术交流平台。“2个示范区”是指中非市场采购先行示范区和中非数字贸易先行示范区，前者以浙江省义乌市作为首个市场采购试点为抓手，积极探索市场采购与跨境电商等新业态融合发展，推动市场采购出口信用险政府统保项目和市场采购组货人制度在中非贸易的推广和应用；后者依托浙江省在数字经济的领先优势，同非洲国家在数字服务市场准入、国际规制对接、跨境数据流动、数据规范化采集和分级分类监管等方面开展先行先试，实施中非数字营商环境提升计划，推动中非数字贸易蓬勃发展。“1 个中心”为中非贸易便利化服务中心，该中心可以依托贸促会、中非商会整合金融、海关、物流、商检和税务等部门的优势资源，为在华非商和在非华商从事双边贸易提供多语言一站式服务平台，提升双边贸易便利化水平。

中非贸易指数月度报告（2022年）

孙志娜*

一、2022年1月中非贸易指数分析

2022年1月，中国对非洲出口发展指数为102，略高于基期水平，同比增长35%，中国对非洲出口正在恢复到新冠疫情前的水平。

出口规模方面。出口规模指数为122，远高于基期水平，同比增长12.38%。其中，出口总额指数为147，占比指数为98，这反映中国对非洲出口总额发展强劲，但是其在中国总出口的占比略显不足。

出口增速方面。出口增速指数为83，低于基期水平，同比下降16.61%。其中，绝对增速指数为100，相对增速指数为65，这说明中国对非洲出口绝对增速与基期基本持平，但是相对于中国出口总额的速度较弱。

出口质量方面。出口质量指数为99，略低于基期水平，同比下降-0.72%。其中，商品结构指数为100，模式结构为98，说明中国对非洲出口的商品结构和模式结构比较稳定。具体表现为：商品结构方面，机电产品占比指数为104，劳动密集型产品占比指数为98，其他产品指数占比99；模式结构方面，

---

* 作者简介：孙志娜，浙江师范大学经济与管理学院（中非国际商学院）副教授，校中非经贸研究中心副主任。

加工贸易占比指数为79，一般贸易占比指数为97，其他贸易占比指数为118。

出口均衡方面。出口均衡指数为103，略高于基期水平，同比增长4.76%。其中来源结构指数为105，市场结构指数为100，说明中国对非洲出口的省域和目的地分布较均衡。具体表现为：来源结构方面，东部占比98，中部和西部占比均为108；市场结构方面，中高收入国家占比100，低收入国家占比101。

2022年1月，中国对非洲进口发展指数为－7，远低于基期水平。其中，进口规模指数为111，进口增速指数为－350，进口质量指数为101，进口均衡指数为112。由此可见，进口增速的负增长导致中国对非洲进口发展表现不佳。

二、2022年2月中非贸易指数分析

2022年2月，中国对非洲出口发展指数为35，远低于基期水平，同比下降68.21%，春节和新冠疫情反弹重叠因素导致中国对非洲出口表现不佳。

出口规模方面。出口规模指数为79，低于基期水平，同比下降1.67%。其中，总额指数和占比指数均为79，低于基期水平，这反映中国对非洲出口总额及其在中国总出口的占比均略显不足。

出口增速方面。出口增速指数为－152，低于基期水平，同比下降－197.04%。其中，绝对增速指数为－235，相对增速指数为－70，这说明中国对非洲出口绝对增速及相对于中国出口总额的速度均大幅度下降。

出口质量方面。出口质量指数为102，略高于基期水平，同比增长1.59%。其中，商品结构指数为99，模式结构为104，说明中国对非出口的商品结构和模式结构比较稳定。具体表现为：商品结构方面，机电产品占比指数为115，劳动密集型产品占比指数为75，其他产品指数占比107；模式结构方面，加工贸易占比指数为119，一般贸易占比指数为99，其他贸易占比指数为94。这些数据显示当中国对非出口受到负面冲击时，劳动密集型产品和其他贸易模式出口首当其冲。

出口均衡方面。出口均衡指数为 112，略高于基期水平，同比增长 8.50%。其中来源结构指数为 125，市场结构指数为 99，说明中国对非洲出口的省域分布较均衡，目的地市场结构略显不足。具体表现为：来源结构方面，东部占比为 94，中部占比为 128，西部占比为 151。市场结构方面，中高收入国家占比为 101，低收入国家占比为 97。

2022 年 2 月，中国对非洲进口发展指数为 620，远高于基期水平。其中，进口规模指数为 96，进口增速指数为 2166，进口质量指数为 104，进口均衡指数为 115。由此可见，进口增速的强劲增长导致中国对非洲进口向好发展。

三、2022 年 3 月中非贸易指数分析

2022 年 3 月，中国对非洲出口发展指数为 119，高于基期水平，同比上升 58.45%，环比上升 241%。中国对非洲出口正逐渐升温。

出口规模方面。出口规模指数为 98，略低于基期水平，同比增加 18.52%。其中，总额指数为 110，占比指数均为 87，前者高于基期水平，后者低于基期水平，这反映中国对非洲出口总额发展良好，但其在中国总出口的占比均略显不足。

出口增速方面。出口增速指数为 166，高于基期水平，同比增加 835.52%。其中，绝对增速指数为 248，相对增速指数为 85，这说明中国对非洲出口绝对增速表现强劲，但是其相对于中国出口总额的速度表现欠佳。

出口质量方面。出口质量指数为 98，略低于基期水平，同比下降 -0.65%。其中，商品结构指数为 99，模式结构为 97，说明中国对非出口的商品结构和模式结构整体比较稳定。具体表现为：商品结构方面，机电产品占比指数为 111，劳动密集型产品占比指数为 78，其他产品指数占比 107；模式结构方面，加工贸易占比指数为 105，一般贸易占比指数为 105，其他贸易占比指数为 82。数据表明劳动密集型产品和其他贸易模式出口占比均呈现滑落趋势。

出口均衡方面。出口均衡指数为 114，略高于基期水平，同比增长 12.37%。

其中，来源结构指数为128，市场结构指数为100，说明中国对非洲出口的省域分布较均衡，目的地市场结构变化不大。具体表现为：来源结构方面，东部占比93，中部占比为138，西部占比为153，反映了中部和西部省份对非洲出口表现强劲；市场结构方面，中高收入国家占比99，低收入国家占比101。

2022 年 3 月，中国对非洲进口发展指数为 -259，远低于基期水平。其中，进口规模指数为104，进口增速指数为 -1373，进口质量指数为106，进口均衡指数为126。由此可见，进口增速下滑导致中国对非洲进口发展欠佳。

四、2022 年 4 月中非贸易指数分析

2022 年 4 月，中国对非洲出口发展指数为75，低于基期水平，同比下降 -30.28%，环比下降 -37%。年初，具有高传染性特征的新冠病毒奥密克戎变异株成为主要的流行毒株，引发疫情在中国再次反弹。以上海为主的一线城市实行全域静态管理，导致经济下行压力持续增大，多个停靠上海港的非洲航线被迫取消或延期，在一定程度上影响了对非洲出口。

出口规模方面。出口规模指数为98，略低于基期水平，同比下降 -2.23%。其中，总额指为109，占比指数均为87，前者高于基期水平，后者低于基期水平，这反映中国对非洲出口总额发展良好，但其在中国总出口的占比略显不足。

出口增速方面。出口增速指数为 -7，远低于基期水平，同比下降 -105.49%。其中，绝对增速指数为 -4，相对增速指数为 -10，这说明中国对非洲出口绝对增速及其相对于中国出口总额的速度均表现欠佳。

出口质量方面。出口质量指数为98，略低于基期水平，同比下降 -0.94%。其中，商品结构指数为99，模式结构为97，说明中国对非出口的商品结构和模式结构整体比较稳定。具体表现为：商品结构方面，机电产品占比指数为107，劳动密集型产品占比指数为85，其他产品指数占比105；模式结构方面，加工贸易占比指数为103，一般贸易占比指数为104，其他贸易占比指数

为 82。数据表明劳动密集型产品和其他贸易模式出口占比相对于基期均呈下滑趋势。

出口均衡方面。出口均衡指数为 112，略高于基期水平，同比增长 14.21%。其中来源结构指数为 123，市场结构指数为 101，说明中国对非洲出口的省域分布较均衡，目的地市场结构变化不大。具体表现为：来源结构方面，东部占比 94，中部占比为 135，西部占比为 141，反映了中部和西部省份对非洲出口表现强劲；市场结构方面，中高收入国家占比 97，低收入国家占比 106。

2022 年 4 月，中国对非洲进口发展指数为 112，高于基期水平。其中，进口规模指数为 105，进口增速指数为 113，进口质量指数为 106，进口均衡指数为 122。中国对非洲进口在该月有所改善。

五、2022 年 5 月中非贸易指数分析

2022 年 5 月，中国对非洲出口发展指数为 104，高于基期水平，同比增加 8.13%，环比增加 38%。中国对非洲出口开始反弹。

出口规模方面。出口规模指数为 114，高于基期水平，同比增加 7.57%。其中，总额指为 134，占比指数均为 95，前者高于基期水平，后者低于基期水平，这反映中国对非洲出口总额发展良好，但其在中国总出口的占比仍略显不足。

出口增速方面。出口增速指数为 93，略低于基期水平，同比增加 14.98%。其中，绝对增速指数为 144，相对增速指数为 41，这说明中国对非洲出口绝对增速强劲，但是其相对于中国出口总额的速度表现欠佳。

出口质量方面。出口质量指数为 95，略低于基期水平，同比下降 -5.38%。其中，商品结构指数为 99，模式结构为 91，说明中国对非出口的商品结构比较稳定，但是模式结构略显不足。具体表现为：商品结构方面，机电产品占比指数为 101，劳动密集型产品占比指数为 90，其他产品指数占比 104；模式

结构方面，加工贸易占比指数为88，一般贸易占比指数为108，其他贸易占比指数为78。这些数据说明劳动密集型产品、加工贸易和其他贸易模式出口占比相对于基期均呈下滑趋势。

出口均衡方面。出口均衡指数为114，高于基期水平，同比增长17.06%。其中，来源结构指数为123，市场结构指数为101，说明中国对非洲出口的省域分布较均衡，目的地市场结构变化不大。具体表现为：来源结构方面，东部占比92，中部占比为176，西部占比为110，反映了中部和西部省份对非洲出口表现强劲；市场结构方面，中高收入国家占比98，低收入国家占比104。

2022年5月，中国对非洲进口发展指数为52，低于基期水平。其中，进口规模指数为106，进口增速指数为-133，进口质量指数为113，进口均衡指数为121。中国对非洲进口由于增速减缓导致在该月的整体表现不佳。

六、2022年6月中非贸易指数分析

2022年6月，中国对非洲出口发展指数为104，高于基期水平，同比增加4%，环比增加0%。6月中国对非洲出口发展情况与5月一致。

出口规模方面。出口规模指数为128，高于基期水平，同比增加12.18%。其中，总额指为155，占比指数均为102，前者高于基期水平，后者与基期水平基本一致，这反映中国对非洲出口总额及其在中国总出口的占比发展良好。

出口增速方面。出口增速指数为78，低于基期水平，同比下降-8.83%。其中，绝对增速指数为114，相对增速指数为41，这说明中国对非洲出口绝对增速强劲，但是其相对于中国出口总额的速度表现欠佳。

出口质量方面。出口质量指数为95，低于基期水平，同比下降-5.52%。其中，商品结构指数为98，模式结构为93，说明中国对非出口的商品结构比较稳定，但是模式结构略显不足。具体表现为：商品结构方面，机电产品占比指数为98，劳动密集型产品占比指数为85，其他产品指数占比110，机电产品占比和劳动密集型产品占比均小于基期水平，在本年首次出现双下降；

模式结构方面，加工贸易占比指数为97，一般贸易占比指数为108，其他贸易占比指数为73，加工贸易和其他贸易模式出口占比相对于基期均呈下滑趋势。

出口均衡方面。出口均衡指数为114，高于基期水平，同比增长15.35%。其中，来源结构指数为123，市场结构指数为104，说明中国对非洲出口的省域分布较均衡，目的地市场结构变化不大。具体表现为：来源结构方面，东部占比93，中部占比为164，西部占比为115，反映了中部和西部省份对非洲出口表现强劲；市场结构方面，中高收入国家占比98，低收入国家占比113，反映了中国对非洲低收入国家的出口强于对非洲中高收入国家的出口。

2022 年 6 月，中国对非洲进口发展指数为147，高于基期水平。其中，进口规模指数为104，进口增速指数为264，进口质量指数为101，进口均衡指数为118。中国对非洲进口各类指数均高于基期，进口发展趋好。

七、2022 年 7 月中非贸易指数分析

2022 年 7 月，中国对非洲出口发展指数为80，低于基期水平，同比下降 -3.41%，环比下降 -23%。在经历了 5 月和 6 月强劲增长之后，中国对非洲出口开始缓慢发展。

出口规模方面。出口规模指数为121，高于基期水平，同比增加9.84%。其中，总额指为147，占比指数均为96，前者高于基期水平，后者略低于基期水平，这反映中国对非洲出口总额发展强劲，但其在中国总出口的占比略有不足。

出口增速方面。出口增速指数为 -11，低于基期水平，同比下降 -150.75%。其中，绝对增速指数为5，相对增速指数为 -26，这说明中国对非洲出口绝对增速及相对于中国出口总额的速度均表现欠佳。

出口质量方面。出口质量指数为94，低于基期水平，同比下降 -4.44%。其中，商品结构指数为98，模式结构为90，说明中国对非出口的商品结构比

较稳定，但是模式结构略显不足。具体表现为：商品结构方面，机电产品占比指数为103，劳动密集型产品占比指数为86，其他产品指数占比107，机电产品占比恢复到基期水平，但劳动密集型产品占比依然小于基期水平；模式结构方面，加工贸易占比指数为83，一般贸易占比指数为109，其他贸易占比指数为76，加工贸易和其他贸易模式出口占比相对于基期均呈下滑趋势。

出口均衡方面。出口均衡指数为116，高于基期水平，同比增长13.14%。其中，来源结构指数为130，市场结构指数为103，说明中国对非洲出口的省域分布较均衡，目的地市场结构变化不大。具体表现为：来源结构方面，东部占比92，中部占比为169，西部占比为128，中部和西部省份对非洲出口继续表现强劲；市场结构方面，中高收入国家占比95，低收入国家占比112，反映了中国对非洲低收入国家的出口强于对非洲中高收入国家的出口。

2022年7月，中国对非洲进口发展指数为－129，低于基期水平。其中，进口规模指数为119，进口增速指数为－837，进口质量指数为100，进口均衡指数为100。中国对非洲进口放缓增速抑制了中国对非洲进口的整体发展。

八、2022年8月中非贸易指数分析

2022年8月，中国对非洲出口发展指数为87，低于基期水平，同比下降－10.27%，环比上升8%。与上月相比，8月中国对非洲出口发展指数略有改善，但是仍低于基期水平和去年同期水平。

出口规模方面。出口规模指数为121，高于基期水平，同比增加3.27%。其中，总额指为147，占比指数均为96，前者高于基期水平，后者略低于基期水平，这反映中国对非洲出口总额发展强劲，但其在中国总出口的占比略有不足。

出口增速方面。出口增速指数为4，低于基期水平，同比下降－94.33%。其中，绝对增速指数为－2，相对增速指数为10，这说明中国对非洲出口绝对增速及相对于中国出口总额的速度均表现欠佳。

出口质量方面。出口质量指数为96，低于基期水平，同比下降-3.45%。其中，商品结构指数为99，模式结构为94，说明中国对非出口的商品结构比较稳定，但是模式结构略显不足。具体表现为：商品结构方面，机电产品占比指数为102，劳动密集型产品占比指数为86，其他产品指数占比107，劳动密集型产品占比依然小于基期水平；模式结构方面，加工贸易占比指数为97，一般贸易占比指数为107，其他贸易占比指数为76，加工贸易和其他贸易模式出口占比相对于基期均呈下滑趋势。

出口均衡方面。出口均衡指数为126，高于基期水平，同比增长25.68%。其中，来源结构指数为148，市场结构指数为104，说明中国对非洲出口的省域分布较均衡，目的地市场结构变化不大。具体表现为：来源结构方面，东部占比88，中部占比为175，西部占比为181，中部和西部省份对非洲出口继续表现强劲；市场结构方面，中高收入国家占比92，低收入国家占比116，反映了中国对非洲低收入国家的出口强于对非洲中高收入国家的出口。

2022年8月，中国对非洲进口发展指数为332，远高于基期水平。其中，进口规模指数为106，进口增速指数为1001，进口质量指数为113，进口均衡指数为108。与7月相比，8月中国对非洲进口发展呈现较大的改观。

九、2022年9月中非贸易指数分析

2022年9月，中国对非洲出口发展指数为83，低于基期水平，同比增加3.14%，环比下降-4%。与上月相比，9月中国对非洲出口发展指数略有下降，且仍低于基期水平。

出口规模方面。出口规模指数为119，高于基期水平，同比增加6.33%。其中，总额指为142，占比指数均为96，前者高于基期水平，后者略低于基期水平，这反映中国对非洲出口总额发展强劲，但其在中国总出口的占比略有不足。

出口增速方面。出口增速指数为3，低于基期水平，同比下降-45.56%。

其中，绝对增速指数为 12，相对增速指数为 -6，这说明中国对非洲出口绝对增速及相对于中国出口总额的速度均表现欠佳。

出口质量方面。出口质量指数为 96，低于基期水平，同比下降 -7.44%。其中，商品结构指数为 100，模式结构为 88，说明中国对非出口的商品结构比较稳定，但是模式结构略显不足。具体表现为：商品结构方面，机电产品占比指数为 111，劳动密集型产品占比指数为 84，其他产品指数占比 104，劳动密集型产品占比依然小于基期水平；模式结构方面，加工贸易占比指数为 62，一般贸易占比指数为 105，其他贸易占比指数为 98，加工贸易出口占比相对于基期呈显著下滑趋势，其他贸易方式出口占比基本上恢复到基期水平。

出口均衡方面。出口均衡指数为 115，高于基期水平，同比增长 13.08%。其中，来源结构指数为 128，市场结构指数为 103，说明中国对非洲出口的省域分布较均衡，目的地市场结构变化不大。具体表现为：来源结构方面，东部占比93，中部占比为 151，西部占比为 141，中部和西部省份对非洲出口继续表现强劲；市场结构方面，中高收入国家占比 96，低收入国家占比 109，反映了中国对非洲低收入国家的出口强于对非洲中高收入国家的出口。

2022 年 9 月，中国对非洲进口发展指数为 198，高于基期水平。其中，进口规模指数为 102，进口增速指数为 464，进口质量指数为 113，进口均衡指数为 112。9 月，中国对非洲进口继续呈现较好的发展态势。

十、2022 年 10 月中非贸易指数分析

2022 年 10 月，中国对非洲出口发展指数为 76，低于基期水平，同比下降 -8.87%，环比下降 -9%。与上月相比，10 月中国对非洲出口发展指数略有下降，且仍低于基期水平。

出口规模方面。出口规模指数为 115，高于基期水平，同比增加 6.01%。其中，总额指为 133，占比指数均为 97，前者高于基期水平，后者略低于基

期水平，这反映中国对非洲出口总额发展强劲，但其在中国总出口的占比略有不足。

出口增速方面。出口增速指数为1，低于基期水平，同比下降-94.29%。其中，绝对增速指数为-21，相对增速指数为23，这说明中国对非洲出口绝对增速及相对于中国出口总额的速度均表现欠佳。

出口质量方面。出口质量指数为93，低于基期水平，同比下降-5.12%。其中，商品结构指数为99，模式结构为87，说明中国对非出口的商品结构比较稳定，但是模式结构略显不足。具体表现为：商品结构方面，机电产品占比指数为105，劳动密集型产品占比指数为89，其他产品指数占比104，劳动密集型产品占比依然小于基期水平；模式结构方面，加工贸易占比指数为78，一般贸易占比指数为111，其他贸易占比指数为72，加工贸易和其他贸易模式出口占比相对于基期均呈显著下滑趋势。

出口均衡方面。出口均衡指数为93，低于基期水平，同比下降-15.73%。其中，来源结构指数为118，市场结构指数为97，说明中国对非洲出口的省域分布较均衡，目的地市场结构变化不大。具体表现为：来源结构方面，东部占比95，中部占比为135，西部占比为125，中部和西部省份对非洲出口继续表现强劲；市场结构方面，中高收入国家占比105，低收入国家占比90，反映了中国对非洲中高收入国家的出口强于对非洲低收入国家的出口，与其他月份有所不同。

2022年10月，中国对非洲进口发展指数为451，高于基期水平。其中，进口规模指数为87，进口增速指数为1496，进口质量指数为115，进口均衡指数为106。10月，中国对非洲进口继续呈现较好的发展态势。

十一、2022年11月中非贸易指数分析

2022年11月，中国对非洲出口发展指数为87，低于基期水平，同比增加3.33%，环比增加15%。与上月相比，11月中国对非洲出口发展指数略

有上升，但仍低于基期水平。

出口规模方面。出口规模指数为119，高于基期水平，同比增加9.55%。其中，总额指为137，占比指数均为100，前者高于基期水平，后者略低于基期水平，这反映中国对非洲出口总额及其在中国总出口的占比均向好发展。

出口增速方面。出口增速指数为40，低于基期水平，同比增加324.35%。其中，绝对增速指数为24，相对增速指数为55，这说明中国对非洲出口绝对增速及相对于中国出口总额的速度均表现欠佳。

出口质量方面。出口质量指数为94，低于基期水平，同比下降-5.28%。其中，商品结构指数为99，模式结构为89，说明中国对非出口的商品结构比较稳定，但是模式结构略显不足。具体表现为：商品结构方面，机电产品占比指数为108，劳动密集型产品占比指数为83，其他产品指数占比106，劳动密集型产品占比依然小于基期水平。模式结构方面，加工贸易占比指数为82，一般贸易占比指数为109，其他贸易占比指数为75，加工贸易和其他贸易模式出口占比相对于基期呈显著下滑趋势。

出口均衡方面。出口均衡指数为94，高于基期水平，同比下降-20.77%。其中，来源结构指数为119，市场结构指数为102，说明中国对非洲出口的省域分布较均衡，目的地市场结构变化不大。具体表现为：来源结构方面，东部占比95，中部占比为136，西部占比为124，中部和西部省份对非洲出口继续表现强劲；市场结构方面，中高收入国家占比96，低收入国家占比109，反映了中国对非洲低收入国家的出口强于对非洲中高收入国家的出口。

2022年9月，中国对非洲进口发展指数为12，远低于基期水平。其中，进口规模指数为87，进口增速指数为-260，进口质量指数为117，进口均衡指数为106。在经历8月、9月和10月连续三个月强劲发展之后，11月中国对非洲进口有所回落。

十二、2022年12月中非贸易指数分析

2022年12月，中国对非洲出口发展指数为85，低于基期水平，同比增

加10.19%，环比下降 -2%。与上月相比，12月中国对非洲出口发展指数略有下降，且仍低于基期水平。

出口规模方面。出口规模指数为120，高于基期水平，同比增加11.44%。其中，总额指为141，占比指数均为100，前者高于基期水平，后者与基期持平，这反映中国对非洲出口总额及其在中国总出口的占比整体向好发展。

出口增速方面。出口增速指数为34，低于基期水平，同比下降 -322.27%。其中，绝对增速指数为27，相对增速指数为41，这说明中国对非洲出口绝对增速及相对于中国出口总额的速度均表现欠佳。

出口质量方面。出口质量指数为93，低于基期水平，同比下降 -3.51%。其中，商品结构指数为99，模式结构为87，说明中国对非出口的商品结构比较稳定，但是模式结构略显不足。具体表现为：商品结构方面，机电产品占比指数为103，劳动密集型产品占比指数为86，其他产品指数占比107，劳动密集型产品占比依然小于基期水平；模式结构方面，加工贸易占比指数为76，一般贸易占比指数为111，其他贸易占比指数为73，加工贸易和其他贸易方式出口占比相对于基期呈显著下滑趋势。

出口均衡方面。出口均衡指数为93，低于基期水平，同比下降 -22.41%。其中，来源结构指数为131，市场结构指数为100，说明中国对非洲出口的省域分布较均衡，目的地市场结构变化不大。具体表现为：来源结构方面，东部占比92，中部占比为158，西部占比为144，中部和西部省份对非洲出口继续表现强劲；市场结构方面，中高收入国家占比99，低收入国家占比101，反映了中国对非洲低收入国家的出口与对非洲中高收入国家的出口变化基本一致。

2022年12月，中国对非洲进口发展指数为44，远低于基期水平。其中，进口规模指数为86，进口增速指数为 -148，进口质量指数为125，进口均衡指数为112。12月，中国对非洲进口规模和增速均表现欠佳。

中非贸易指数国别报告（2022年）

孙志娜*

非洲共有54个国家，这些国家在经济、政治、文化和法制等方面存在较大差异。为了反映中国与非洲各国贸易的差异性，这里选择南非、尼日利亚、肯尼亚和埃及四个国家作为研究对象，并结合贸易总额指数和商品占比指数，分析2022年中国与这些国家整体和商品进出口的变化趋势。之所以选择这四个国家，原因是它们的经济规模位于非洲前列，是中国在非洲的主要贸易伙伴。这些国家地理位置优越，分别位于非洲的南部、西部、东部和北部，对周边地区具有较大的经济辐射作用，对中非贸易整体发展具有重要借鉴意义。

一、南非

在2022年1~12月，中国对南非的出口总额和进口总额均保持较强劲的发展趋势（如图1所示）。中国对南非各月的出口总额指数均显著大于基期水平，平均值为147。中国对南非各月的进口总额指数，除了4月、5月和11月小于基期水平之外，其余月份均大于基期水平，平均值为129。

---

* 作者简介：孙志娜，浙江师范大学经济与管理学院（中非国际商学院）副教授，校中非经贸研究中心副主任。

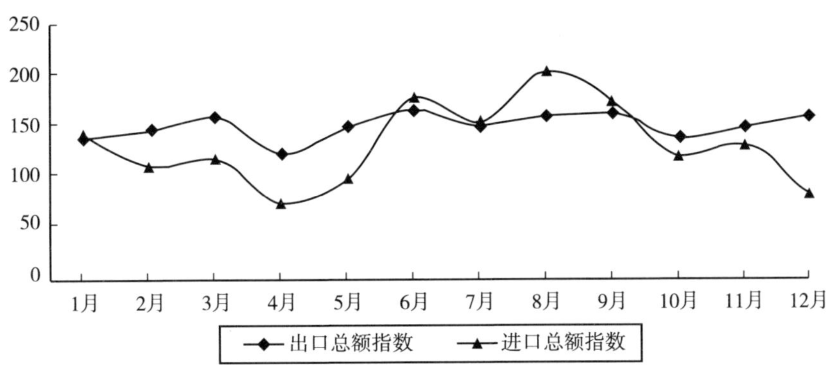

图1 2022年1~12月中国和南非贸易总额指数变化趋势

在出口商品结构中（如图2所示），中国对南非出口占比排名前五的商品包括T16（机电产品）、T11（纺织原料及纺织制品）、T15（贱金属及其制品）、T06（化学工业及其相关工业的产品）、T17（车辆、航空器、船舶及有关运输设备），这些商品占比共计70%。从各商品的占比指数来看（如图3所示），排名前五的商品包括T03（动植物油）、T14（宝石和贵金属、仿首饰）、T17（车辆、航空器、船舶及有关运输设备）、T06（化学工业及其相关

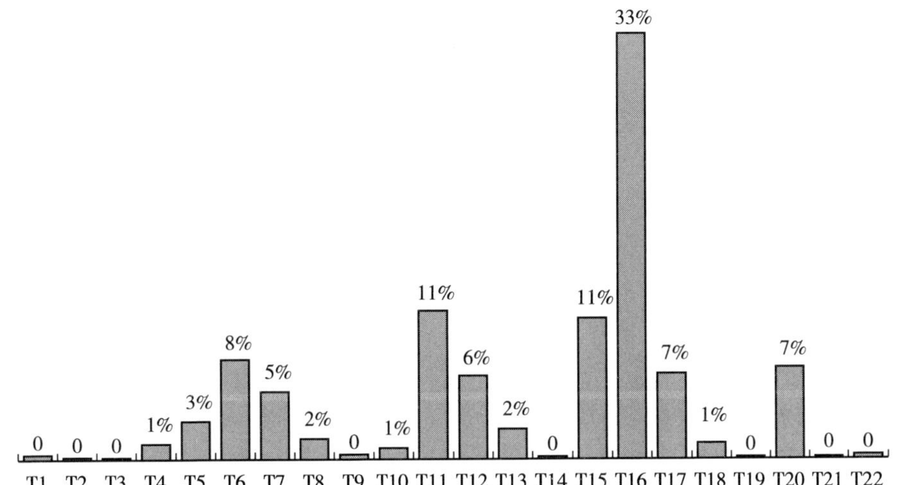

图2 2022年1~12月中国对南非出口各类商品占比的平均值

注：此处是12个月每种商品占比的平均值。

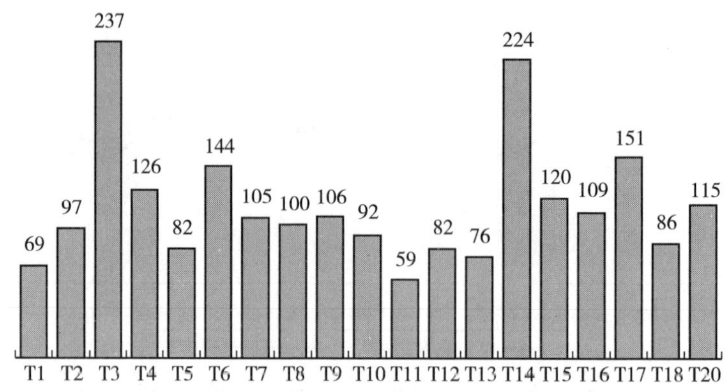

图 3　2022 年 1～12 月中国对南非出口各类商品指数的平均值

注：此处以 2019 年 1 月为基期，当月的指数为 100。

工业的产品）、T15（贱金属及其制品），这些商品的占比指数分别为 237、224、151、144 和 120，说明这些商品的占比比基期分别高 137%、124%、51%、44%、20%，具有较大的出口潜力。

在进口商品结构中（如图 4 所示），中国对南非进口的商品相对单一，主要集中在 T14（宝石和贵金属、仿首饰）、T05（矿产品）、T15（贱金属及其制品），这些商品占比共计 96%。从各商品的占比指数来看（如图 5 所示），排名前五的商品包括 T12（鞋帽伞杖鞭及其零件）、T03（动植物油）、T02（植物产品）、T09（木及木制品）、T15（贱金属及其制品），这些商品的占比指数平均值分别为 3165、999、382、133、127，说明这些商品的占比比基期分别高 3065%、899%、282%、33%、27%，具有较大的进口潜力。不仅如此，这些商品均多属于非资源类商品，有助于提高南非的出口多样化。

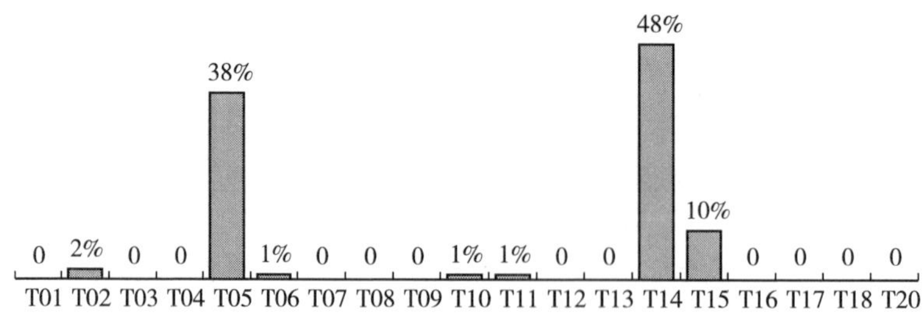

图 4　2022 年 1～12 月中国对南非进口各类商品占比平均值

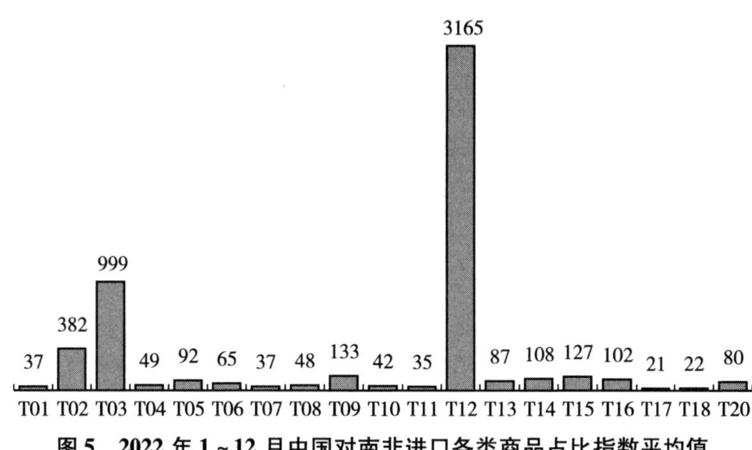

图 5　2022 年 1～12 月中国对南非进口各类商品占比指数平均值

二、尼日利亚

在 2022 年 1～12 月，中国对尼日利亚的出口总额表现强劲，而进口总额表现欠佳。具体数据表现为（如图 6 所示）：各月出口总额指数的平均值为 137，远高于基期水平。与之相反，进口总额指数除了 5 月达到 281 外，其余月份的值均低于基期水平，平均值仅为 79。

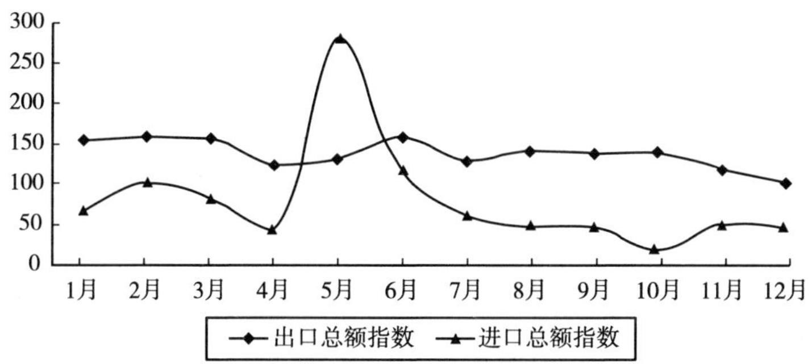

图 6　2022 年 1～12 月中国和尼日利亚贸易总额指数变化趋势

在出口商品结构中（如图 7 所示），中国对尼日利亚出口占比排名前五的商品包括 T16（机电产品）、T11（纺织原料及纺织制品）、T15（贱金属及其制品）、T07（塑胶及其制品）、T06（化学工业及其相关工业的产品），这些商品占比合计73%。从各商品的占比指数来看（如图8所示），排名前五的商品为T14（宝石和贵金属、仿首饰）、T03（动植物油）、T08（皮革及制品）、T12（鞋帽伞杖鞭及其零件）、T20（杂项制品），这些商品的占比指数平均值分别为260、166、158、138和123，出口潜力巨大。

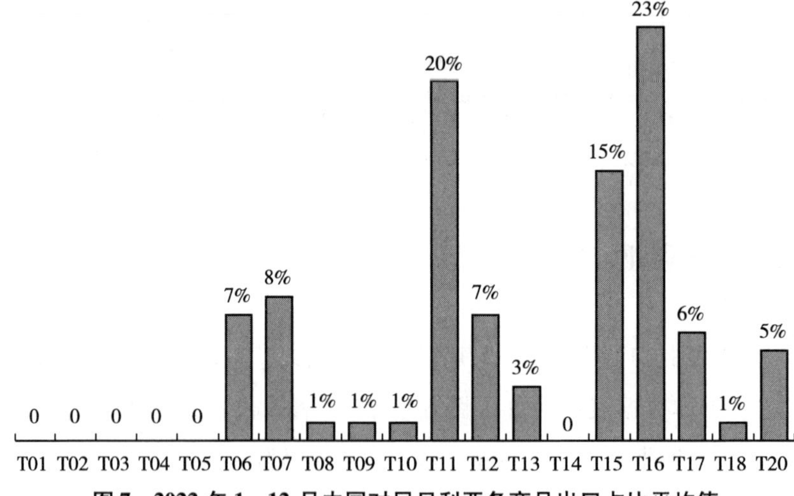

图7　2022年1～12月中国对尼日利亚各商品出口占比平均值

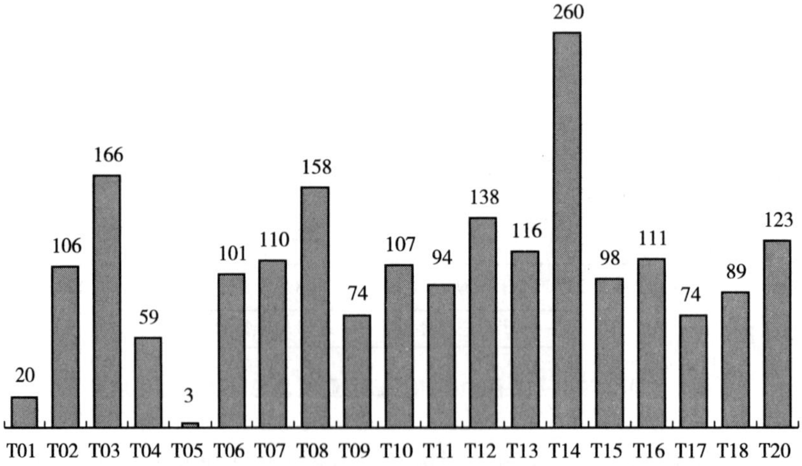

图8　2022年1～12月中国对尼日利亚各商品出口占比指数平均值

在进口商品结构中（如图 9 所示），中国对尼日利亚进口商品结构过度单一，仅 T05（矿产品）和 T15（贱金属及其制品）两种商品占比合计达到 94%。值得注意的是，从各商品的占比指数来看（如图 10 所示），排名前五的商品包括 T11（纺织原料及纺织制品）、T15（贱金属及其制品）、T01（活动物）、T02（植物产品）、T16（机电产品），这些商品的占比指数分别为 76082、1729、1184、760、662，进口潜力巨大。

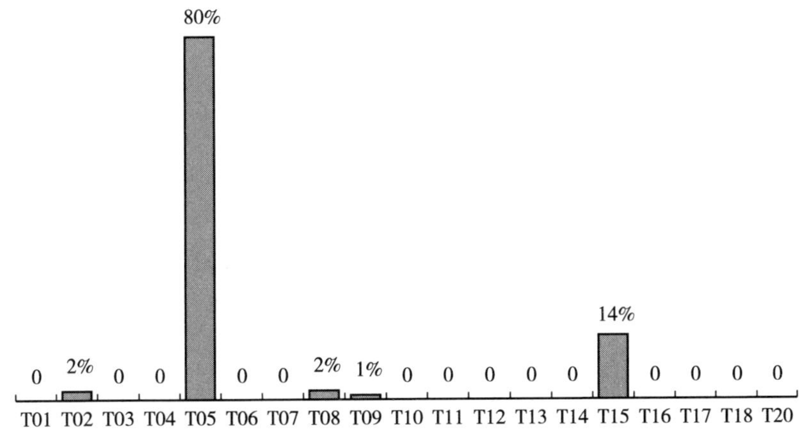

图 9　2022 年 1～12 月中国对尼日利亚各商品进口占比指数平均值

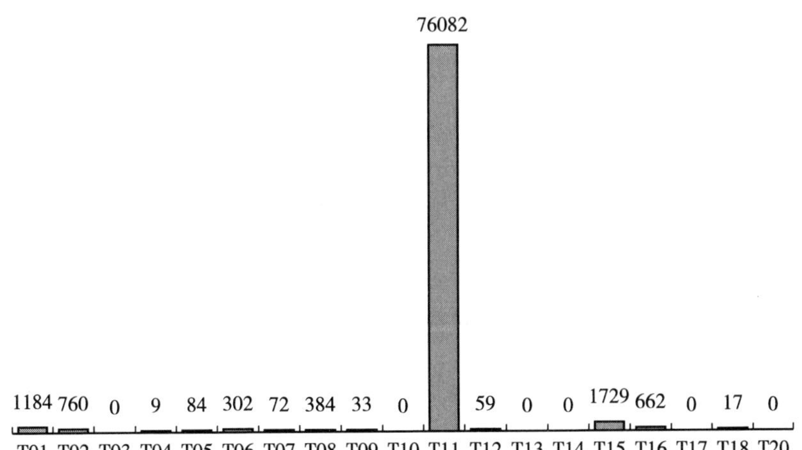

图 10　2022 年 1～12 月中国对尼日利亚各商品进口占比指数平均值

三、肯尼亚

在2022年1～12月，中国对肯尼亚的出口总额和进口总额均呈现较好的发展趋势（如图11所示）。中国对肯尼亚各月的出口总额指数变化较平稳，平均为167。中国对肯尼亚各月的进口总额指数波动幅度较大，4月到达597的峰值，平均为187，均高于基期水平。

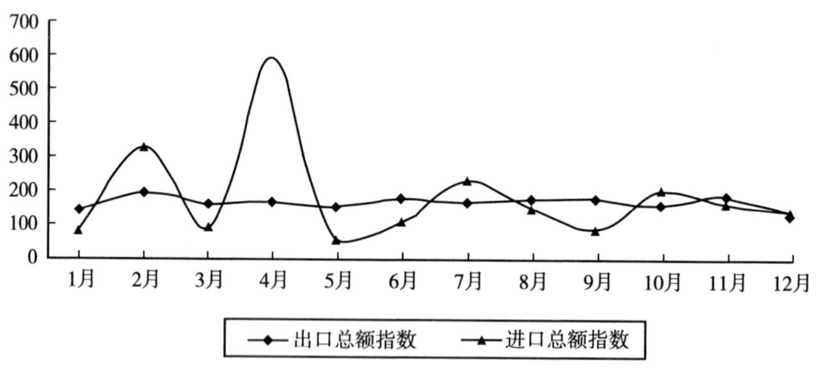

图11　2022年1～12月中国对肯尼亚贸易总额指数的变化趋势

在出口商品结构中（如图12所示），中国对肯尼亚出口占比排名前五的商品包括T16（机电产品）、T11（纺织原料及纺织制品）、T15（贱金属及其制品）、T07（塑胶及其制品）、T06（化学工业及其相关工业的产品），占比合计为72%。从各商品的占比指数来看（如图13所示），排名前五的商品包括T05（矿产品）、T06（化学工业及其相关工业的产品）、T02（植物产品）、T15（植物产品）、T13（水泥、陶瓷和玻璃制品），它们的占比指数分别为928、172、158、162和132，具有较大的出口潜力。

在进口商品结构中（如图14所示），中国对肯尼亚的进口商品结构相对多样化，占比排名前五的商品包括T05（矿产品）、T02（植物产品）、T01（活动物）、T15（贱金属及其制品）、T11（纺织原料及纺织制品），这些商品的占比分别为68%、14%、5%、5%和3%，合计95%。从各类商品的占比指数来看（如图15所示），排名前五的商品包括T09（木及木制品）、T17（车辆、航空器、船舶及有关运输设备）、T03（动植物油）、T12（鞋帽伞杖鞭及其零件）、T10（纸及其制品），它们的占比指数分别为307759、78875、61651、2198、2128，进口潜力巨大。以上数据表明，除了T05为资源类产品外，中国对肯尼亚进口的主要商品均为农产品和制成品。由此可见，肯尼亚可以作为中国扩大非洲出口多样化的样本国家。

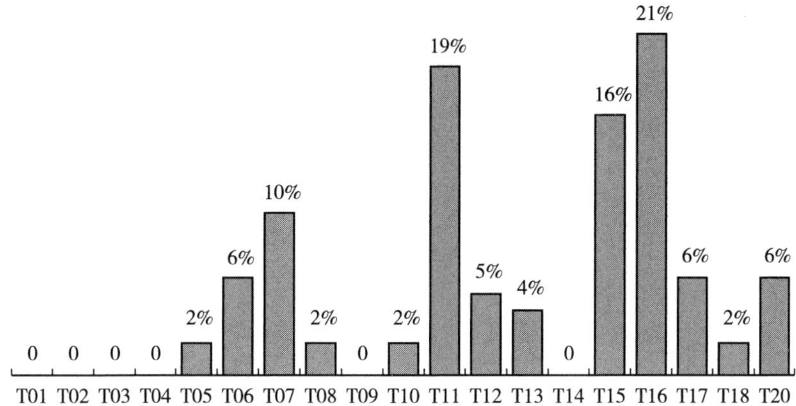

图12　2022年1～12月中国对肯尼亚各商品出口占比平均值

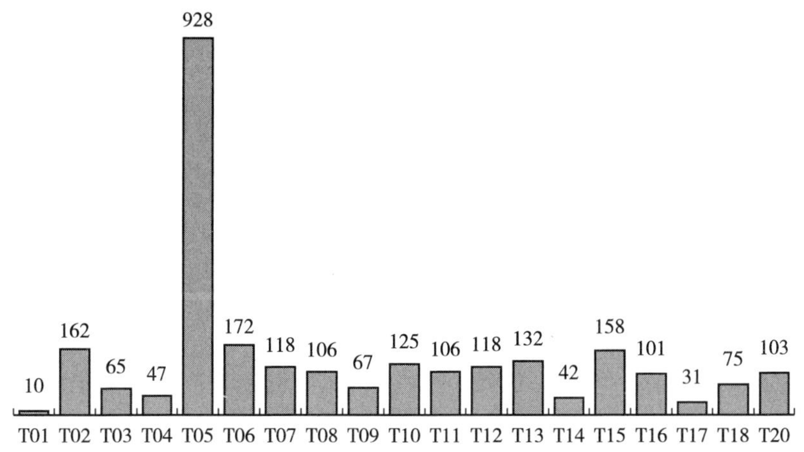

图13　2022年1～12月中国对肯尼亚各商品出口占比指数平均值

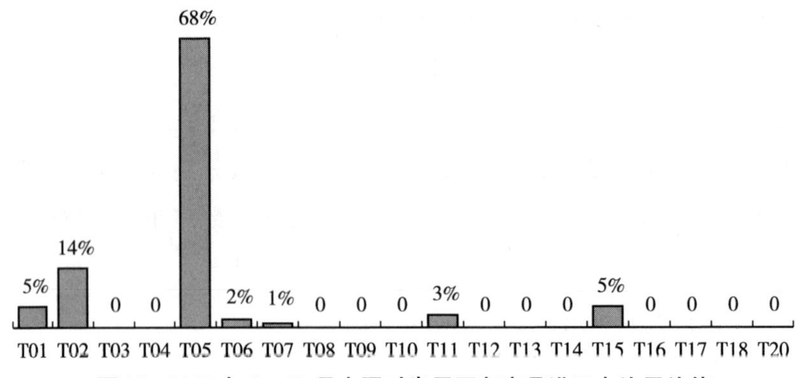

图 14　2022 年 1～12 月中国对肯尼亚各商品进口占比平均值

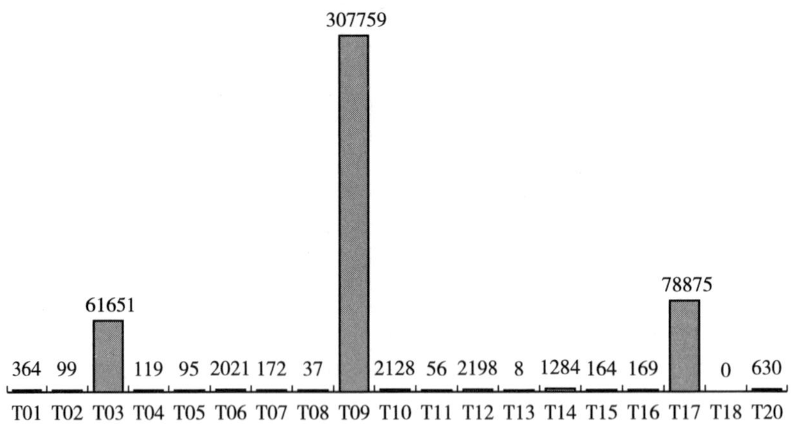

图 15　2022 年 1～12 月中国对肯尼亚各商品进口占比指数平均值

四、埃及

在 2022 年 1～12 月，中国对埃及的出口总额和进口总额表现较好（如图 16 所示）。中国对埃及的出口总额指数变化较稳定，平均值为 143，高于基期水平。中国对埃及的进口总额指数变化幅度较大，前 11 个月的平均值仅为 86，低于基期水平，但是在 12 月进口总额指数迅速升高，达到 1019，使整年的进口总额指数平均值为 164。

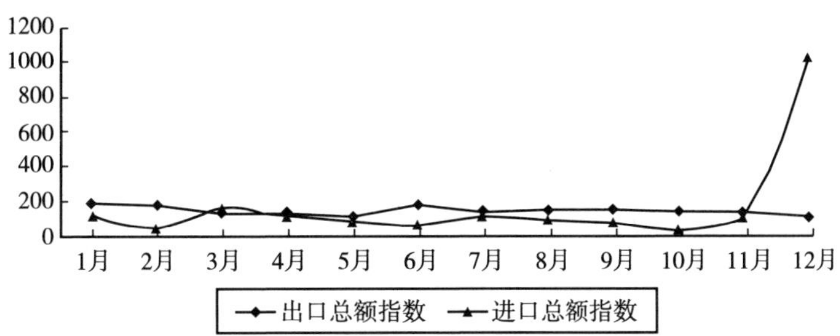

图 16　2022 年 1～12 月中国对埃及贸易总额指数变化趋势

在出口商品结构中（如图 17 所示），中国对埃及出口占比排名前五的商品包括 T16（机电产品）、T11（纺织原料及纺织制品）、T15（贱金属及其制品）、T06（化学工业及其相关工业的产品）、T07（塑胶及其制品），这些商品占比合计为 75%。从各商品占比指数来看（如图 18 所示），排名前五的商品包括 T10（纸及其制品）、T06（化学工业及其相关工业的产品）、T05（矿产品）、T07（塑胶及其制品）、T08（皮革及制品），它们的占比指数分别为 188、175、136、130、126，这些商品具有一定的出口潜力。

在进口商品结构中（如图 19 所示），中国对埃及的进口占比排名前五的商品包括 T05（矿产品）、T11（纺织原料及纺织制品）、T04（食品、饮料、酒、醋及烟草）、T02（植物产品）、T15（贱金属及其制品），分别占比 36%、22%、13%、12%、8%，进口商品结构相对多样化。从进口占比指数来看（如图 20 所示），排名前五的商品包括 T05（矿产品）、T02（植物产品）、

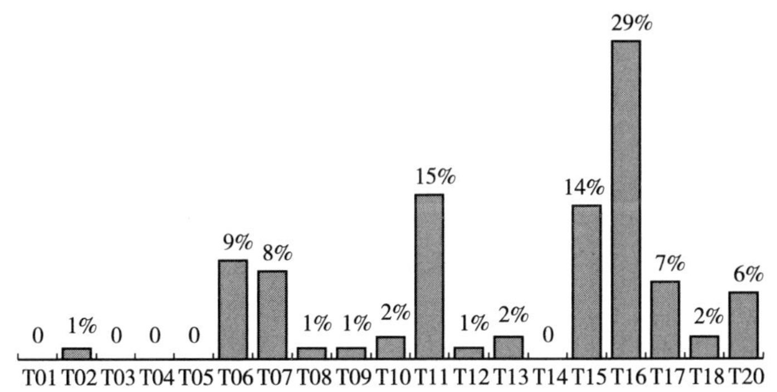

图 17　2022 年 1～12 月中国对埃及各商品出口占比平均值

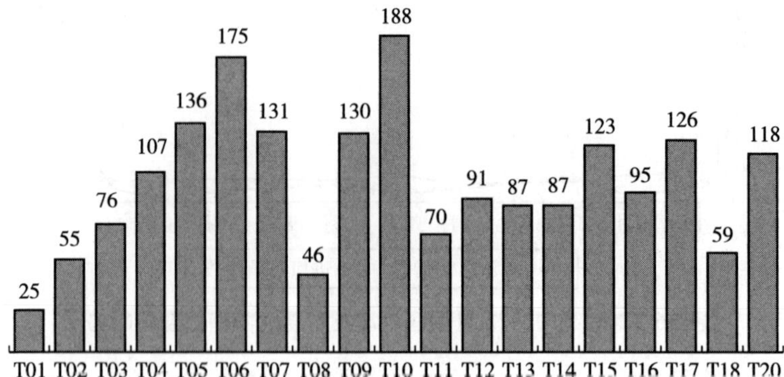

图 18　2022 年 1～12 月中国对埃及各商品出口占比指数平均值

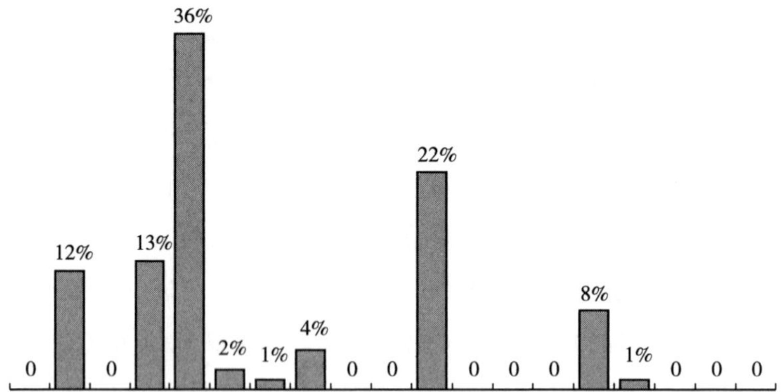

图 19　2022 年 1～12 月中国对埃及各商品进口占比平均值

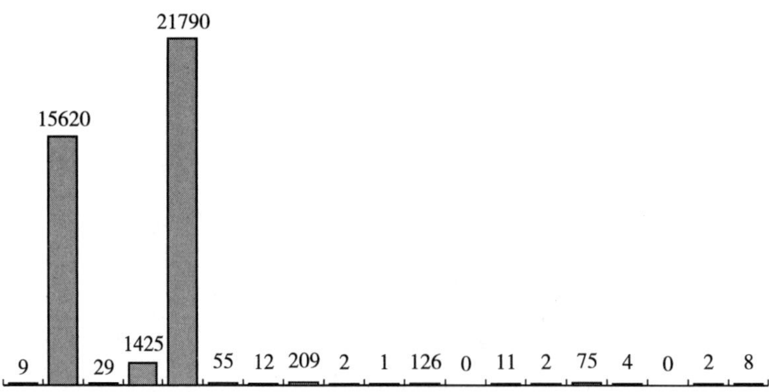

图 20　2022 年 1～12 月中国对埃及各商品进口占比指数平均值

T04（食品、饮料、酒、醋及烟草）、T08（皮革及制品）、T11（纺织原料及纺织制品），它们的进口占比指数分别为 21790、15620、1425、209 和 126，其中 12 月矿产品进口急剧增加导致当年中国对埃及进口总额指数异常大。

附录　数据说明

中非贸易指数包括：2 个一级指标——出口贸易发展指数和进口贸易发展指数；4 个二级指标、8 个三级指标——贸易规模（贸易总额、贸易占比）、贸易增速（绝对增速、相对增速）、贸易质量（商品结构和模式结构）、贸易均衡（市场结构和来源结构）；15 个四级指标。出口和进口发展指数构建与说明如表 1 所示。以 2019 年 1 月为基期，当期值指数 =（当期值/基期值）×100，二级指标为三级指标的平均值，一级指标为二级指标的平均值，综合指数等于一级指标的平均值。

表 1　中非贸易指数构建与说明

一级指标	二级指标	三级指标	四级指标	计算说明
中国对非洲出口发展指数	出口规模	出口总额	—	—
		出口总额占比	—	在中国总出口额中占比
	出口增速	绝对增速	同比增速	去年同期相比
			环比增速	同年上月相比
		相对增速	同比相对增速	与全国总出口额同比增速的差值
			环比相对增速	与全国总出口额环比增速的差值
	出口质量	商品结构	机电产品占比	机电产品出口占比
			劳动密集型产品占比	劳动密集型产品出口占比
			其他产品占比	除机电和劳动密集型产业之外的商品占比
		模式结构	一般贸易占比	一般贸易出口占比
			加工贸易占比	加工贸易出口占比
			其他模式占比	其他模式出口占比
	出口均衡	市场结构	中高收入占比	对非洲非欠发达国家出口占比
			低收入占比	对非洲欠发达国家出口占比

续表

一级指标	二级指标	三级指标	四级指标	计算说明
中国对非洲出口发展指数	出口均衡	来源结构	东部省份占比	东部省份对非洲出口占比
			西部省份占比	西部省份对非洲出口占比
			中部省份占比	中部省份对非洲出口占比
中国对非洲进口发展指数	进口规模	进口总额	—	—
		进口总额占比	—	在中国总进口额中占比
	进口增速	绝对增速	同比增速	去年同期相比
			环比增速	同年上月相比
		相对增速	同比相对增速	与全国总进口额同比增速的差值
			环比相对增速	与全国总进口额环比增速的差值
	进口质量	商品结构	农产品进口占比	农产品进口占比
			矿产品进口占比	矿产品进口占比
			制成品进口占比	制成品进口占比
		模式结构	一般贸易占比	一般贸易进口占比
			加工贸易占比	加工贸易进口占比
			其他模式占比	其他模式进口占比
	进口均衡	市场结构	中高收入占比	对非洲非欠发达国家进口占比
			低收入占比	对非洲欠发达国家进口占比
		来源结构（不包括港澳台）	东部省份占比	东部省份对非洲进口占比
			西部省份占比	西部省份对非洲进口占比
			中部省份占比	中部省份对非洲进口占比

注：①欠发达国家包括：安哥拉、贝宁、布基纳法索、布隆迪、中非、乍得、科摩罗、刚果（金）、吉布提、厄立特里亚、埃塞俄比亚、冈比亚、几内亚、几内亚比绍、莱索托、马达加斯加、马拉维、尼日尔、卢旺达、圣多美和普林西比、塞内加尔、塞拉利昂、索马里、南苏丹、多哥、乌干达、坦桑尼亚、赞比亚、利比里亚、马里、毛里塔尼亚、莫桑比克。

②全国地区划分（本研究不含港澳台地区）。西部省份包括：陕西、四川、云南、贵州、广西、甘肃、青海、宁夏、西藏、新疆、内蒙古、重庆；东部省份包括：河北、北京、天津、辽宁、山东、江苏、上海、浙江、福建、广东、海南；中部省份包括：山西、吉林、黑龙江、河南、安徽、湖北、江西、湖南。

③商品划分。机电产品包括：HS84 和 HS85；劳动密集型产品包括：HS 第 8、第 11、第 12 类各章，以及第 9 类中的 HS46、第 20 类中的 HS94 和 HS95 商品出口占比；农产品包括：HS1 ~ HS15；矿产品包括：HS25 ~ HS27；制成品（除 HS98）。

资料来源：国研网数据库。

第三部分
人物访谈

中国贸促会金华市委员会会长金正锋先生访谈录

访谈人：黄玉沛，浙江师范大学中非经贸研究中心主任

被访谈人：金正锋，中国国际贸易促进委员会金华市委员会会长

访谈时间：2023 年 5 月 4 日

访谈地点：浙江省金华贸促会——金华市丹溪路 968 号商城二期写字楼 8 楼

黄玉沛：金会长好！可否简要介绍金华贸促会的基本情况？例如，贸促会的发展目标、组织定位、服务内容等。

金正锋：金华市贸促会成立于 1992 年，是金华市最大的对外交流促进组织。工作内容包括组织境内外展览、出证认证、涉外经贸法律服务、国际联络、国际商务培训、信息及会员服务等。目前，贸促会现有会员企业 7000 多家，每年组织企业参加境内外国际展会 100 多场，参展企业 400 多家。现已在海外设立了 11 个驻外联络处，与 33 家境内外商协会签署合作协议，为金华企业开拓国际市场提供资源对接、信息咨询等服务。

金华市“一带一路”贸易投资促进中心成立于 2016 年，是金华市人民政府成立的全额拨款事业单位。其主要职责是搭建“走出去”“引进来”平台，助力金华企业拓展共建“一带一路”国家市场，促进双向投资。

黄玉沛：非洲是“一带一路”建设的重要参与方，有句话说，“中非经贸看浙江，浙非经贸看金华”，说的是金华与非洲国家的经贸合作基础扎实、领跑全国。可否简要介绍金华对非合作及中非经贸论坛的基本情况？

金正锋：金华充分发挥自身优势，积极融入中非交流合作大局，对非合作呈现全方位、多层次、宽领域的发展方向。2018 年起连续三年举办中非文化合作交流周暨中非经贸论坛，活动规模和层次逐年提升。2021 年正式升格为省部合作项目，去年活动取得圆满成功，津巴布韦总统、坦桑尼亚总理，全国政协副主席、全国工商联主席，浙江省副省长等领导出席开幕式，促成了一批重大项目签约，发布了一系列标志性成果。去年，全市对非洲进出口 987.0 亿元，同比增长 7.2%。其中，出口 879.4 亿元，同比增长 4.0%，占全省对非洲出口总值的 33.3%，占全国对非出口总值的 8.0%。进口 107.6 亿元，同比增长 43.7%，占全省自非洲进口比重的 15.1%。

金华对非合作的优势在以下方面：第一，民营经济活力迸发，依托义乌小商品市场及市场采购模式，带动周边源头工厂开始拓展非洲市场。第二，民间交流热度不减，首创海外名校学子走进金华古村落项目，相继举办“中非之夜嘉年华”、中非电影展播、中非商品直播、非洲产品电商推广季等民间交流活动，通过中非青年互动让两地人民真切感受对方文化的魅力，增进尊重互信。第三，文化互动走在前列，“金彩世界　云涌非洲”云展、《最金华》微纪录片、婺剧展演等特色文化活动在非洲当地引起良好反响，持续厚植中非合作理念。

今年，中非经贸论坛计划以线上线下结合，境内境外联动的形式举办，在全年不同时段分期举办 26 场活动，营造全年持续推进、高潮迭起的对非合作浓厚氛围。核心活动（3 场）：2023 中国（浙江）中非经贸论坛暨中非文化合作交流月开幕式、中非智库论坛第十二届会议（中非合作论坛框架内容）暨“中国式现代化与非洲发展”研修班、中非民营经济合作论坛（中非合作论坛框架内容），均为省部级活动。

其他活动（23 场）包括：4 场论坛会议，分别为中非联合工商会中方理事会2023年度会议、中非产业合作论坛、中非跨境电商论坛、中非职业教育论坛。5场经贸对接活动，分别为坦桑尼亚经贸代表团金华行、浙江－安哥拉贸易投资发展交流会、浙江－肯尼亚贸易投资发展交流会、金华企业走进南非及坦桑尼亚产业对接系列活动、联合国及国际公共采购非洲事务对接会。11场文化交流活动，分别是中非文化合作交流月非洲启动仪式、中非文明交流互鉴中心成立仪式、“茶和天下·雅集”非遗海外展、中非演艺交流、《最金华》非洲传播：微纪录片（书）、中非文化和旅游产业合作论坛、“巧倕坊”对非交流项目展、非洲艺术团来华访演、“婺风盛典”婺剧专场演出、非洲国家旅游推介会、非洲电影节（争取）。3场展览展示活动，分别是2023中非贸易商品展览会、中国（南非）国际贸易博览会暨金华品牌丝路行、丝路品牌浙江行。

目前已成功举办中非联合工商会中方理事会2023年度会议、浙江－安哥拉贸易投资发展交流会两场活动。

黄玉沛：贸促会主要以服务企业为主，今年金华市贸促会在协助我市企业走进非洲方面，有哪些最新举措？

金正锋：今年，我们金华市贸促会在服务企业“走出去”方面，有三大涉非主题活动。

第一，金华市商务局、金华市贸促会计划组织举办2023中国（南非）贸易博览会暨金华品牌丝路行，展会时间是2023年9月20～22日，展会地点位于南非约翰内斯堡加拉格尔会展中心。

我们都知道，南非是非洲的第二大经济体，国民拥有较高的生活水平，经济相比其他非洲国家相对稳定，消费潜力巨大；南非为中国在非洲第一大贸易伙伴，2022年，中国对南非进出口3788.2亿元，增长8.5%，占中国对非洲国家进出口总值的20.2%。为帮我市开拓非洲市场，计划于9月组织约50家企业参加中国（南非）贸易博览会暨金华品牌丝路行活动。展品范围涉及建材五金、办公用品、家具、家居日用品、礼品、电子消费品、家电、纺织品、服装服饰、箱包鞋、医疗器械、食品加工及配料等。参展形式以线下参展为主。

第二，为促进“中非文化合作交流示范区”建设，搭建浙江企业与非洲国家中小企业的合作平台，加强与“一带一路”国家的交流，我们拟于2023年11月在金华市区举办“丝路品牌浙江行”活动，活动地点在金华市人民广场，活动时间初定11月9～12日。

主办单位包括浙江省贸促会、金华市人民政府，承办单位是金华市商务局、金华市贸促会，执行单位是金华市商业联合会。参展企业约80家，其中非洲品牌企业约40家；“一带一路”国家企业约40家企业。我们希望通过展示非洲、“一带一路”国家进口食品、家居用品、工艺品、服装以及农产品等特色商品，或外贸出口、老字号产品服务金华消费者，让当地居民足不出户就能享受到价廉物美的全球品牌商品。

在工作分工方面，市贸促会负责总体协调工作，组织非洲企业及部分“一带一路”国家进口企业参展，负责境外参展产品运输等。市商业联合会负责活动场地、搭建、布置；负责部分“一带一路”国家进口企业的组织；负责当地采购商、贸易商的邀请及参观展会观众的组织；负责安保、保洁和消防及应急措施等。

第三，举办2023中非贸易商品展览会。为积极落实习近平总书记提出的新时期对非合作“九项工程”，更好地贯彻省委省政府关于将金华建设成为中非经贸文化合作交流示范区的部署，不断创新浙非合作模式，扩大中国（浙江）中非经贸论坛暨中非文化合作交流周的影响力，特举办2023中非贸易商品展览会。展览面积7600平方米，国际标准展位380个。

举办时间为2023年11月13～15日，与2023中国义乌进口商品博览会同期举行。地点位于义乌国际博览中心E1馆。主办单位是浙江省贸促会、金华市人民政府，承办单位是义乌市人民政府、金华市商务局、金华市贸促会，展务执行机构是义乌中国小商品城展览有限公司。在展览范围与展区划方面，进口展区包括家居用品、食品、服饰及配件、矿业等非洲进口产品展区，跨境电商及国际贸易服务商、国际经贸合作类展区。内设非洲国家形象展区（暂定坦桑尼亚、尼日利亚、吉布提、毛里求斯、肯尼亚5个国家馆）。出口展区包括部分涉非重点出口企业。展览展示突出展览经贸功能，注重展会实效，兼顾氛围营造，增强展会内涵和核心竞争力，为供应商和采购商搭建贸易、合作、交流平台。其中，金华市贸促会负责方案拟订、预算编制、招组展等工作以及展会的具体实施；义乌中国小商品城展览有限公司协助做好相关服务工作。

除此之外，金华市贸促会协助企业走进非洲方面，还有一些常规的举措。

第一，每年锚定1～2个非洲国家精耕细作，充分挖掘“一对一”合作的契合点，举办专场活动，推动形成“立足金华、全省联动、地区协同”的对非合作格局。例如，浙江－南非贸易投资发展交流会。

第二，加强国际商事法律咨询与调解工作。2022年，中国贸促会（中国国际商会）金华调解中心正式揭牌成立，这是市贸促会、市国际商会为帮助金华企业平稳开拓国际经贸业务而专项设立的机构，免费为金华企业提供国际商事调解、国际商事法律咨询和商事法律培训服务。截至目前，该中心已为我市40家企业解答国际买卖合同纠纷、知识产权纠纷、出口管制法律咨询等相关问题，开展案件调解及敦促履约涉及金额约265万美元。

黄玉沛：非常感谢您接受我的采访。谢谢！

金华海关统计分析科科长王展女士访谈录

访谈人：黄玉沛，浙江师范大学中非经贸研究中心主任

被访谈人：王展，中华人民共和国金华海关统计分析科科长

访谈时间：2023 年 3 月 23 日

访谈地点：浙江师范大学经济与管理学院（中非国际商学院）27 幢教学楼

黄玉沛：近年来，受内外部多重因素影响，外贸企业特别是中小微企业面临较大经营压力，金华海关在帮扶企业纾困解难方面有哪些措施？

王展：针对金华市经济结构特点，金华海关在帮扶企业纾困解难方面主要出台以下措施：

一是推进海关全业务领域一体化改革。不断推进智能报关和智慧监管，实现业务网上通办、“云签发”和自主打印，应用智能卡口、智能审图、智能单兵、无人机等智能化设备及技术，实现无感通关、高效监管，持续压缩整体通关时长。进出口货物收发货人备案、报关企业备案在市场监管部门办理市场主体登记时可同步办理，无须再向海关提交备案申请。

二是落实税收优惠政策为企业减负降本。提升自贸协定利用便利化程度，加强对 RCEP 等自贸协定的研究推广，辅导企业选择最优协定，培育经核准出口商，提升原产地证书自助打印率。深化海关税款担保改革，提供多元化税收担保方式。

三是优化进出口检验检疫机制加快货物验放。以出口企业分类、产品风险分级为基础，优化出口农产品申报前监管服务，畅通鲜食农产品出口绿色通道。在综保区率先实施进口食品依企业申请抽样即放行政策，降低企业运营成本。对食品化妆品企业给予实地技术指导，降低国外通报退运率。深入推进进出口危险化学品检验模式改革，降低查验成本，提高通关效率。

四是推进中欧班列高质量发展，支持国际陆港交通枢纽建设。推广中欧班列回程运费分段结算，降低铁路进出口运输成本。加强与口岸海关沟通协调，确保现有线路通关运行顺畅。推广“铁路快速通关”，加强海关与铁路部门的信息数据交换共享，提升国际班列通关效率。支持一般贸易、市场采购、跨境电商等贸易业态自由集拼出口。做好进口真空包装等高新技术货物转关查验承接工作。

此外，海关还强化科技型上市企业及出口优势企业知识产权海关备案服务，重点保护以“浙江制造”为代表的民族品牌，精准打击进出口环节侵权行为；推进主动披露，对企业违法行为轻微并及时纠正，没有造成危害后果的，不予行政处罚；加大关企互动平台应用，对平台企业留言实行“日清零”及时响应反馈机制。

黄玉沛：有句话说，“中非经贸看浙江，浙非经贸看金华”，说的是金华市与非洲国家的经贸合作基础扎实、领跑全国。请问，目前金华市对非洲国家进出口贸易结构特点有哪些？金华市对非洲进出口贸易面临哪些问题？

王展：据海关统计，2022 年，金华市对非洲进出口总值 987.0 亿元，比上年同期增长 7.2%，仅次于欧盟，非洲是金华市第二大贸易市场，金华市对非洲贸易总额占同期浙江省对非贸易总额的 29.5%。其中，对非洲出口 879.4 亿元，增长 4.0%，占同期浙江省对非出口总额的 33.3%；自非洲进口 107.6 亿元，增长 43.7%。2013 年，金华市对非进出口总值 339.2 亿元，2013 年至 2022 年金华市对非进出口额逐年增长，十年间增长 191.0%。

2022 年，金华市对非出口以机电产品和传统劳动密集型产品为主，进口以资源类产品为主。2022 年金华对非出口机电产品 391.2 亿元，增长 5.0%，占同期金华市对非出口总值的 44.5%；出口劳动密集型产品 309.5 亿元，增长 3.5%，占 35.2%。同期，金华市自非进口未锻轧铜及铜材 84.0 亿元，增长 34.2%；进口农产品 13.7 亿元，增长 102.0%；进口原木 5.1 亿元，增长 167.0%，三者合计占进口总值的 95.5%。

当然，金华市对非洲经贸合作也存在一些问题：

一是金华市对非出口低附加值商品为主，可替代性较强。针对非洲较为发达的国家，金华市对非洲出口高附加值商品比例有望提升。以南非为例，2022 年，金华市对南非出口机电产品占金华市对南非出口额的 34.0%，出口劳动密集型产品占 45.6%。

二是相较浙江全省对非出口和金华市出口整体情况，金华市对非出口增速减慢。2022 年，金华市对非出口 879.4 亿元，同比增长 4.0%，低于同期全市出口增速 7.9 个百分点，占浙江省对非出口总额的 33.3%，下降 4.2 个百分点。

三是对非出口仍需政企合力推进。如湖南省长沙市，通过实施“非洲品牌仓”工程培育产品品牌、以品牌化模式助力出口非洲商品获得更高的利润。

黄玉沛：良好的营商环境是推动外贸保稳提质的重要支撑，金华海关在优化口岸营商环境方面有哪些举措？

王展：党的二十大召开以来，金华海关始终贯彻新发展理念，聚焦市场主体关切，释放海关政策红利，优化外贸营商环境，采取了诸多措施，主要体现在以下方面。

第一，优化监管流程，打造通关“加速度”。一是以制度创新提时效。积极推进铁路“快速通关”模式落地，浙江省首票、首列全列铁路“快速通关”货物相继在金华发运，有效缩减运行时间 1 ~ 2 天，得到《人民日报》专门报道。二是以数字赋能提时效。“移动查验单兵集成知识产权商标智能识别应用”在金华成功试点，实现了查验时，货物商标即扫、即查、即放，有效提升查验效率，该创新举措通过总署备案向全国推广。在全省率先开展原产地签发网格化改革，大力推广原产地证书线上申请、智能审核、自助打印等政策，在线自助打印率90%以上。三是以优化服务提时效。设立进出口鲜活易腐农食产品查验绿色通道，对进出境蔬菜、水果实行“优先查验”和“5+2”预约查验，将出口食品生产企业备案办理时限压缩40%。新冠疫情期间海关成立党员先锋队，以最小单元驻守各业务现场实施封闭管理，建立24小时通关保障工作机制，实施预约通关、无陪同查验等措施，确保疫情期间国际物流通关顺畅。

第二，落实惠企政策，助力企业“降成本”。一是充分发挥RCEP自贸区红利。利用杭州海关RCEP智能享惠服务平台，支持全部进出口商品查询各个自贸协定的优惠税率情况。开展RCEP政策宣讲会18次，累计培训企业2000余家，实现自贸协定进出口享惠14.5亿元。二是优惠政策尽享快享。暂免征收加工贸易货物内销缓税利息，支持加工贸易企业发展。打好减税增效“组合拳”，大力推行进口设备减免税政策，促进绿色新能源、棉纺等产业转型升级。

第三，推行精准帮扶，助企纾困“添活力”。一是加大企业调研力度。对锂电池产品出证、棉纺品出口、食品化妆品面临的技术壁垒、内陆开放通道建设等重点课题开展调研，2022年完成调研覆盖全部县（市、区），累计调研企业1600余家。二是畅通诉求收集渠道。建立“党委委员抓重点，职能部门抓条线，驻外点抓区块”的三级关企联络员制度，及时了解企业困难。安排专人负责第一时间进行反馈，并完善企业诉求后续跟进流程，实现诉求“收集—解决”闭环管理，2022年以来共收集问题210余个，已全部解决。三是精准施策出实招。对收集到的问题，实行清单化管理，指派对口专业人才负责协调跟进，一企一策、一事一议，设定解决时间表，确保企业反映的每一个问题“事事有反馈，件件有落实”。对典型问题形成的案例进行复制推广。

第四，建设开放平台，制度创新“激潜力”。一是加快推进自贸区发展。加快自贸区改革经验复制推广，国务院自贸区改革试点经验中，涉及海关的

73 项政策，已复制推广 38 项。自主创新改革任务“加工贸易集中审核作业”、探索建立大宗商品进出口交易市场、引导进口贸易企业向生产加工延伸产业链试点等三项工作被列为金华市亮点工程。二是推进综保区提质升级。在金义综保区落实“四自一简”“先验放、后检验”“先出区后报关”等便利举措，启动“跨境电子商务零售进口退货中心仓”，探索大宗商品“即到即查”模式，着力打造大宗商品资源配置基地。创新区港联动监管模式，开展中欧班列回程货物“保税 + 仓储 + 分拨”业务，初步形成区域物流分拨中心。

黄玉沛：您认为，高校在服务海关贸易便利化特别是涉及中非经贸发展领域，可以在哪些方面有所作为？

王展：高校可以自主开展促进中非经贸发展的前沿课题研究，充分利用高校理论研究优势，深入研究中非现有经贸规则、投资合作情况、非洲自贸区建设等情况，为海关推动中非贸易便利化提供重要参考。

黄玉沛：非常感谢您接受我的采访，您提出高校在服务海关便利化尤其是涉及非洲领域的相关建议，我们以后会认真学习与采纳。

中坦工业园有限公司董事长黄再胜先生访谈录

访谈人：黄玉沛，浙江师范大学中非经贸研究中心主任

被访谈人：黄再胜，中坦工业园有限公司董事长黄再胜先生

访谈时间：2023 年 7 月 1 日

访谈地点：中国 – 非洲经贸博览会长沙国际会展中心

黄玉沛：党的二十大报告第一次明确提出“促进民营经济发展壮大”，强调坚持社会主义市场经济改革方向，坚持高水平对外开放等论述，并重申了坚持“两个毫不动摇”——毫不动摇巩固和发展公有制经济，毫不动摇鼓励、支持、引导非公有制经济发展。这些论述宣示了党大力促进民营经济发展壮大的坚定决心，也鼓励企业不断走向更加海外广阔的舞台。

您作为浙江省金华市优秀民营企业的代表，在坦桑尼亚工作生活已有 20 年。目前是联合建设国际有限公司董事长、坦桑尼亚中华总商会名誉会长、金华市对非经贸商会副会长。可否简要介绍一下您在坦桑尼亚创办的联合建设国际有限公司的发展概况？

黄再胜：我于 2003 年来到坦桑尼亚投资创业，联合建设国际有限公司（Group Six International Ltd）于 2006 年在坦桑尼亚注册成立，是坦桑尼亚房屋建筑和土木工程承包双一级资质企业。公司通过 ISO 9001 质量体系认证，

拥有大型施工机械设备50余台，小型设备400余台，运输车辆100余台，各类技术管理人员90余人，当地员工800余人。公司秉承“诚信为本，质量为先”的宗旨，十年快速发展成为坦桑尼亚建筑行业内位列前茅和具有影响力的企业。2016年被坦桑尼亚承包商注册局评为“最佳外国承包商”。在主营业务实现了规模化后，公司通过资源整合，进行集团化、多元化发展，先后开拓了房地产开发、国际贸易、国际旅游、商品混凝土及预制、通信、强弱电、空调、铝合金幕墙等板块的业务，成为坦桑尼亚首屈一指的综合型企业集团，年营收近亿美元。

本着“稳健生存，持续发展”的战略方针，在经历了十年的高速发展后，联合建设国际有限公司将投入更大的精力旨在将企业建设成国际化的综合性集团公司。企业未来的短期计划，是将“联合建设”的品牌推出坦桑尼亚，以综合性的业务范畴，稳扎坦桑尼亚，并在东非扩张。而长期愿景更是要将“联合建设”建设成一个涉及多行业、涉足多国的跨国集团。

联合建设国际有限公司开创十年以来，承建了私人及政府项目百余个。其中私人开发项目包括在海滨城市达累斯萨拉姆的大型高档别墅群、高层公寓楼、大型商场及商业写字楼等。联合建设国际有限公司是政府项目的首选企业，多年来以高效高质量的水平建成了国防部军官公寓楼、警察公寓楼、多多马大学人文学院教学楼、图书馆、体育场、实验楼、卫生学院宿舍楼、餐厅、多多马财政部大楼、达市大学文学院、矿物学院教学楼、桑给巴尔和奔巴岛十所学校等诸多具有影响力的项目；联合建设国际有限公司更是坦桑尼亚社保基金包括国家社保基金（NSSF）、地方政府养老基金（LAPF）、国营养老基金（PPF）、政府公务员养老基金（GEPF）的长期合作伙伴，承建了政府基金大楼、阿鲁沙社保大楼、莫罗戈罗社保大楼、莫西乞力马扎罗商业大楼等，并于2013年9月承接了坦桑尼亚有史以来规模最大、全国最高的地标性建筑项目，即总造价1.4亿美元的35层的国家社保基金大楼。十年来，联合建设国际有限公司在建筑领域已显示出成熟的品牌姿态，强劲的竞争优势。

联合建设国际有限公司秉承“以人为本，尚贤用能”的管理理念，“诚信立业，正道经营”的核心价值观。随着企业迅速而稳健的发展，企业的核心价值观更激励联合建设国际有限公司建立正面的企业文化和企业形象。在保持企业长期健康发展的同时，公司也注重与坦桑尼亚的社会融合、承担一定的社会责任。公司多次向坦桑尼亚公共部门、慈善机构捐款捐物。我本人曾多次受到坦桑尼亚总统、执政党领袖和政府部长等高层的接见，与他们建立了紧密的友谊关系，成为中坦友谊的民间使者。我于2013年被推选为坦桑尼亚总商会会长，至今仍担当着促进中坦经济文化交流的重要角色。另外，虽身在他乡，但是联合建设国际有限公司从不忘祖国，在汶川地震、芦山地震后，公司集体和员工个人都以应有的真诚献出了爱心。我也因此多次得到国家和地方的嘉奖，并先后受到党和国家领导人的接见。

黄玉沛：您长期在坦桑尼亚投资兴业，可否简要介绍一下坦桑尼亚的投资环境？

黄再胜：坦桑尼亚是位于赤道以南的东非国家，由坦噶尼喀和桑给巴尔组成，北与乌干达和肯尼亚，西与刚果民主共和国、卢旺达和布隆迪交界，南与马拉维和莫桑比克毗连，西南与赞比亚接壤。

1964年4月26日，坦噶尼喀与桑给巴尔合并，成立坦桑尼亚联合共和国，首都为多多马。1996年以前的首都位于达累斯萨拉姆，现今仍为该国最大商业城市以及大部分政府机关的所在地，也是东部非洲的主要港口。坦桑尼亚国土面积94.5万平方公里，2019年估计人口达6054万人，分属126个民族。现任总统为萨米娅·苏卢胡·哈桑，于2021年继任。坦桑尼亚拥有丰富的旅游资源、矿产资源、农业资源，国家政局稳定。

2022年11月3日，坦桑尼亚哈桑总统是党的二十大后中方接待的首位非洲国家元首，中坦关系也提升为全面战略合作伙伴关系，中坦关系已成为中非关系的典范。实际上，中坦关系历史悠久。1964年新中国与坦桑尼亚建立大使级外交关系。1971 年中国援建坦赞铁路，成为新中国历史上最大规模援建项目。中国和坦桑尼亚成为全天候合作伙伴关系。坦桑尼亚是中国和非洲产能合作的三个国家之一，也是“一带一路”沿线的重要支点国家。2013 年，习近平主席访问非洲第一站就是坦桑尼亚，并提出了“真，实，亲，诚”的对非合作理念。

中国从坦桑尼亚进口的主要产品有：干制海产品、生皮革、原木、粗铜和木质工艺品等。其余产品如腰果、咖啡、茶叶、棉花、剑麻、烟草及黄金、钻石等矿产品需要提高深加工能力。中国对坦桑尼亚主要出口有粮食、车辆、纺织品、轻工产品、化工产品、机械设备、电器、钢材及建材等。

黄玉沛：听说您最近两年一直致力于中非经贸合作区建设，可否简要介绍一下您所推动成立的中坦国家工业园的具体情况？

黄再胜：中坦国家工业园是坦桑尼亚首个大型工业园区，接壤中央标轨铁路，交通便利，包含货运站、陆地港，建成后可容纳数百家企业/工厂入驻，所有入驻企业均可享受企业所得税、进口关税、增值税等税收及海关、劳工、签证等政策方面的优惠。

中坦国家工业园由中坦克巴哈工业园有限公司主导开发并运营，占地约 1000 公顷（10 平方公里）。园区内的所有工业地块都有独立产权，面积约 4 ~12 公顷不等。

中坦国家工业园项目计划分 2 期进行开发，每一期将会拥有 7 个区域，包括生活配套区、农业和食品加工区、医药日化区、鞋服加工区、设备制造区、建材加工区、出口加工区。园区计划引进 200 家企业，提供当地直接就业岗位 10 万个，间接就业岗位 30 万 ~50 万个，未来，中坦国家工业园项目将成为坦桑尼亚国家级示范区、经济特区、国际区域经济合作区。

中坦国家工业园项目建设时间线，见表 1。

表1　　中坦国家工业园项目建设时间线

时间	具体内容
2021 年 3 月 19 日	坦桑尼亚第6任总统萨米娅·苏卢胡·哈桑宣誓就职。随后新总统释放了大力改善营商环境，大举措招商引资的信号
2021 年 4 月 21 日	哈桑总统会见了坦桑尼亚中华商会荣誉会长黄再胜先生一行人，双方商讨了建立国家工业园的战略构想，随后总统指令新成立的总统府投资部马上开展对接行动
2021 年 4 月 29 日	坦桑尼亚总统府投资部常秘接见黄再胜代表团并着手进行工业园选址工作
2021 年 5 月 3 日	由坦桑尼亚投资、工业和贸易部组织的地块考察工作在克巴哈地区进行，并建议国家级大型工业园设立于在建的陆港附近，占地 10 平方公里
2021 年 5 月 6 日	坦桑尼亚投资、工业和贸易部副部长召集黄再胜一行在多多马总统府开会推进落实工业园项目
2021 年 7 月 29 日	中坦克巴哈工业园区有限公司在坦桑尼亚投资中心正式注册
2022 年 2 月 27 日	迪拜世博会举行坦桑尼亚投资高峰论坛，在坦桑尼亚总统哈桑见证下，中坦克巴哈工业园有限公司签约数个投资意向协议
2022 年 3 月 26 日	在坦桑尼亚投资、工业和贸易部部长见证下，10 平方公里地块正式移交给中坦克巴哈工业园有限公司，标志着该项目正式启动
2023 年 6 月 23 日	在坦桑尼亚投资、工业和贸易部部长和总统办公室常秘的见证下，中坦克巴哈工业园有限公司与坦桑尼亚投资中心签署关于工业园税收优惠政策合同文件
2023 年 7 月 2 日	中坦克巴哈工业园与湖南娄底市人民政府签署战略合作协议

黄玉沛：中坦国家工业园的区位优势主要体现在哪些方面？

黄再胜：中坦国家工业园的区位优势比较明显。第一，项目的区位优势。中坦国家工业园位于坦桑尼亚经济中心达累斯萨拉姆郊区，占地 10 平方公里，距离市中心约 80 公里，目前标准轨道中央铁路线已铺设完毕。陆地港和工业园一墙之隔，货物可由达累斯萨拉姆海港由铁路直接运输至园区。第二，周边交通便利。中坦国家工业园距离城区 70 公里为国道公路，15 公里入园道路正在施工。标准轨道中央铁路接通至园区，距达港 30 分钟车程。输电线和供水由政府负责接入到园区场地内，天然气管道计划接通园区。第三，基础设施较为完善。在铁路方面，标准轨道中央铁路线、老中央铁路线均经过园区，一直延伸至邻国。在公路方面，由达累斯萨拉姆达通往内陆地区的主干国道加上进入园区的专用道路，为工业园提供了便利的公路交通。在供电供气供水方面，坦桑尼亚政府拟建250兆瓦变电站，保障园内用电；政府已经计划将天然气管道连接进入园区；园区周边存在大型河流，由政府出资建设引水工程。在陆地港方面，在建陆地港口和工业园区隔铁路相望，达市港口货物通过铁路运输分流至此，再运输至内陆城市及周边国家。

中坦国家工业园主要规划数据，见表2。

表2　　中坦国家工业园主要规划数据

项目	规划数据情况
园区面积	1000公顷
工业分区地块	200个
土地所有权	99年独立产权
园区主干道	22米双向四车道+辅道
园区次干道	11米两车道+辅道
独立变电站	250兆瓦
供水用地	2公顷
居住用地	包括一类居住用地和二类居住用地
商务用地	包括行政办公、商业用地、宗教用地
工业用地	分一类工业用地和二类工业用地、一共5个分区，包括鞋服加工区、农产品加工、制药与日化区、建筑材料区、装备制造区
仓储用地	包括保税区、出口加工区

黄玉沛：中坦国家工业园有哪些税收优惠政策？

黄再胜：中坦国家工业园税收优惠政策分为三大类。

第一，出口加工区优惠政策。根据2002年4月颁布的坦桑尼亚《出口加工区法案》，入驻出口加工区的企业可享受财政优惠、非财政优惠以及程序优惠政策。

第二，经济特区优惠政策。经济开发区投资者分为 4 类，分别享受不同的优惠政策：

A 类投资：基础设施类投资。机械、装备、重型车、建筑材料、零配件和消耗品以及其他用于开发区基础设施建设的资产类货物免税；免除开发区投资企业前 10 年的公司税，10 年免税期到期后，按照《所得税法》关于税率的规定收取公司税；免除开发区投资企业前 10 年的租金税、分红和利息税；免除物业税；免除进口 1 辆商务车、1 辆救护车、1 辆运货车、1 辆消防车、2 辆公司员工通勤巴士的关税、增值税以及购买这些车辆应缴纳的其他税款；免除经济开发区内的印花税；免除公共事业与服务的增值税。

B 类投资：商务活动、服务和生产出口产品投资。进入开发区的原材料、零部件、资产性物资，免除关税、增值税及其他税项；免除国外贷款的利息税；免除进口 1 辆商务车、1 辆救护车、1 辆运货车、1 辆消防车、2 辆公司员工通勤巴士的关税、增值税以及购买这些车辆应缴纳的其他税款；装船前及到港免检；享受货运现场清关；为关键技术人员、管理人员和培训人员提供最长 2 个月的商务签证。签证到期后，可按 1995 年颁布的《移民法》申请居留证。

C 类投资：面向出口市场的生产型企业。企业在符合申请条件的情况下，可获得出口信贷；免除与开发区生产相关的原材料、零部件、资产类物资和耗材的关税、增值税及其他税收；免除开发区投资企业前 10 年的公司税，10 年免税期到期后，按照《所得税法》关于税率的规定收取公司税；免除开发区投资企业前 10 年的租金税、分红和利息税；免除开发区投资企业前 10 年所有由当地政府征收的税；装船前及到港免检；享受货运现场清关；为关键技术人员、管理人员和培训人员提供最长 2 个月的商务签证。签证到期后，可按 1995 年颁布的《移民法》申请居留证。免除公共事业与服务的增值税。

D 类投资：特殊行业投资。投资者除享受 A 类投资者的优惠待遇以外，还享受特殊行业法律规定的优惠待遇。

第三，其他优惠政策。正在谈判更多税收优惠，除了上述优惠政策之外，中坦国家工业园有限公司正在和政府协商针对园区的更多优惠政策，会在三个月之内落实。坦桑尼亚政府设立“一站式”服务窗口，包括海关、税务、公司注册、土地产权证、施工许可证、环保许可证、商检、质量标准等一站式服务。在陆地港通过服务方面，国家陆路港口正在建设中，达市港口货物通过铁路运输直达陆地港，可为货物的进出口通关提供巨大便利，工业园区距离港口只有2公里。

此外，土地政策也比较优惠。工业园地块4～12公顷不等，每个地块拥有99年独立产权。入驻企业可买可租工业园地块，也可以租用厂房和仓库。外国企业购置工业园地块，在坦桑尼亚投资中心取得投资优惠证书，可获得坦桑尼亚土地部颁发的99年衍生产权。衍生产权可转让可质押，银行认可。

黄玉沛：非常感谢您接受我的采访，祝您在坦桑尼亚的事业兴旺发达，中坦工业园项目建设能够早日结出硕果。

义乌中国小商品城海外投资发展公司副总经理朱忆秋女士访谈录

访谈人：黄玉沛，浙江师范大学中非经贸研究中心主任

被访谈人：朱忆秋，义乌中国小商品城海外投资发展有限公司副总经理

访谈时间：2023 年 4 月 14 日

访谈地点：浙江省义乌市中国小商品城海外投资发展有限公司办公楼

黄玉沛：可否简单介绍一下小商品城集团海外公司在非洲业务的发展情况？我记得前几年贵司在卢旺达建立的贸易服务中心还被中非经贸博览会作为一个典型案例被报道。

朱忆秋：是的，你说的是“带你到中国”卢旺达贸易服务中心，这是浙江中国小商品城集团股份有限公司（简称商城集团）在卢旺达构建的义乌至卢旺达双向贸易服务链。它的建成推动了中卢双向贸易的便利化发展。

2018 年 10 月，卢旺达政府同阿里巴巴集团签订战略合作协议，宣布共同建立非洲首个 eWTP（世界电子贸易平台）项目。2019 年 6 月 19 日，浙江省义乌市政府与阿里巴巴集团签署 eWTP 战略合作协议，标志着 eWTP 正式落地浙江义乌。借此机会，商城集团在卢旺达建设了“带你到中国”卢旺达贸易服务中心项目。

黄玉沛：可否简要介绍一下“带你到中国”卢旺达贸易服务中心的发展

历程和具体实施情况？

朱忆秋："带你到中国"卢旺达贸易服务中心项目于2019年10月启动，打造形成了"两园一中心"格局：

第一，"eWTP义乌全球创新中心-卢旺达数字贸易枢纽"保税海外仓物流园。这是由我们商城集团与迪拜环球港务集团（DP World）合作，租赁2500平方米保税海外仓场地作为自营仓，将其打造成中国商品在东非地区的总仓，并以此为立足点，借助卢旺达对刚果（金）东部、布隆迪等市场的辐射作用，融合世界电子贸易平台，打造义乌小商品在东非地区的分拨分销中心。

第二，"带你到中国"卢旺达展厅商贸园。2020年7月开始试营业，目前面积近300平方米，集"政务、商务、品牌商品展示"三大服务于一身，具备跨境视频连线、直播、产品展示、商务会谈、展销等功能，主要业务为撮合贸易订单、负责为招商展厅入驻企业服务及引导对接采购商。

第三，"带你到中国"卢旺达贸易服务中心。基于保税海外仓物流园+展厅商贸园，依托商城集团"带你到中国"+海外仓体系建设+环球义达物流体系+数字贸易枢纽功能建设，以"货款宝"等供应链金融服务为纽带，打造中非进出口商品集散中心。

黄玉沛：基于"带你到中国"卢旺达贸易服务中心的发展实践，您认为有哪些经验可以值得其他单位学习与借鉴？

朱忆秋：第一，打通中非商品供应链。通过展厅实体样品陈列展示，搭建中国供应商品牌及商品直接展示平台，让卢旺达及周边客户可以第一时间、零距离接触优质"中国制造"供应链。然后，通过跨境视频连线，与中国供应商实现远程商谈。再以保税库出货的方式快速成交订单，实现货物交割。

第二，推动非洲优质产品进入中国。通过"带你到中国"项目的宣传引导，有效推动以卢旺达Gorilla Coffee（大猩猩咖啡）为代表的非洲优质农副产品出口到中国，扩大和提升了中国采购商和老百姓对非洲产品的理解和认知，有助于中非构建长期而稳定的供求合作关系。

第三，建立新型国际贸易解决方案。卢旺达项目“仓厅”模式的落地实施，可有效缩短国际进出口贸易链条，去除中间环节，直接赋能国际贸易，消除贸易障碍和误解，建立高效便捷的直接对话关系，为中非贸易提供新型解决方案。

我们旨在搭建中非经贸信息交互平台，为中非双方提供快速便捷的对接通道，既满足了以卢旺达为代表的非洲市场对以义乌小商品为代表的中国产品的需求，又畅通了以卢旺达优质农副产品为代表的非洲产品出口中国的贸易通道，实现进出口双向贸易对流集散、资金结算高效流转，促进双方合作向更大规模、更深层次、更高水平迈进。

黄玉沛：您对“带你到中国”卢旺达贸易服务中心未来发展有何期待？

朱忆秋：未来项目面临的不稳定因素在逐渐增多，近期我们集团内部一直在进行海外业务的讨论和优化调整。尽管非洲仍然是我们非常重要的市场，但是我们整体在非洲特别是在卢旺达的经营力度一直在收缩，尤其是新冠疫情对我们的非洲业务影响挺大的。目前，我们全力聚焦中东迪拜的项目，希望明年能有足够底气向您或更多经贸专家汇报分享我们在海外项目的建设成效。

黄玉沛：非常感谢您接受我的采访，我们以后会密切关注贵司在非洲的业务进展。

|附录|

浙江省对非洲经贸文化合作大事记（2022～2023年）

2022年

2022年5月8日，浙江省广夏大学的刚果（布）留学生参加浦江“走进上山，感受金华”活动。

2022年6月11日，21名非洲留学生在浙江省东阳市办木雕作品展。

2022年6月15日，“浙江－南非贸易投资发展交流会”以线上线下联动形式在浙江省金华市举办。会上，金华康恩贝生物制药公司和万邦德非洲公司，金华市贸促会和南非中国商会分别签署合作协议。

2022年7月20日～22日，几内亚比绍驻华大使来浙江省金华市开展商贸考察交流活动。大使介绍了几内亚比绍在对外贸易及资源优势方面的概况，希望与金华企业建立合作机制。

2022年7月21日，中非智库论坛第十一届会议第一分论坛“‘一带一路’倡议与中非发展融资合作”在浙江金华线上线下同时举办。浙江师范大学非洲博物馆二期工程——中非交流博物馆建设正式启动。

2022年9月1日，浙江省金华市供销社与中铁十四局、金义综保区就中非经贸合作示范园建设召开项目座谈会，重点介绍了中国铁建在非洲项目情况。

2022年9月7～8日，由中国欧盟协会和浙江省人民对外友好协会共同主办的“中欧非绿色能源发展论坛”于在浙江省杭州市举行。论坛发布了《中欧非绿色能源发展论坛（杭州）倡议书》。

2022年9月22日，非洲留学生走进浙江省宁波市海曙乡村，感知振兴“新画卷”。

2022年9月26～28日，坦桑尼亚国际贸易周暨浙江名品丝路行在坦桑尼亚达累斯萨拉姆举办。浙江省金华市展商接待了多批来自政府及专业的采购商，达成意向采购金额104万美元。

2022年10月13～17日，由中国人民对外友好协会主办，浙江省友协、浙江省嘉兴市委承办的“我眼中的中国共同富裕之路——非洲青年嘉兴行活动”在嘉兴成功举办。

2022年10月19日，“2022浙江出口网上交易会——对外承包工程非洲区域专场活动”在杭州举办，本次活动为非洲重点国家工程项目推介、浙江工程企业直接对接非洲工程市场机遇搭建了良好对接平台。

2022年10月28日，联合国及国际公共采购非洲事务对接会在浙江省金华市举办。

2022年11月1～5日，由浙江省贸促会、金华市人民政府主办，金华市商务局、金华市贸促会承办的“浙江名品消费品行业（非洲）线上展览会”正式启动，吸引了40家不同行业的浙江企业参展。

2022年11月4日，“浙江－坦桑尼亚贸易投资发展交流会”在浙江省金华市举办。

2022年11月4日，非洲在华专家座谈会以线上线下联动的方式举行，线下主会场设在浙江省金华市。

2022年11月7日，由金华市人民政府、浙江师范大学经济与管理学院（中非国际商学院）主办的中非产业合作论坛以线上线下联动的方式在浙江省金华市举办，论坛发布了《中非产能合作报告（2021—2022）》。

2022年11月10日，作为2022中国（浙江）中非经贸论坛系列分论坛，

“中非境外税收论坛暨税收服务以‘一带一路’——走进非洲”为主题，论坛由浙江师范大学经济与管理学院（中非国际商学院）承办。

2022年11月16日、17日，由浙江省文化和旅游厅、金华市人民政府联合主办，金华市文化广电旅游局承办的“金彩世界 云涌非洲”云上展览及海外发布会先后在坦桑尼亚和埃及举办。

2022年11月17日，由浙江省文化和旅游厅、金华市政府联合主办国际（非洲）文化艺术展播季在非洲多国家线上举办，以此增强浙江与非洲的文旅交流合作，增进民众的互相了解与友谊。

2022年11月18日，浙江省商务厅、金华市政府、浙江师范大学经济与管理学院（中非国际商学院）共同主办中非跨境电商论坛，论坛旨在开辟金华对非合作新路径，探索中非跨境电商“浙江方案”。

2022年11月19日起，在浙江省金华市文化广电旅游局支持下《最金华》10集纪录片在非洲数十个国家陆续播出。

2022年11月20～21日，中非数字艺术作品平面展在浙江省金华市举办。

2022年11月21日，“中国（浙江）中非经贸论坛暨中非文化合作交流周”在浙江省金华市开幕并成功举办，活动开幕式上签约一批浙非合作重大项目，正式上线“数字中非”平台。

2022年11月30日，由浙江省教育厅、浙江省金华市政府主办的中非职业教育论坛在金华举办，中非职业教育研究中心揭牌成立。

2022年12月初，浙江省高质量发展智库论坛之“区域国别学学科建设与共建‘一带一路’研讨会”在浙江省金华市举办。

2022年12月初，以路为媒——从“坦赞铁路”到“亚吉铁路”艺术作品交流展在浙江省金华市举办。

2022年12月16日，“中国－坦桑尼亚商务投资论坛”在坦桑尼亚达雷斯萨拉姆和浙江省金华市同步举行。

2022年12月中下旬，“2022中国（浙江）中非经贸论坛暨中非文化合作交流周”核心活动之一的中非联合工商会中方理事会2022年度会议在浙江省金华市举办。

2022年12月，“中国（浙江）－南非地方政府合作交流会暨友城结好图片展”在浙江省金华市举办。

2023年

2023年2月23日，“浙江－南非投资贸易合作交流活动”在约翰内斯堡成功召开。

2023年3月，由浙江省金华市贸促会推动的纺织博览会在埃及开罗举办，展品涉及服装、纺织等领域。

2023年3月23～24日，浙江海洋大学“非洲沿海国家研究中心”主办了“‘一带一路’倡议十周年纪念暨海上丝路与非洲研究专题研讨会”。

2023年3月28日，第三届“中国－非洲经贸博览会推介会”在浙江省杭州建德市举办，与2023千岛湖企业家会议同步进行。

2023年4月20日，浙江省金华市人民政府主办“浙江－安哥拉贸易投资发展交流会”。

2023年4月27日，中非联合工商会中方理事会2023年度会议在金华市举办。

2023年5月18～20日，由浙江省金华市贸促会发起的“埃塞俄比亚五大行业展”在埃塞俄比亚的斯亚贝巴举办、“南非酒店展”在南非约翰内斯堡举办。

2023年5月30～31日，以“中国与非洲百年复兴与合作”为主题的中非智库论坛第十二届会议在金华举行。

2023年6月18～20日，由浙江省金华市贸促会发起的“南非国际贸易展、食品展”在南非约翰内斯堡举办。

2023年6月19～21日，由浙江省金华市贸促会发起的“埃及五大行业展（水电展)”在埃及开罗举办。

2023 年 6 月 27～29 日，由浙江省金华市贸促会发起的“南非五大行业展”在南非约翰内斯堡举办。

2023 年 6 月 28 日～7 月 1 日，由浙江省金华市贸促会发起的“非洲（坦桑尼亚）贸易周”在坦桑尼亚达累斯萨拉姆开展。

2023 年 7 月 11～13 日，由浙江省金华市贸促会发起的“2023 年肯尼亚塑胶及包装展览会”在肯尼亚内罗毕举办。

2023 年 7 月 19～21 日，由浙江省金华市贸促会发起的“非洲（加纳）国际建材展”在加纳阿克拉举办。

2023 年 7 月 25～27 日，由浙江省金华市贸促会发起的“非洲（肯尼亚）美容展”在肯尼亚内罗毕举办。

2023 年 8 月 11 日，浙江省金华市人民政府主办“中非跨境电商论坛”，论坛由浙江师范大学经济与管理学院（中非国际商学院）、金华市商务局、义乌工商职业技术学院承办。

2023 年 9 月 5～7 日，由浙江省金华市贸促会发起的“南非约翰内斯堡国际汽车零配件及售后服务展览会”在南非约翰内斯堡举办、“尼日利亚五大行业展”在尼日利亚拉各斯举办。

2023 年 9 月 19～27 日，浙江省金华市人民政府主办“金华企业走进南非、坦桑尼亚产业对接系列活动”，包括 2023 中国（南非）国际贸易博览会暨金华品牌丝路行、金华企业走进南非产业对接活动、中坦工业园奠基仪式、金华企业走进坦桑尼亚产业对接活动。